,,Грамматика
русского языка
в
иллюстрациях''
должна облегчить всем,
кто изучает
русский язык,
понимание закономерностей
построения
русского предложения.
Иллюстрации,
подписи к ним,
таблицы,
схемы и словари
помогают
более глубокому
усвоению
грамматического материала.
Символы —
сигнализация
обращают внимание
учащихся
на главные
грамматические явления.

Russky Yazyk Publishers

Russian

K. I. Pekhlivanova

M. N. Lebedeva

Гр-р-рр-амма-тика
Рр-р-рус-ского
язы-ка
в иллюстр-р-рашшах...

Grammar in Illustrations

2 nd stereotype ed.

Russky Yazyk Publisher
Moscow
1994

ББК 81. 2Р-96
П31

Рецензенты: *Г. А. Битехтина*, канд. филолог. наук
Т. Н. Протасова, канд. педагог. наук

Dear readers!
All criticism and
suggestions are
welcome. They should
be forwaeded to
103012,
Москва,
Старопанский переулок,
дом 1/5.
Издательство
„Русский язык"

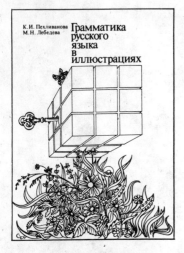

Cover design
by
A. M. Golovchenko

Illustrations by A. M. Golovchenko
A. A. Astretsov
M. A. Gordeychik
R. M. Musikhina
A. I. Levitsky

Технические
исполнители: В. К. Захаров
С. С. Жуков

Набор
на
Композере
операторы: Е. Г. Семенюк
Е. Д. Тугова
Е. А. Тарасова
Л. Н. Степанова
Н. Г. Субботина

П 4602020101—020
   ─────────────   без объявления
   015(01)—94

ISBN 5-200-02190-1

The main purpose of this book is
to set out general rules of Russian grammar,
illustrating them with simple, practical, everyday examples.
The manual has been designed to help foreign learners
recognise and master the proper language means to be used
when describing certain standard events and situations, the correct grammar forms to choose
when expressing various thoughts. In order to facilitate this process,
the authors resort to one of the most important didactic principles, which is the wide use of visual methods,
recommended by all great educationalists beginning with Jan Amos Komensky.
Everyday situations, represented in pictures, illustrate the use
of a certain construction or grammar form. In this way it is possible to reduce greatly the number of special
linguistic terms and theoretical formulas which present difficulties for non-linguistic students
of Russian. *Russian Grammar in Illustrations* is intended for all
beginners and Russian language students at the intermediate stage who learn their Russian outside Russia,
and have a limited number of lessons at their disposal, i. e. students of technical or vocational schools, institutions of higher learning,
especially non-linguistic ones, and those who attend Russian Courses
of the Friendship Society, various language circles, as well as those who follow lessons of Russian on the radio
or on TV. It will also be useful to those who are learning the language without the guidance of a teacher.
Russian Grammar in Illustrations is a reference book that may be
used to supplement any other basic textbook
of Russian, regardless of whether the textbook was compiled in **Russia** or abroad.
The arrangement of language material is typical of many modern manuals
(models or patterns), it does not exclude familiarisation with the idea of the language as a system.

The Structure of the Book

Grammar material is presented in a traditional way:
the noun, the adjective, the verb, etc. All the material dealing
with a particular problem is compressed onto one page, or two facing pages at the most, so that it can
be taken in at a glance and remembered as a whole. Pictures, tables and charts
help to shape the presented material into a logical unit, to compare some linguistic phenomena
with others, and to master the language better, at a deeper level of understanding.
The structure of this manual has been worked out with a view to help the learners to form grammar concepts
which may be absent in their mother tongue,

to differentiate between
various concepts, to learn
grammatical norms,
the exceptions and
the relevant vocabulary. •
Using this book
as a supplement,
the teacher
is free to use
the visual
material at the stages of
introduction, drilling,
revision
and check up, as well as

for a corrective
course.
We hope that this book
will show the students that
grammar
is not just a dry and
difficult science fit
for language experts only, but
a good counsellor for
everyone who
wants to learn
to understand and to speak
Russian.

И. п.	— Именительный падеж	**Nom.,** Nominative Case
Р. п.	— Родительный падеж	**Gen.,** Genitive Case
Д. п.	— Дательный падеж	**Dat.,** Dative Case
В. п.	— Винительный падеж	**Acc.,** Accusative Case
Т. п.	— Творительный падеж	**Instr.,** Instrumental Case
П. п.	— Предложный падеж	**Prep.,** Prepositional Case
ед. ч.	— единственное число	**sing.,** singular
мн. ч.	— множественное число	**pl.,** plural
м. р.	— мужской род	**masc.,** masculine gender
ж. р.	— женский род	**fem.,** feminine gender
ср. р.	— средний род	**neut.,** neuter gender
наст. вр.	— настоящее время	
прош. вр.	— прошедшее время	
буд. вр.	— будущее время	
сов. вид	— совершенный вид	**perf.,** perfective aspect
несов. вид	— несовершенный вид	**imp.,** imperfective aspect
п.	— падеж	
р.	— род	
ч.	— число	
л.	— лицо глагола	

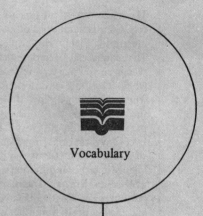

Vocabulary

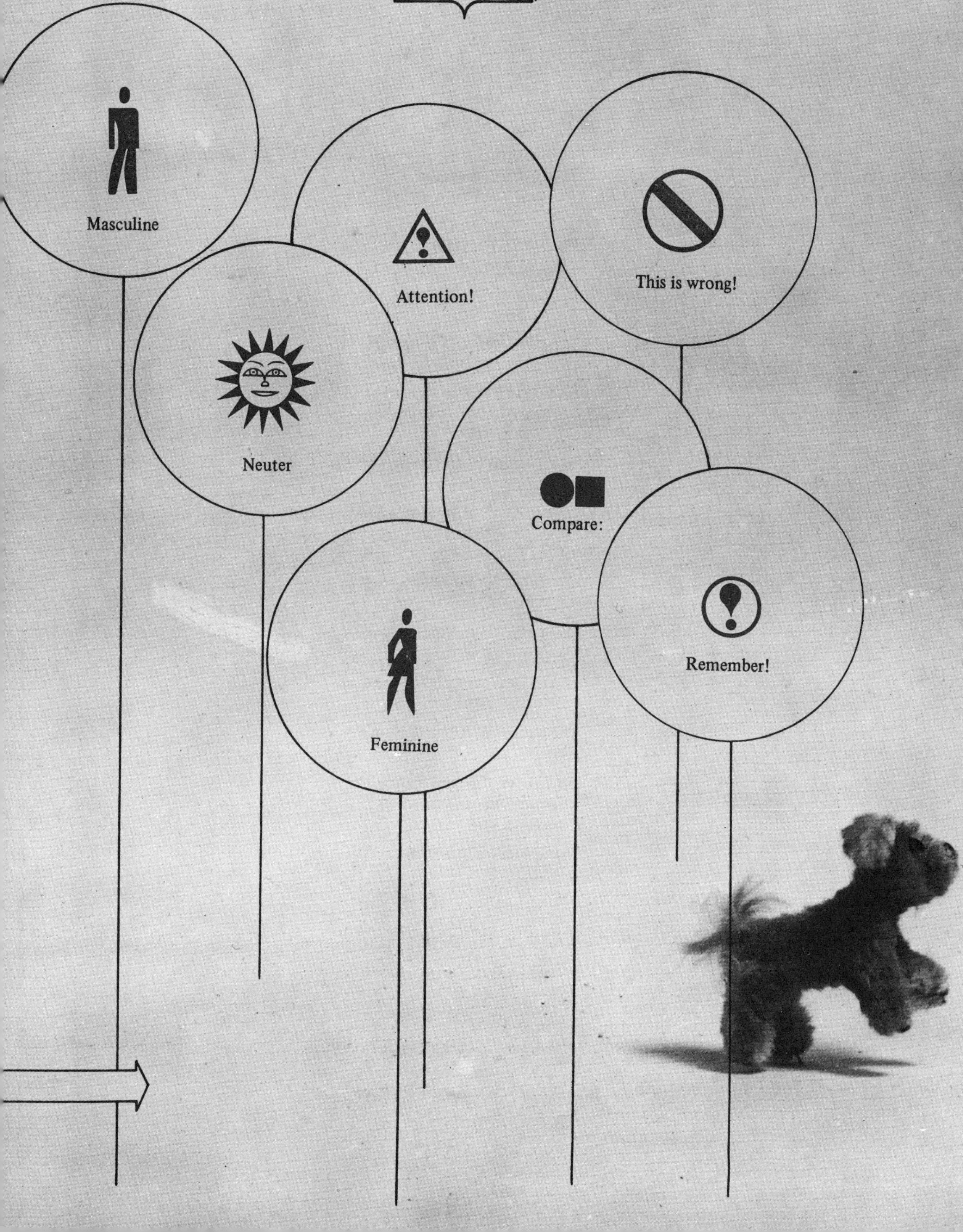

Masculine

Attention!

This is wrong!

Neuter

Compare:

Feminine

Remember!

Contents
9

Contents

10

Contents
12

Contents

13

Contents
14

**THE
NOUN**

THE GENDER
OF
NOUNS

In Russian, **masculine**, **feminine** and **neuter** nouns are used in order to designate living beings, objects or abstract ideas. The **gender** of a noun can be identified from its **ending** or the final consonant.

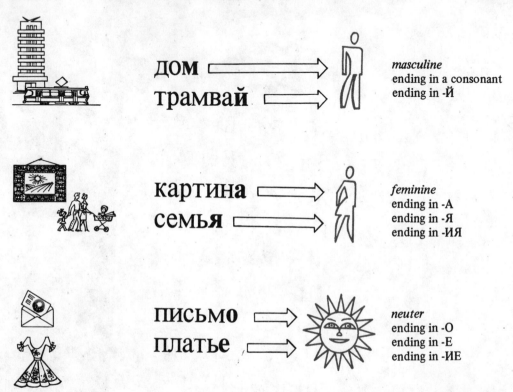

ДОМ ⟹ *masculine*
ending in a consonant
трамва́й ⟹ ending in -Й

картина ⟹ *feminine*
ending in -А
семья́ ⟹ ending in -Я
ending in -ИЯ

письмо́ ⟹ *neuter*
ending in -О
пла́тье ⟹ ending in -Е
ending in -ИЕ

Nouns ending in -Ь (the soft sign) make up a separate group, and may be
masculine or *feminine*.

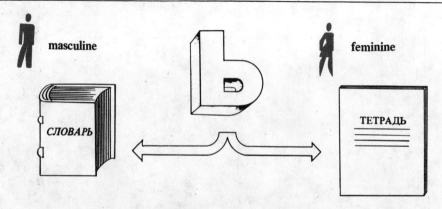

masculine

feminine

СЛОВАРЬ

ТЕТРАДЬ

NOUNS ENDING IN A CONSONANT OR -Й ARE ALWAYS MASCULINE

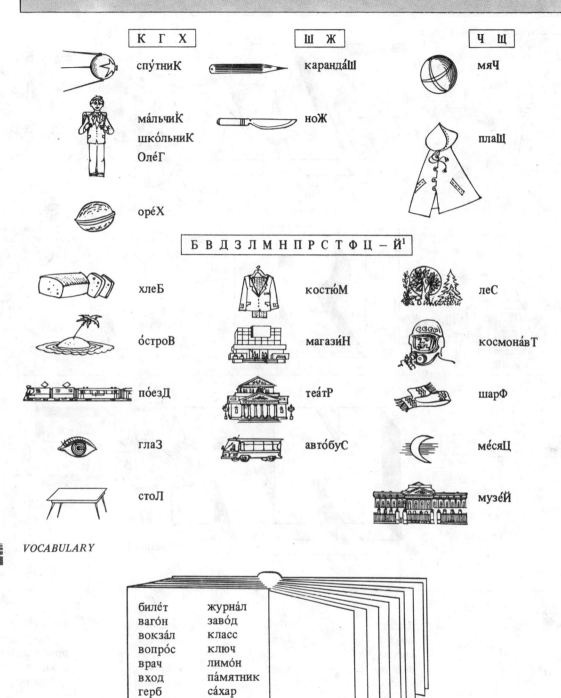

К Г Х	Ш Ж	Ч Щ
спу́тниК	каранда́Ш	мяЧ
ма́льчиК	ноЖ	плаЩ
шко́льниК		
Оле́Г		
оре́Х		

Б В Д З Л М Н П Р С Т Ф Ц – Й[1]		
хлеБ	костю́М	леС
о́строВ	магази́Н	космона́вТ
по́езД	теа́тР	шарФ
глаЗ	авто́буС	ме́сяЦ
стоЛ		музе́Й

VOCABULARY

биле́т	журна́л
ваго́н	заво́д
вокза́л	класс
вопро́с	ключ
врач	лимо́н
вход	па́мятник
герб	са́хар
дом	тра́ктор

[1] In Russian, only a few *masculine* nouns end in -Й, e. g. *геро́Й*, *урожа́Й*, *чаЙ* and some others.

FEMININE NOUNS ENDING IN -A, -Я, -ИЯ[1]

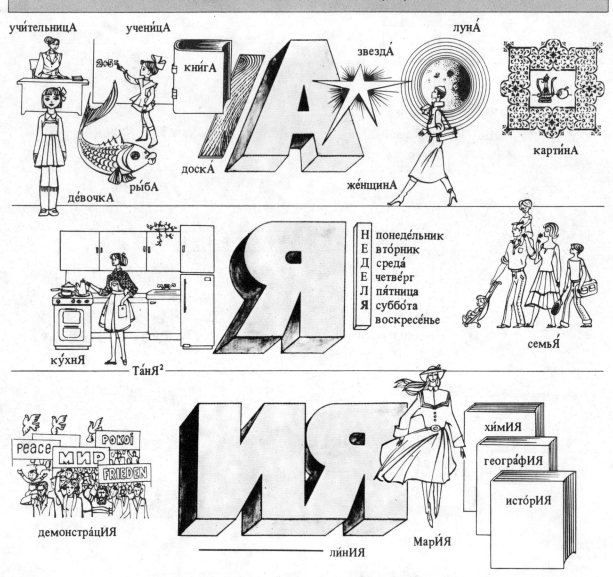

учи́тельницА   учени́цА   лунА́

кни́гА

звезда́

доскА́

рыбА

де́вочкА

же́нщинА

карти́нА

ку́хнЯ   Та́нЯ[2]

Н понеде́льник
Е вто́рник
Д среда́
Е четве́рг
Л пя́тница
Я суббо́та
   воскресе́нье

НЕДЕЛЯ

семья́

демонстра́цИЯ   ли́нИЯ   Мари́Я

хи́мИЯ

геогра́фИЯ

исто́рИЯ

VOCABULARY

бу́ква	рабо́та	дере́вня	а́рмия
вода́	ла́мпа	земля́	организа́ция
голова́	маши́на	пе́сня	профе́ссия
зада́ча	страна́	статья́	ста́нция
ко́мната	у́лица	иде́я	фами́лия

> Most *feminine* nouns end in -A, and only a few end in -Я.
> The majority of *borrowed feminine* nouns end in -ИЯ.

[1] Excepting a small group of *masculine* nouns (see p. 22).
[2] Women's names, full and diminutive, also end in -A, -Я, or -ИЯ: *Екатери́нA – Ка́тЯ, Татья́нА – Та́нЯ, Мари́Я – Ма́шА.*

NOUNS ENDING IN -O, -E, -ИЕ, -МЯ ARE ALWAYS NEUTER

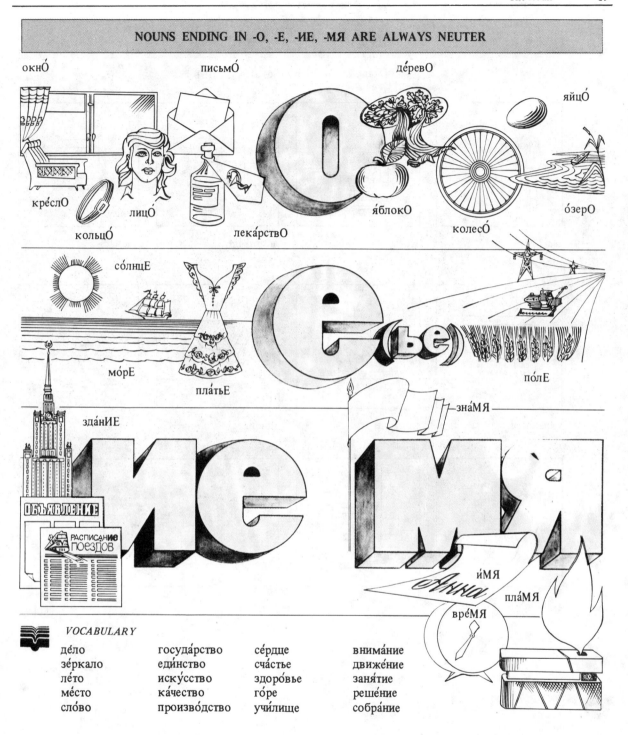

окно́   письмо́   де́ревО

кре́слО   лицо́   лека́рствО   я́блокО   колесо́   я́йцо́   о́зерО   де́ревО

кольцо́

со́лнцЕ   мо́рЕ   пла́тьЕ   по́лЕ   зна́МЯ

зда́нИЕ   ОБЪЯВЛЕНИЕ   РАСПИСАНИЕ ПОЕЗДОВ   и́МЯ   пла́МЯ   вре́МЯ

VOCABULARY

де́ло	госуда́рство	се́рдце	внима́ние
зе́ркало	еди́нство	сча́стье	движе́ние
ле́то	иску́сство	здоро́вье	заня́тие
ме́сто	ка́чество	го́ре	реше́ние
сло́во	произво́дство	учи́лище	собра́ние

The majority of *neuter* nouns end in -ИЕ. They are usually verbal nouns signifying abstract ideas or actions. Nouns ending in -O form a much smaller group and designate objects, those ending in -СТВО stand for abstract ideas and actions. Only a few words end in -МЯ.

MASCULINE NOUNS ENDING IN -Ь

(Many of them have the suffix -ТЕЛЬ)

учи́ТЕЛЬ

КремлЬ

портфе́лЬ

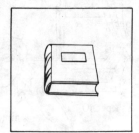

слова́рЬ

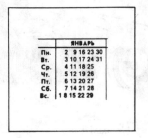

календа́рЬ

кора́блЬ

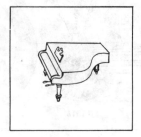

роя́лЬ

дождЬ

го́лубЬ

ла́герЬ

рублЬ

VOCABULARY

гостЬ	карто́фель	ноль	секрета́рь
день	ка́шель	ого́нь	у́голь
зверь	контро́ль	путь	фестива́ль

There are not many *masculine* nouns ending in -Ь. Most of these have the suffix -ТЕЛЬ: *учи́ТЕЛЬ, жи́ТЕЛЬ, зри́ТЕЛЬ* (people); *дви́гаТЕЛЬ, выключа́ТЕЛЬ* (objects). Some of masculine nouns ending in -Ь have been borrowed from other languages, such as the names of the months, e. g. *апре́лЬ, ию́лЬ,* or objects, e. g. *ци́ркулЬ, портфе́лЬ, карто́фелЬ.*

FEMININE NOUNS ENDING IN -Ь

(Mostly with the suffix -ОСТЬ)

матЬ   дочЬ

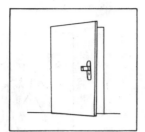

дверЬ

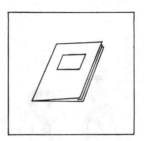

тетрáдЬ

медáлЬ

кровáтЬ

ночЬ

óсенЬ

солЬ

лóшадЬ

нефтЬ

плóщадЬ

цепЬ

Russian has comparatively few *feminine* nouns ending in -Ь, and most of them have the suffix -ОСТЬ. These nouns designate abstract ideas, e. g. *нóвОСТЬ, скóрОСТЬ, мóлодОСТЬ, смéлОСТЬ, специáльнОСТЬ.*
This group of feminine nouns includes also borrowed words, e. g. *медáлЬ, акварéлЬ, морáль.*

 VOCABULARY

болéзнь	кровь	пáмять	соль
вещь	любóвь	пóмощь	сталь
власть	мéлочь	рáдость	степь
детáль	молодёжь	речь	стéпень
жизнь	нéнависть	роль	цель
кость	óбласть	связь	часть

MASCULINE NOUNS ENDING IN -A, -Я

A certain amount of frequently used nouns, designating male persons, end in -A, -Я, e. g. *мужчúнA, юношA, дéдушкA, пáпA, дя́дЯ*, etc.

мужчúнA и юношA

— ПáпA приéхал!

дéдушкA и дя́дЯ КóлЯ

АлёшA и ПéтЯ

The majority of diminutive men's names end in -A, -Я: *Алексáндр – СáшA* or *ШýрA, Алексéй – АлёшA, Пётр – ПéтЯ, Николáй – КóлЯ, Константúн – КóстЯ*.

 NOTE the agreement!

МоЙ браТ СáшA — красúвЫЙ юношA.
МоЙ друГ АлёшA пришёЛ.
НаШ любúмЫЙ дéдушкA приéхаЛ.
Дя́дЯ КóлЯ приéхаЛ.

Possessive pronouns and adjectives **agree with the relative nouns**, i. e. they have the same gender.

---

[1] The word *пáпA* is used as an address.

THE GENDER OF ANIMATE NOUNS

Nouns that signify **living beings**, people or animals, may be either *masculine* or *feminine*[1] .

ребёнок и котёнок   де́вочка и соба́ка   ма́льчик и ло́шадь

The **gender** of an animate noun **is determined by:**
(a) the **sex** of a person or animal (domestic animals of different sexes often have different names: *бык – коро́ва, пету́х – ку́рица)*;
(b) the **ending** of the noun, e. g. the noun *слон* is *masculine*, and the noun *обезья́нА* is *feminine.*

All nouns with the suffix -ЁНОК or -ОНОК that designate the young are *masculine,* regardless of the relevant youngster's sex: *телЁНОК, цыплЁНОК, котЁНОК, медвежО́НОК, ребёнок.*

ребёнок   ребёнок

NOTE the agreement!

The gender of a noun determines the gender of the pronouns and adjectives relating to this noun.

Э́тоТ ма́ленькИЙ ма́льчиК ...
Э́тА ма́ленькАЯ де́вочкА ...
Э́тО ма́ленькОЕ де́ревО ...

The gender of a noun which is the subject in a sentence determines the ending of the verb in the past tense.

Наш но́вЫЙ учи́телЬ пришёЛ.
На́ша но́вая учи́тельницА пришлА́.
Наступи́лО жа́ркое ле́тО.

---

[1] The *neuter* nouns *дитя́, живо́тное* are an exception.

THE GENDER OF NOUNS SIGNIFYING OCCUPATION OR PROFESSION

Nouns signifying **occupations** can be *masculine* and *feminine:* *учи́тель – учи́тельница, тракторист – тракторйстка.*

учи́тель   учи́тельница

Yet the majority of names for professions or occupations are traditionally *masculine.*

Он врач.   Он архите́ктор.   Он агроно́м.   Он профе́ссор

Она́ врач.   Она́ архите́ктор.   Она́ агроно́м.   Она́ профе́ссор.

Он води́тель.   Он касси́р.   Он почтальо́н.   Он фото́граф.

Она́ води́тель.   Она́ касси́р.   Она́ почтальо́н.   Она́ фото́граф.

NOTE the agreement!

Он – о́пытный врач.
Петро́в – молодо́й агроно́м.
Прие́хал до́ктор Ивано́в.
Уважа́емый профе́ссор Соколо́в!

Она́ – о́пытный врач.
Петро́ва – молодо́й агроно́м.
Прие́хала до́ктор Ивано́ва.
Уважа́емая профе́ссор Соколо́ва!

THE GENDER OF BORROWED NOUNS

Many nouns which are foreign loans (Christian names, surnames and geographic
names), end in -И, -У, -Ю which are not typical of Russian (first names and surnames may also end in -O or -E, women's
first names and surnames may end in a consonant). These nouns do not change according to number or case. First names
and surnames with such endings may be either **masculine** or **feminine**.

The following belong to the masculine nouns:

(a) men's first names and surnames: *наш ма́ленький Хосе́, вели́кий Гёте, президе́нт Не́ру;*
(b) names of cities and islands: *многомиллио́нный То́кио; живопи́сный Ка́при.*

The following belong to the feminine nouns:

(a) women's first names and surnames: *Эми́ли, Карме́н, Жени́, знамени́тая Виардо́;*
(b) names of rivers: *широ́кая Миссиси́пи;*
(c) newspaper titles: *францу́зская „Юманите́".*

The following belong to the neuter nouns:

names of inanimate objects: *но́вое пальто́, широ́кое шоссе́, звуково́е кино́.*

THE NUMBER
OF
NOUNS

FORMATION
OF
THE PLURAL

The noun in Russian changes according to **number**. The noun may have a **singular** and a **plural** form. The **plural form** can be recognised by the **ending**.

1.   **Singular**   **Plural**

столЛ   столЫ   } **-Ы**

картинА   картинЫ

The ending **-Ы** in the *plural* is common to *masculine* nouns ending in a hard consonant[1] and *feminine* nouns ending in **-A**.

2.   рублЬ   рублИ   } **-И**

дверЬ   двéрИ

трамвáЙ   трамвáИ

пéснЯ   пéснИ

линИЯ   линиИ

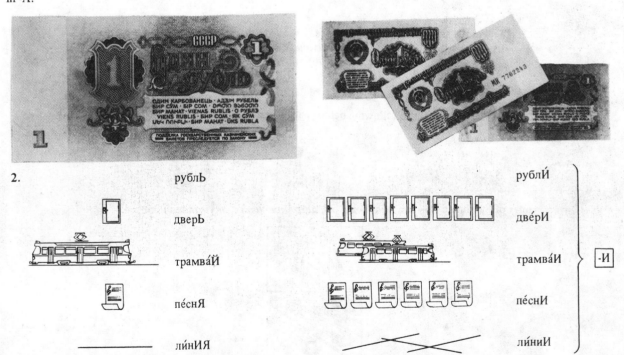

Nouns which end in -Ь, -Й, -Я and -ИЯ take the ending -И in the *plural* form.

---

[1] Some *masculine* nouns in the *plural* form lose a vowel from the stem (usually O or E):
угол − углы, америкáнец − америкáнцы (see "Mobile Vowels").

3.   **REMEMBER** the golden rule of Russian spelling:

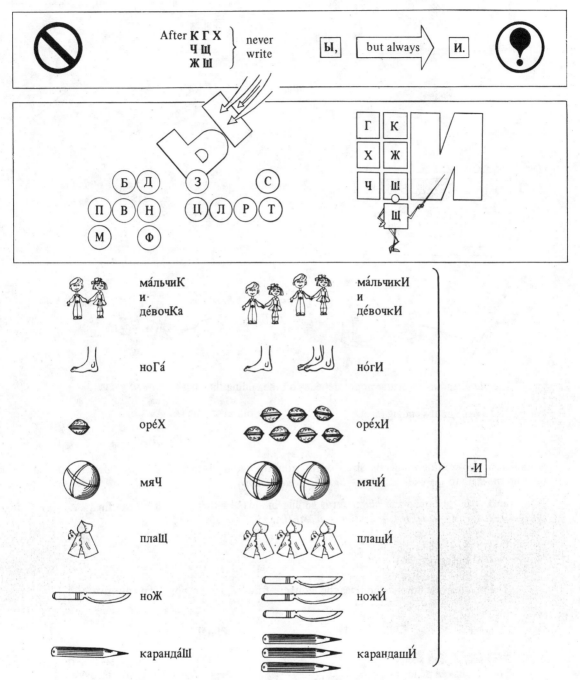

After К Г Х / Ч Щ / Ж Ш } never write   Ы,   but always   И.

мáльчиК
и
дéвочКа   мáльчикИ
                 и
                 дéвочкИ

ноГá   нóгИ

орéХ   орéхИ

мяЧ   мячИ́

плаЩ   плащИ́

ноЖ   ножИ́

карандáШ   карандашИ́   -И

Masculine and *feminine* nouns whose stem ends in К, Г, Х, or Ч, Щ, Ж, Ш take the ending -И in the *plural*.

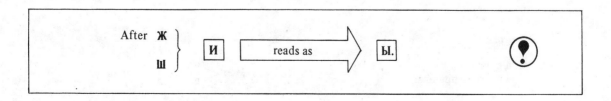

After   Ж / Ш }   И   reads as   Ы.

4.

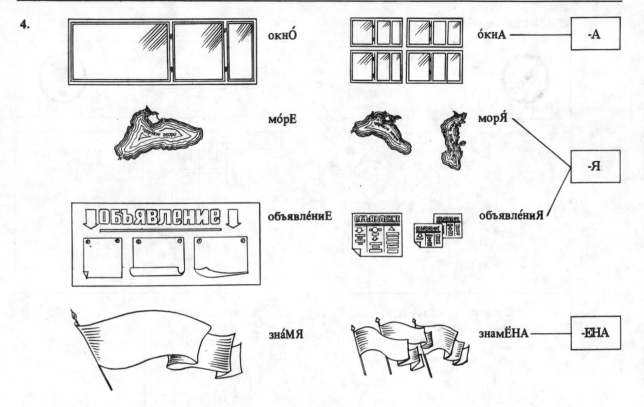

The *plural* ending of *neuter* nouns depends on the ending they have in the *singular*.

For the nouns ending in -O   the plural ending is -A
                         -E   -Я
                         -МЯ   -ЕНА

Note that in two-syllable words, the stress shifts from the ending to the stem: *окнó – óкнA; письмó – пи́сьмA* or from the stem to the ending: *мóре – морЯ́; пóле – полЯ́.*

Nouns ending in -МЯ take the *plural* form ending in -ЕНА with the stress on the final -A: *врéмя–времЕНА́, и́мя–имЕНА́, сéмя–семЕНА́,* but *знáмя–знамЁНА.*

 NOTE the agreement!

The number of a noun determines the number of the related pronoun and adjective.

Singular   **Plural**

Э́тот мáленький мáльчик...
Э́та мáленькая дéвочка...   Э́ти мáленькие ⟨ мáльчики...
Э́то мáленькое дéрево...   дéвочки...
                                                           дерéвья...

In a sentence, the number of the **noun** which is the **subject** determines the form of the **verb** in the past tense.

Singular   **Plural**

Мой друг пришёл.   Мой ⟨ друзья́   ⟩ пришли́.
Моя́ подрýга пришлá.   подрýги

FORMATION OF PLURAL NOUNS: SPECIAL CASES

1.

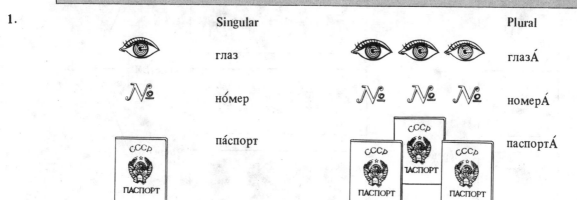

	Singular		Plural
	глаз		глазА́
	но́мер		номерА́
	па́спорт		паспортА́

Certain *masculine* nouns take the ending -A or -Я in the *plural*.
The stress in this case falls on the ending.

VOCABULARY

дире́ктор			а́дрес		
ма́стер			ве́чер		
по́вар	→	-А́	го́лос	→	-А́
до́ктор			цвет		
профе́ссор			хо́лод		

учи́тель – учителя́   **я́корь – якоря́**

Some *masculine* nouns ending in -Ь take the ending -Я in the plural.

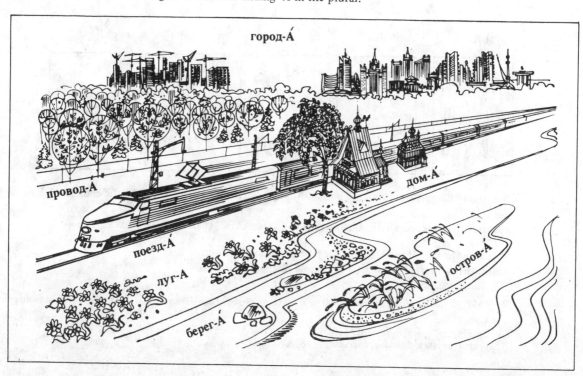

2.

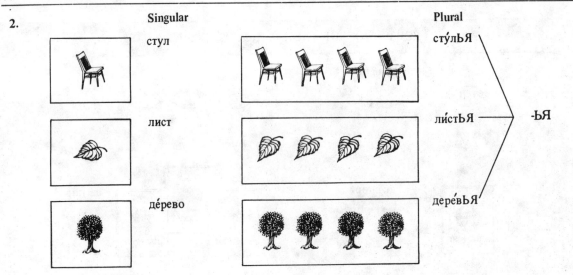

Singular / Plural

стул — стульЯ

лист — листьЯ — -ЬЯ

де́рево — дере́вьЯ

Some *masculine* nouns ending in a hard consonant and some *neuter* nouns ending in -O take the ending -ЬЯ in the *plural*[1] :

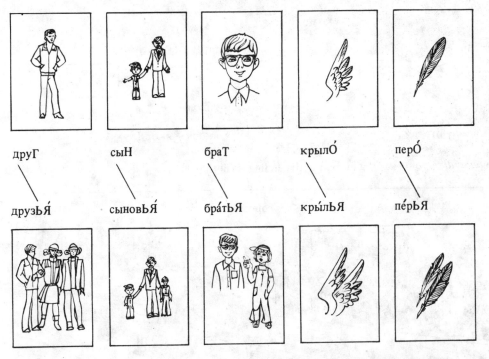

друГ / сыН / браТ / крылО́ / перО́

друзьЯ́ / сыновьЯ́ / бра́тьЯ / кры́льЯ / пе́рьЯ

3. Nouns that designate persons and end in -АНИН, -ЯНИН in the *singular,* take the ending -АНЕ or -ЯНЕ in the *plural:*
крестьЯ́НИН – крестьЯ́НЕ, англичА́НИН – англичА́НЕ, граждАНИ́Н – гра́ждАНЕ

4. Nouns ending in -ИН or -АН form the *plural* in a special way:
болга́рИН – болга́рЫ, тата́рИН – тата́рЫ, цыгА́Н – цыга́нЕ

---

[1] In the *singular*, these nouns decline as *ма́льчик, стол,* and in the *plural,* the soft sign (-Ь-) precedes their ending in all the cases:

брат, бра́та, бра́ту, бра́том, о бра́те
бра́тья, бра́тьев, бра́тьям, бра́тьями, о бра́тьях

5.   Individual nouns form their *plural* in the ways shown below:

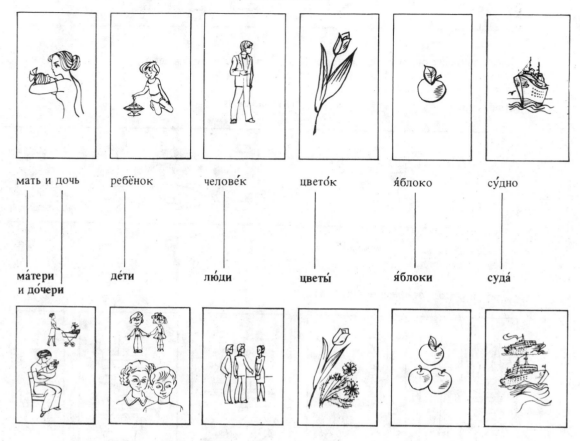

Apart from the *plural* form *де́ти*, there is a form *ребя́та*, frequently used as an address.
In conversation, the word *ребя́та* may refer to boys or youths:

     ребя́та из на́шего кла́сса (ма́льчики)
     ребя́та из на́шей гру́ппы (студе́нты)

REMEMBER!

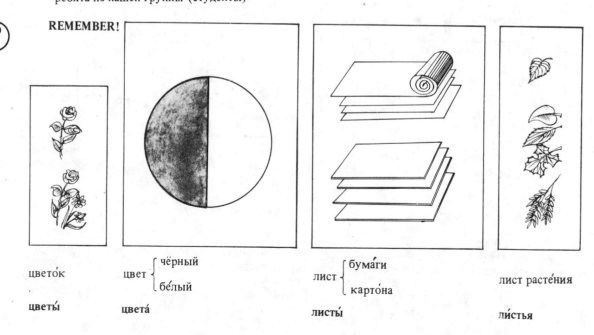

NOUNS WITH THE SINGULAR FORM ONLY

Some nouns have only the *singular* form. This group includes the names of:

(a) **substances:**

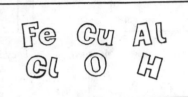

(b) **foodstuffs:**

желе́зо,   медь,   алюми́ний
хлор,   кислоро́д,   водоро́д

молоко́,   ры́ба,   рис,   ма́сло
сыр,   мя́со,   соль,   са́хар

(c) **sets of persons or objects** (collective nouns):

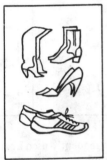

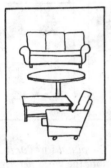

оде́жда   о́бувь   посу́да   ме́бель   молодёжь

(d) **certain actions:**

борьба́
(of боро́ться, to wrestle)

охо́та
(of охо́титься,
. to hunt)

убо́рка
(of убира́ть,
to clean)

пла́вание
(of пла́вать, to swim)

(e) **feelings and some abstract ideas:** *любо́вь, не́нависть, здоро́вье*

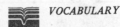 *VOCABULARY*

зо́лото	интеллиге́нция	внима́ние	вражда́
серебро́	крестья́нство	добро́	го́лод
у́голь	челове́чество	мо́лодость	зави́симость
пи́во	рисова́ние	по́мощь	темнота́
таба́к	чте́ние	сла́ва	шум

(f) certain vegetables and berries:

картофель

капуста

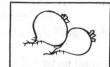
свёкла

морковь

редис

лук

чеснок

горох

фасоль

петрушка

виноград

земляника

малина

смородина

клюква

 NOTE the agreement!

зелёный
лук

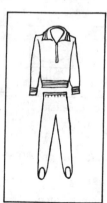
спортивная
одежда

сливочное
масло

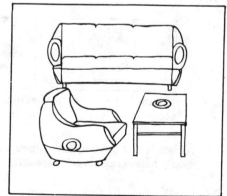
новая
мебель

All words that agree with such nouns are also used in the *singular:*
В шкафу висела моя спортивная одежда. На столе лежало сливочное масло.

NOUNS WITH THE PLURAL FORM ONLY

The following groups of nouns have the *plural* form only:

(a) objects consisting of two or more identical parts:

ножницы

очки

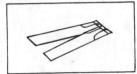

брюки

весы́

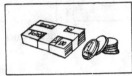

де́ньги

воро́та

часы́

са́нки

(b) some substances and foodstuffs:

черни́ла

духи́

консе́рвы

бели́ла
(кра́ска
для худо́жника)

(c) some abstract ideas: *бу́дни, су́тки, переговро́ры, вы́боры, кани́кулы*

 NOTE the agreement!

1.   то́чные
весы́

тёмные
очки́

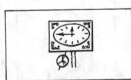

на́ши стенны́е
часы́

мои́ ста́рые
брюки

All words that agree with such nouns are also used in the *plural:* моИ ста́рЫЕ брюкИ, э́тИ о́стрЫЕ но́жницЫ, бы́лИ ле́тнИЕ кани́кулЫ, прошлИ́ це́лЫЕ су́ткИ.

2.   To emphasize that one object or concept is meant, use the numeral **одни́:**

одни́ часы́   **одни́** брюки   **одни́** су́тки

Speaking about several (2, 3, 4 ... 7) objects, use collective numerals (see p. 186): **дво́е** су́ток, **че́тверо** су́ток.

BORROWED NOUNS ENDING IN -О, -Е, -И, -Ю, -У

The majority of these nouns, signifying inanimate objects, belong to the *neuter*
gender and have no *plural form*, e. g. *ра́дио, кино́, пальто́, метро́, кафе́, шоссе́, такси́, жюри́, меню́, интервью́, ревю́,*
etc.

моё
пальто́

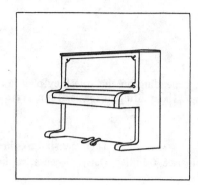

на́ше
пиани́но

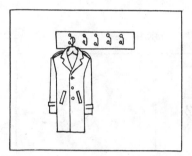

На ве́шалке
висе́ло
моё
пальто́.

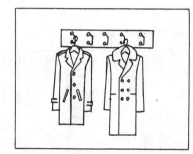

На ве́шалке
висе́ли
мои́
пальто́.

широ́кое
шоссе́

маршру́тное
такси́

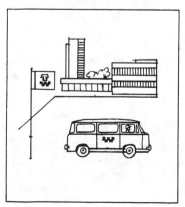

На пло́щади
стоя́ло
маршру́тное
такси́.

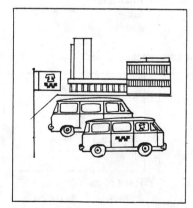

На пло́щади
стоя́ли
маршру́тные
такси́.

THE CASES
OF
NOUNS

Nouns in Russian, depending on the role they play in a sentence, may change their form through taking on different endings. These different forms of nouns are called **case** forms, and the endings, **case** endings.

There are **six cases** in Russian:
Nominative, Genitive, Dative, Accusative, Instrumental and Prepositional.

The Nominative Case

The Genitive Case

Э́то **Ива́н.**
Ива́н **студе́нт.**

Э́то **А́нна.**
А́нна **студе́нтка.**

А́нна
сестра́ **Ива́на.**

Ива́н
брат **А́нны.**

The Dative Case

The Accusative Case

А́нна даёт
Ива́ну
уче́бник.

Ива́н даёт
А́нне
кни́гу.

А́нна встреча́ет
Ива́на.

Ива́н встреча́ет
А́нну.

The Instrumental Case

The Prepositional Case

А́нна горди́тся
Ива́ном.

Ива́н горди́тся
А́нной.

used with prepositions only

ATTENTION!

It is a case form of a noun,
(and not its place, as in many
other languages), which is
indicative of the noun's function
in a sentence.

The Accusative

Ива́н
встреча́ет
А́нну.

А́нну
встреча́ет
Ива́н.

The meaning of two sentences, *Ива́н встреча́ет А́нну* and *А́нну встреча́ет Ива́н* is the same: in both cases, *Ива́н* is the person who does the meeting (the agent), and *А́нна* is the person who is being met (the object of an action).

Very often the case form of a noun depends on the **preposition** preceding it.

The Nominative

never used with prepositions

The Genitive

А́нна получи́ла
пода́рок
от Ива́на.

Ива́н получи́л
пода́рок
от А́нны.

The Dative

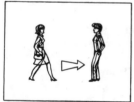

А́нна подхо́дит
к Ива́ну.

Ива́н подхо́дит
к А́нне.

The Accusative

А́нна смо́трит
на Ива́на.

Ива́н смо́трит
на А́нну.

The Instrumental

А́нна разгова́ривает
с Ива́ном.

Ива́н разгова́ривает
с А́нной.

The Prepositional

А́нна ду́мает
об Ива́не.

Ива́н ду́мает
об А́нне.

ATTENTION!

The **nominative** is never used with prepositions.
The **prepositional** is never used without prepositions.
The remaining cases, that is, the **genitive, dative, accusative and instrumental**, could be used:

	without prepositions	with prepositions
Nom.	Э́то А́нна. А́нна студе́нтка. Э́то Ива́н. Ива́н студе́нт.	never
Gen.	А́нна сестра́ Ива́на. Ива́н брат А́нны.	А́нна получи́ла пода́рок **от** Ива́на. Ива́н получи́л пода́рок **от** А́нны.
Dat.	А́нна даёт Ива́ну кни́гу. Ива́н даёт А́нне кни́гу.	А́нна подхо́дит **к** Ива́ну. Ива́н подхо́дит **к** А́нне.
Acc.	А́нна встреча́ет Ива́на. Ива́н встреча́ет А́нну.	А́нна наде́ется **на** Ива́на. Ива́н наде́ется **на** А́нну.
Instr.	А́нна горди́тся Ива́ном. Ива́н горди́тся А́нной.	А́нна разгова́ривает **с** Ива́ном. Ива́н разгова́ривает **с** А́нной.
Prep.	never	А́нна ду́мает **об** Ива́не. Ива́н ду́мает **об** А́нне.

Nouns, adjectives, pronouns, and numerals in a sentence may be in different cases.
Therefore, in order to be able to understand Russian speech and to speak correct Russian, one should master the rules of case formation, and the use of cases.

THE NOMINATIVE CASE

Кто э́то?
Э́то **Ива́н**.

Что э́то?
Э́то **кни́га**.

Кто чита́ет?
Студе́нт чита́ет.

To ask the name of a person or an object, we say:

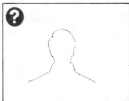

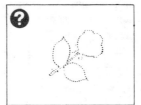

Кто э́то?

Э́то **Ива́н**.

Что э́то?

Э́то **ро́за**.

Classifying a person or a thing as belonging to some category of persons or objects, we say:

*Кто тако́й
Ива́н?*

Ива́н
студе́нт.

*Что тако́е
ро́за?*

Ро́за
цвето́к.

To inquire after a person or thing performing some action or being somewhere, we ask:

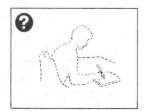

*Кто пи́шет
письмо́?*

Письмо́ пи́шет
Ива́н.

*Что виси́т
на ве́шалке?*

*На ве́шалке
виси́т* **пальто́**.

About a person or an animal, we ask КТО? (of living beings); about inanimate objects we ask ЧТО?

In all these instances, the nouns answering the questions КТО? or ЧТО? are in the **nominative**.

The *nominative case, singular* is the original form; knowing it, it is easy to form all the rest case forms of a noun.

All nouns in dictionaries are given in the *nominative,* as well as all geographical names on the maps, shop's signboards, names of factories and institutions.

THE PREPOSITIONAL CASE

THE PREPOSITIONAL CASE OF THE OBJECT OF SPEECH

I. The **prepositional** as follows from its name, is used only with **prepositions**.

О ком вы расска́зываете?	— Я расска́зываю **о дру́ге.**
О чём вы ду́маете?	— Я ду́маю **о фи́льме.**

The **prepositional**, follows the preposition О after the verbs like *говори́ть, расска́зывать, чита́ть, ду́мать.* The noun designating the person or thing spoken or thought about (i. e., the object of speech or thought) will be in the **prepositional** with the preposition О[1].

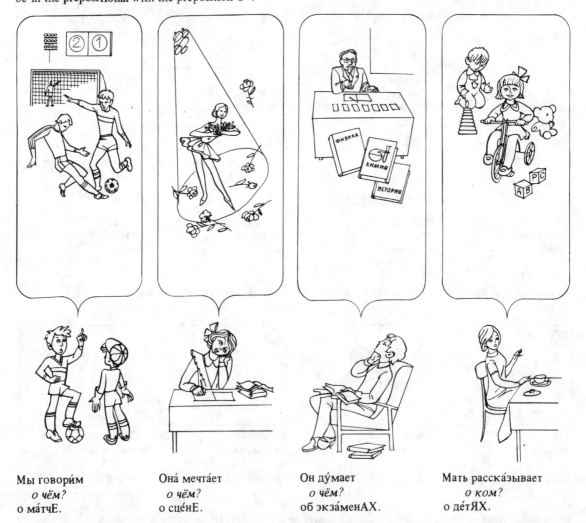

Мы говори́м	Она́ мечта́ет	Он ду́мает	Мать расска́зывает
о чём?	*о чём?*	*о чём?*	*о ком?*
о ма́тчЕ.	о сце́нЕ.	об экза́менАХ.	о де́тЯХ.

The question О КОМ? is asked about a person or other living being, i. e. about *animate objects,* and the question О ЧЁМ? refers to *inanimate objects.*
The nouns answering these questions have the ending -Е in the *singular,* and the endings -АХ, -ЯХ in the *plural.*

---

[1] or ОБ before words beginning with a vowel: *об А́нне.*

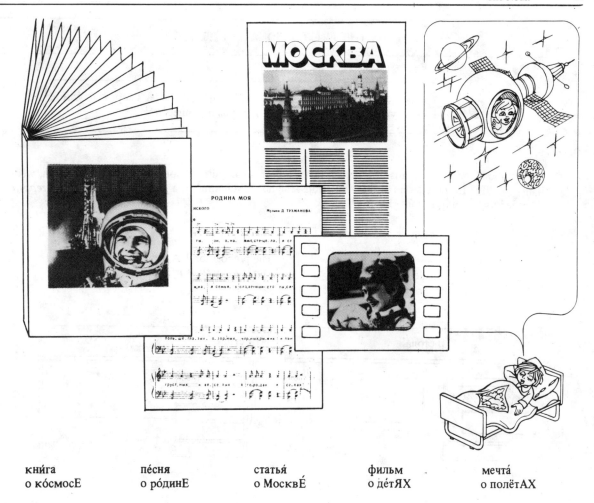

кни́га	пе́сня	статья́	фильм	мечта́
о ко́смосЕ	о ро́динЕ	о МосквЕ́	о де́тЯХ	о полётАХ

VOCABULARY

Verbs and **nouns** requiring after themselves the *prepositional* with the preposition О:

❓ | О КОМ? | | О ЧЁМ?

О КОМ?		О ЧЁМ?
вспомина́ть о —	вспо́мнить о —	воспомина́ние о —
говори́ть о —	сказа́ть о —	разгово́р о —
ду́мать о —		мысль о —
забыва́ть о —	забы́ть о —	
мечта́ть о —		мечта́ о —
напомина́ть о —	напо́мнить о —	напомина́ние о —
объявля́ть о —	объяви́ть о —	объявле́ние о —
писа́ть о —	написа́ть о —	письмо́ о —
петь о —	спеть о —	пе́сня о —
по́мнить о —		па́мять о —
расска́зывать о —	рассказа́ть о —	расска́з о —
слы́шать о —		
сообща́ть о —	сообщи́ть о —	сообще́ние о —
спра́шивать о —	спроси́ть о —	вопро́с о —
узнава́ть о —	узна́ть о —	кни́га о —
чита́ть о —	прочита́ть о —	

THE PREPOSITIONAL OF PLACE

| Где вы живёте? | — Я живу́ **в Москве́, на Тверско́й у́лице** |
| Где вы у́читесь? | — Я учу́сь **в университе́те.** |

Asking about the whereabouts of a person or an object, or inquiring about the place of an action, we use the Ча́ще вс ГДЕ? In the answers to these questions, the nouns standing for a **place** are mostly in the *prepositional*, preceded by the prepositions HA or B[1].

The preposition B means „inside, within".

The preposition HA means „on top, on the surface of".

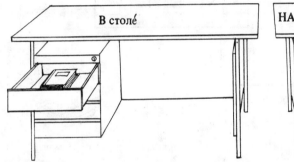

В столе́

НА столе́

NOUN ENDINGS IN THE PREPOSITIONAL

Masculine	Feminine	Neuter

Nominative	Prepositional	
Singular	Singular	Plural
Это { стол·. стенА. окнО· ла́герЬ· музе́Й· дере́внЯ.	Кни́ги лежа́т на столЕ́, Карти́ны вися́т на стенЕ́, Цветы́ стоя́т на окнЕ́, **-Е** Де́ти отдыха́ют в ла́герЕ, Мы бы́ли в музе́Е, Крестья́не живу́т в дере́внЕ,	на столА́Х. **-АХ** на стенАХ. на о́кнАХ. в лагерЯ́Х. **-ЯХ** в музе́ЯХ. в дере́внЯХ.

---

[1] or BO, usually before the words with the initial B followed by a consonant: *во вла́сти.*

THE PREPOSITIONAL WITH THE PREPOSITIONS *B* AND *HA*

? ГДЕ?   НА   ГДЕ?   В

Что э́то?

– Э́то
    стол ,
    окно́,
    по́лка.

ГДЕ стоя́т цветы́?

– Цветы́ стоя́т
    на столЕ́,
    на окнЕ́,
    на по́лкЕ.

Что э́то?

– Э́то
    стака́н,
    ва́за.

ГДЕ (в чём?) стоя́т ро́зы?

– Ро́зы стоя́т
    в стака́нЕ,
    в ва́зЕ .

Цветы́ стоя́т
    в ва́зАХ ,
    в стака́нАХ.

Цветы́ стоя́т
    на столА́Х ,
    на о́кнАХ ,
    на по́лкАХ.

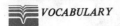 *VOCABULARY*

Verbs requiring nouns in the *prepositional case* with the prepositions В and НА:

❓ WHERE?

быть
жить
находи́ться
учи́ться
висе́ть
лежа́ть
сиде́ть
стоя́ть
гуля́ть
занима́ться
отдыха́ть
рабо́тать

Sometimes instead of verbs like отдыха́ть, жить, учи́ться, рабо́тать, занима́ться, гуля́ть, etc., related nouns with similar meaning may be used, e. g. о́тдых, жизнь, учёба, рабо́та, заня́тия, прогу́лка, etc. To indicate place, the prepositions **В** or **НА** and the *prepositional* are used.

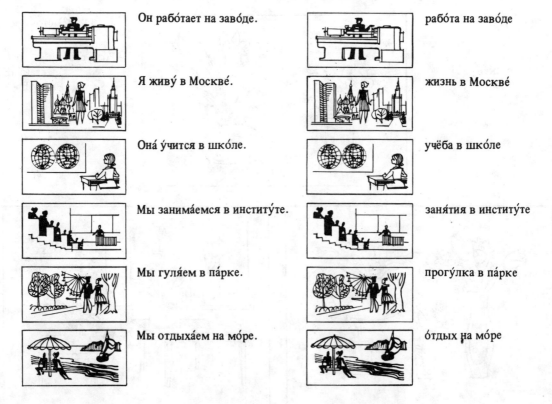

Он рабо́тает на заво́де.   рабо́та на заво́де

Я живу́ в Москве́.   жизнь в Москве́

Она́ у́чится в шко́ле.   учёба в шко́ле

Мы занима́емся в институ́те.   заня́тия в институ́те

Мы гуля́ем в па́рке.   прогу́лка в па́рке

Мы отдыха́ем на мо́ре.   о́тдых на мо́ре

 ATTENTION!

The use of the *prepositional* is obligatory after the verbs like *быть, жить, находи́ться,* and optional after those like *рабо́тать, гуля́ть,* etc.

NOUN ENDINGS IN THE PREPOSITIONAL: SPECIAL CASES

I.   **the ending -И**

All *feminine* nouns ending in -Ь and -ИЯ, *neuter* nouns ending in -ИЕ and *masculine* nouns ending in -ИЙ, in the *prepositional* have the ending -И.

Это пло́щадЬ.
На пло́щадИ
стои́т па́мятник.

Это лаборато́рИЯ.
В лаборато́риИ
рабо́тают лабора́нты.

Это общежи́тИЕ.
В общежи́тиИ
живу́т студе́нты.

Это санато́рИЙ.
В санато́риИ
мы отдыха́ем.

II.   **the ending -У**

Certain *masculine* nouns take the ending -У[1] in the *prepositional*, after the prepositions В and НА.

Это сад.
Мы отдыха́ем
в садУ́.

Это лес.
Мы гуля́ем
в лесУ́.

Это бе́рег.
Мы сиди́м на
берегУ́.

Это мост.
Мы стои́м на
мостУ́.

Это порт.
Корабли́ стоя́т
в портУ́.

Здесь пе́рвый ряд.
На́ши места́ в пе́р-
вом рядУ́.

Здесь у́гол.
Телеви́зор
стои́т в углУ́.

Это шкаф.
На́ши ве́щи
вися́т в шкафУ́.

REMEMBER!

ГДЕ?	на полУ́	на краЮ́	в ... годУ́
	на снегУ́	в аэропортУ́	в боЮ́

[1] After the preposition О, the same nouns take the ending -Е: *расска́зывать о са́дЕ, о ле́сЕ.*

NOTE the use of the prepositions *B* and *HA* in answers to the question **ГДЕ?**

?   **ГДЕ вы живёте?**

B

HA

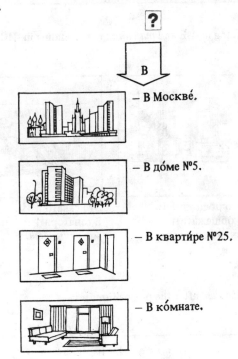

– В Москве́.

– НА Украи́не.
– НА у́лице Го́рького.
– НА (второ́м) этаже́.

– В до́ме №5.

– В кварти́ре №25.

– В ко́мнате.

?   **ГДЕ нахо́дится ваш го́род?**

– В Евро́пе.
– В Азии.
– В гора́х.

– НА се́вере (на ю́ге, на восто́ке).
– НА Ки́пре (на о́строве).
– НА берегу́ реки́ (мо́ря).

The preposition B is used
with:
(a) the names of the continents: *в А́фрике,
    в Аме́рике, в Австра́лии;*
(b) the names of the countries: *в А́нглии,
    в И́ндии, во Вьетна́ме;*
(c) the units of administrative division of a
    country: *в о́бласти, в райо́не, в прови́нции,
    в шта́те;*
(d) the names of cities, villages, etc.: *в го́роде,
    в Пари́же, в дере́вне;*
(e) the names of houses and places of accomodation:
    в до́ме, в кварти́ре, в ко́мнате.

The preposition HA is used
with:
(a) the cardinal points of the compass: *на ю́ге,
    на се́вере, на восто́ке, на за́паде;*
(b) the names of islands, rivers, lakes
    and seas: *на Ку́бе, на Во́лге;*
(c) the names of streets and squares: *на у́лице, на
    бульва́ре, на проспе́кте, на пло́-
    щади;*
(d) storey numbers: *на тре́тьем этаже́.*

REMEMBER!

в Сиби́ри
в Крыму́
в Белору́ссии

but:

на Ура́ле
на Кавка́зе
на Украи́не

ГДЕ вы работаете?

— В библиотеке. — НА заводе[1].

— В больнице. — НА фабрике.

— В магазине. — НА почте.

— В колхозе. — НА телеграфе.

ГДЕ вы учитесь?

— В университете. — НА биологическом факультете.

— В институте. — НА 1- м курсе.

ГДЕ вы были вчера?

— В министерстве. — НА заседании.

— В университете. — НА лекции.

— В клубе. — На танцах.

— В театре. — НА опере „Кармен".

— В музее. — НА выставке картин.

The preposition В is used in mentioning:
(a) institutions;
(b) educational establishments;
(c) class, group.

The preposition НА is used in mentioning:
(a) faculty, course/year;
(b) organised events.

---

[1] Though the preposition НА means "on the surface", it is traditionally used instead of В with the nouns *завод, фабрика, почта, телеграф*.

THE ACCUSATIVE CASE

THE ACCUSATIVE CASE OF AN OBJECT

Кого́ вы встре́тили?   — Я встре́тил дру́га.
Что вы чита́ете?   — Я чита́ю газе́ту.

Что э́то?

—Это письмо́.

—Это журна́л.

—Это газе́ты.

—Это кни́га.

Кто чита́ет?
—Ива́н чита́ет.

ЧТО
чита́ет Ива́н?

—Ива́н
чита́ет...

журна́л.

письмо́.

кни́гУ.

газе́ты.

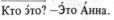  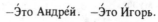

Кто э́то? —Это А́нна. —Это Ка́тя. —Это Анто́н. —Это Андре́й. —Это И́горь.

Ива́н
встре́тил...

КОГО́
встре́тил
Ива́н?

—Ива́н
встре́тил...

А́ннУ.

Ка́тЮ.

Анто́нА.

Андре́Я.

И́горЯ.

Оле́г купи́л...

ЧТО он купи́л?

Оле́г несёт...

ЧТО он несёт?

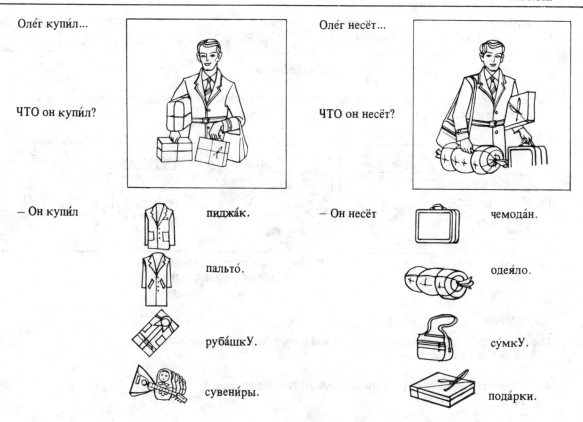

— Он купи́л   пиджа́к.

пальто́.

руба́шкУ.

сувени́ры.

— Он несёт   чемода́н.

одея́ло.

су́мкУ.

пода́рки.

The phrases *Ива́н встре́тил... Оле́г купи́л...* are incomplete.Therefore, they ought to be completed:

КОГО́ встре́тил Ива́н?
— Ива́н встре́тил дру́га.
Он встре́тил подру́гу,
          това́рищей.

ЧТО купи́л Оле́г?
— Он купи́л чемода́н,
          су́мку,
          пода́рки.

КОГО́? meaning an animate
noun.

ЧТО? meaning an inanimate
noun.

Words that follow the verbs *встре́тил, купи́л, несёт,* etc. (or transitive verbs, as they are called),represent an object of an action and are in the *accusative*[1].

The *accusative* is a much used case, because many Russian verbs are transitive.

The *accusative* endings of nouns in the singular and plural are varied. They depend on:

      1) the gender of a noun,
      2) its nominative ending,
      3) whether the noun is animate or inanimate.

---

[1] This is the so-called direct object.

NOUN ENDINGS IN THE ACCUSATIVE

A. In the Singular

I. For **inanimate masculine** and **neuter** nouns and for all **feminine** nouns ending in -Ь, the form of the *accusative* case coincides with the *nominative* (Acc. = Nom.).

И. п.	В. п.
—	—
-Ь	-Ь
-Й	-Й
-О	-О
-Е	-Е
-Ь	-Ь

Это стол, слова́рь, трамва́й, кре́сло, со́лнце, тетра́дь, ло́шадь.

Я ви́жу стол, слова́рь, трамва́й, кре́сло, со́лнце, тетра́дь, ло́шадь.

REMEMBER!

The nouns *наро́д, коллекти́в, класс, полк* and some others change like **inanimate** nouns:
    Я люблю́ свой наро́д.

II. All **feminine** and **masculine** nouns ending in -А, -Я take the endings -У or -Ю.

И. п.	В. п.
-А	-У
-Я	-Ю

Это (незнако́мые) мужчи́на и же́нщина.

Я уви́дел (незнако́мых) мужчи́нУ и же́нщинУ.

Это (высо́кая) гора́.
Это (незнако́мая) земля́.

Моряки́ уви́дели (высо́кую) го́рУ.
Моряки́ уви́дели (незнако́мую) зе́млЮ.

III. **Animate masculine** nouns ending in a consonant, -Й or -Ь take the ending -А or -Я.
For these nouns, the *accusative* form coincides with the *genitive* (Acc. = Gen.) (see p. 52).

И. п.	В. п.
—	-А
-Й	-Я
-Ь	-Я

Это Анто́н и Серге́й.

Я встре́тил Анто́нА и Серге́Я.

Это учи́тель.

Я ви́дел учи́телЯ.

B. In the Plural

I.

For **inanimate** nouns of all genders, the *accusative* coincides with the *nominative* (Acc. = Nom.).

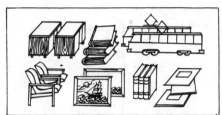 

И. п.	В. п.
-Ы	-Ы
-И	-И
-А	-А
-Я	-Я

Это столы́, словари́, трамва́и, кре́сла, моря́, карти́ны, кни́ги, тетра́ди.

Я ви́дел столы́, словари́, трамва́и, кре́сла, моря́, карти́ны, кни́ги, тетра́ди.

REMEMBER!

For animate masculine and feminine nouns, the *accusative* coincides with the *genitive* (Acc. = Gen.) (see p. 52).

Animate masculine and **feminine** nouns ending in -А, -Я lose their endings, and most of the nouns ending in -Я acquire -Ь in the animate accusative.

И. п.	В. п.
ед. ч.	мн. ч.
-А	—
-Я	-Ь

Это же́нщины и мужчи́ны.

Я ви́дел же́нщин и мужчи́н.

Это лётчицы-герои́ни.

Я ви́дел лётчиц-герои́нЬ.

Animate masculine nouns ending in a consonant, -Й or -Ь take the endings -ОВ, -ЕВ, -ЕЙ.

И. п.	В. п.
ед. ч.	мн. ч.
—	-ОВ
-Й	-ЕВ
-Ь	-ЕЙ

Это лётчики-геро́и.

Я ви́дел лётчикОВ-геро́ЕВ.

Это учителя́.

Я ви́дел учителЕЙ.

Animate feminine nouns ending in -Ь take the ending -ЕЙ (like **masculine** nouns).

И. п.	В. п.
ед. ч.	мн. ч.
-Ь	-ЕЙ

Это ло́шади.   Я ви́дел лошадЕЙ.

NOUN ENDINGS IN THE ACCUSATIVE

Nominative		Accusative		
		Singular		Plural
inanimate masc., neut., fem. ending in -Ь	стол словарь трамвай кресло море тетрадь	Я видел { стол словарь трамвай кресло море тетрадь Acc. = Nom.		Я видел { столы́ словари́ трамва́и кре́сла моря́ тетра́ди Acc. = Nom.
animate fem. ending in -Ь	ло́шадь	Я видел { ло́шадь		Я видел лошадЕ́Й -ЕЙ Acc. = Gen.
animate masc.	студе́нт геро́й учи́тель	Я видел { студе́нтА геро́Я учи́телЯ Acc. = Gen. -А -Я		Я видел { студе́нтОВ -ОВ геро́ЕВ -ЕВ учителЕ́Й -ЕЙ Acc. = Gen.
animate fem., masc. ending in -А, -Я	студе́нтка герои́ня мужчи́на	Я видел { студе́нткУ герои́нЮ мужчи́нУ -У -Ю		Я видел { студе́нток герои́нь мужчи́н Acc. = Gen.
inanimate fem. ending in -А, -Я	гора́ земля́	Я видел { го́рУ зе́млЮ		Я видел { го́ры зе́мли Acc. = Nom.

VOCABULARY   **Verbs** requiring the *accusative case* without prepositions (transitive verbs):

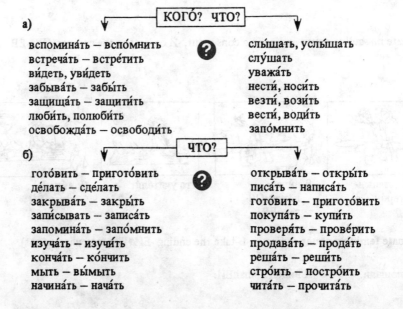

а)

КОГО́? ЧТО?

вспомина́ть — вспо́мнить
встреча́ть — встре́тить
ви́деть, уви́деть
забыва́ть — забы́ть
защища́ть — защити́ть
люби́ть, полюби́ть
освобожда́ть — освободи́ть

слы́шать, услы́шать
слу́шать
уважа́ть
нести́, носи́ть
везти́, вози́ть
вести́, води́ть
запо́мнить

б)

ЧТО?

гото́вить — пригото́вить
де́лать — сде́лать
закрыва́ть — закры́ть
запи́сывать — записа́ть
запомина́ть — запо́мнить
изуча́ть — изучи́ть
конча́ть — ко́нчить
мыть — вы́мыть
начина́ть — нача́ть

открыва́ть — откры́ть
писа́ть — написа́ть
гото́вить — пригото́вить
покупа́ть — купи́ть
проверя́ть — прове́рить
продава́ть — прода́ть
реша́ть — реши́ть
стро́ить — постро́ить
чита́ть — прочита́ть

COMPARE:

КОГО?

ЧТО?

Сестра́
лю́бит
кого́?
бра́тА.

Ма́льчик
лю́бит
что?
виногра́д.

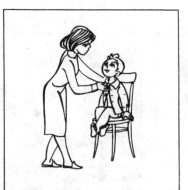

Мать
одева́ет
кого́?
сы́нА.

Анто́н
надева́ет
что?
пиджа́к.

Студе́нты
слу́шают
кого́?
преподава́телЯ.

Студе́нты
слу́шают
что?
конце́рт.

Де́ти
слу́шают
кого́?
учи́тельницУ.

Де́ти
слу́шают
что?
му́зыкУ.

OTHER MEANINGS OF THE ACCUSATIVE

The *accusative* without preposition may also mean:

I.   **Time**
(a certain period of time)

❓ СКО́ЛЬКО ВРЕ́МЕНИ?
КАК ДО́ЛГО?

Весь день
они́ рабо́тали.

II.   **Time**
(recurrence of action)

❓ КАК ЧА́СТО?

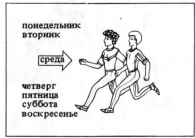

Ка́ждое у́тро
я де́лаю заря́дку.

Ка́ждую сре́ду
у нас уро́к физкульту́ры.

III.   **Space**
(a part of the way)

❓ СКО́ЛЬКО МЕ́ТРОВ
(киломе́тров)?

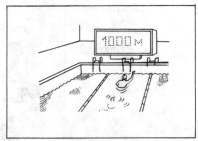
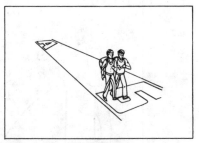

Плове́ц проплы́л
ты́сячу ме́тров.

Всю доро́гу (от А до Б)
они́ шли пешко́м.

IV.   **Weight**

❓ СКО́ЛЬКО ГРА́ММОВ
(килогра́ммов)?

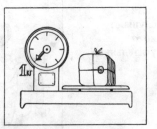

Посы́лка ве́сит
оди́н килогра́мм.

V.   **Цена**

❓ СКО́ЛЬКО
СТО́ИТ?

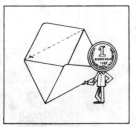

Конве́рт без ма́рки
сто́ит **одну́ копе́йку.**

THE ACCUSATIVE WITH PREPOSITIONS

THE ACCUSATIVE OF DIRECTION
the prepositions В, НА and ЧЕ́РЕЗ

Куда́ вы идёте? – Я иду́ **в библиоте́ку**.
Куда́ вы е́дете? – Я е́ду **на стадио́н**.

The *accusative* with the prepositions В and НА[1] is used after the verbs of directed motion, or directed action.

The nouns in the *accusative* with the prepositions В and НА describe the place to which an action is directed.

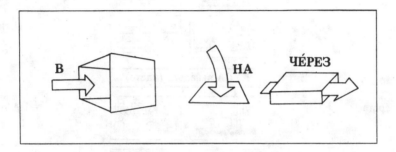

Скажи́те, куда́ поста́вить но́вые кни́ги?

– Поста́вьте их
в шкаф!

– Поста́вьте их
на по́лку!

– Положи́те их пока́
на стол!

The preposition ЧЕ́РЕЗ indicates that the motion is directed across, from one side of an object to the other.

Челове́к прошёл **че́рез** парк.

Челове́к перехо́дит **че́рез** у́лицу[2].

---

[1] The accusative of direction is also used with the prepositions ЗА and ПОД.

[2] = перехо́дит у́лицу.

NOTE the use of the prepositions **В** and **НА** when answering the question **КУДА?**

КУДА вы е́дете?	
— В Росси́ю.	— В Москву́. — На Украи́ну. — На Кавка́з. — На Да́льний Восто́к.

КУДА вы идёте?

— В э́тот дом.	— НА второ́й эта́ж.
— В библиоте́ку.	— НА заво́д.
— В магази́н.	— НА по́чту.

КУДА вы е́дете (идёте)?

— В министе́рство.	— НА заседа́ние.
— В о́перный теа́тр.	— НА о́перу „Карме́н".
— В теа́тр.	— НА спекта́кль.
— В консервато́рию.	— НА конце́рт.

VOCABULARY

Verbs of directed motion or action requiring the use of the *accusative* with the prepositions В and НА:

КУДА?	ЧТО? КУДА?

а)
идти́	ходи́ть	пойти́	спеши́ть
е́хать	е́здить	уйти́	прийти́
лете́ть	лета́ть	прие́хать	пое́хать
бежа́ть	бе́гать	войти́	уе́хать
плыть	пла́вать	входи́ть	и т.д.

б) нести́[1], носи́ть
принести́
вести́, води́ть
и т.д.
посыла́ть — посла́ть
класть — положи́ть
и т.д.

---

[1] The verbs *нести́, носи́ть, везти́, вози́ть, вести́, води́ть, класть – положи́ть, ста́вить – поста́вить, посыла́ть – посла́ть* are transitive and thus require direct object in the *accusative* without preposition:

Он несёт (что?) чемода́н (куда́?) на вокза́л.
Она́ кладёт (что?) кни́гу (куда́?) на по́лку.

COMPARE:

| **КУДА?** | **ГДЕ?** |
| (Accusative) | (Prepositional) |

Я кладу́ руба́шку
куда́?
в чемода́н.

Руба́шка лежи́т
где?
в чемода́нЕ.

Мы идём
куда́?
в парк.

Мы сиди́м
где?
в па́ркЕ.

Я кладу́ кни́гу
куда́?
в су́мкУ.

Кни́га нахо́дится
где?
в су́мкЕ.

Мы поднима́емся
куда́?
на верши́нУ.

Мы отдыха́ем
где?
на верши́нЕ.

COMPARE:

Я кладу́
кни́гу

в
портфе́ль.
на
стол.

Я смотрю́[1]

в
окно́.
на
карти́ну.

The preposition В is used with the *accusative:*
(a) after the verbs with the prefix В-;

Я вхожу́
в дом.

Я вношу́
чемода́н
в ко́мнату.

Во́лга
впада́ет в
Каспи́йское
мо́ре.

(b) to indicate motion or action directed inwards, into some object.

Я броса́ю
ка́мень
в ре́ку.

Я стреля́ю
в пти́цу.

Я стучу́
в дверь.

Я смотрю́
в бино́кль.

The preposition НА with the *accusative* is used to indicate motion or action directed towards the surface of an object.

Ли́стья
па́дают
на зе́млю.

Я надева́ю
плато́к
на го́лову.

Я смотрю́
на го́ры.

---

[1] The verb *смотре́ть* may not require a preposition: *Я смотрю́ фильм.*

THE DATIVE CASE

THE DATIVE OF AN ADDRESSEE

?

Кому́ ты пода́ришь кни́гу?

— Я подарю́ кни́гу → бра́ту.
→ сестре́.

Анто́н
даёт
бра́тУ
мяч.

А́нна
да́рит
подру́гЕ
кни́гу.

Кто
даёт
бра́тУ
мяч?

Кто
да́рит
подру́гЕ
кни́гу?

Что
Анто́н
даёт
бра́тУ?

Что
А́нна
да́рит
подру́гЕ?

КОМУ́
Анто́н
даёт
мяч?

КОМУ́
А́нна
да́рит
кни́гу?

Apart from the direct object (i. e. the object in the *accusative* answering the question *кого́? что?),* many transitive verbs also have another, indirect object which answers the question КОМУ́? ЧЕМУ́? This indirect object is in the **dative**, it indicates the person or object to whom or which the action is addressed.

Human speech is always addressed to someone. Therefore, the verbs like *писа́ть, говори́ть,* etc. are followed by a noun in the *dative* indicating the person to whom the speech is addressed.

Мать говори́т
кому́?
сы́нУ:
— Напиши́
кому́?
па́пЕ письмо́.

Сын пи́шет
кому́?
отцУ́ письмо́.

Ка́тя звони́т
кому́?
Ни́нЕ.

Учи́тельница объясня́ет
кому́?
ученикА́М (что?)
зада́чу.

Учи́тель расска́зывает
кому́?
ученикА́М (о чём?)
об А́фрике.

Учи́тельница расска́зывает
кому́?
де́тЯМ (что?)
ска́зку (о ком?)
о лисе́ и во́лке.

Со́ня сообща́ет
кому́?
подру́гАМ (что?)
интере́сную но́вость.

Семён объявля́ет
кому́?
друзьЯ́М (о чём?)
об экску́рсии на Кавка́з.

Учи́тель напомина́ет
кому́?
шко́льникАМ (о чём?)
о пра́вилах движе́ния.

Сын помога́ет
    кому́?
отцУ́ (что де́лать?)
мыть маши́ну.

Ма́льчик меша́ет
    кому́?
бра́тУ и сестрЕ́
(что де́лать?)
занима́ться.

Оте́ц запреща́ет
    кому́?
сы́нУ (что де́лать?)
кури́ть.

Учени́к отвеча́ет
    кому́?
учи́телЮ (на что?)
на его́ вопро́сы.

Ка́тя ра́дуется (ра́да)
    чему́?
прихо́дУ госте́й.

Э́тот мотоци́кл
принадлежи́т
    кому́?
Анто́нУ.

VOCABULARY

Verbs requiring the *dative*:

a)

❓ КОМУ́?   ЧЕМУ́?

ве́рить – пове́рить	отвеча́ть – отве́тить	телеграфи́ровать
звони́ть – позвони́ть	помога́ть – помо́чь	удивля́ться – удиви́ться
меша́ть – помеша́ть	ра́доваться – обра́доваться	
нра́виться – понра́виться	принадлежа́ть	

❓ КОМУ́? (что?)

Сын пи́шет (что?) письмо́ (кому́?) отцУ́.

b)

гото́вить – пригото́вить	пока́зывать – показа́ть	приноси́ть – принести́
дава́ть – дать	передава́ть – переда́ть	переводи́ть – перевести́
дари́ть – подари́ть	продава́ть – прода́ть	покупа́ть – купи́ть
отдава́ть – отда́ть	посыла́ть – посла́ть	чита́ть – прочита́ть
объясня́ть – объясни́ть	предлага́ть – предложи́ть	

❓ КОМУ́? (о чём?)

Оте́ц сообщи́л (кому́?) сы́нУ (о чём?) о прие́зде.

c)

говори́ть – сказа́ть	объявля́ть – объяви́ть	расска́зывать – рассказа́ть
напомина́ть – напо́мнить	писа́ть – написа́ть	чита́ть – прочита́ть

d) **КОМУ́?**(что де́лать?)

Сестра́ помога́ет (**кому́?**) бра́тУ (что де́лать?) занима́ться.

запреща́ть   позволя́ть   разреша́ть

VOCABULARY

Nouns requiring the *dative:*

отве́т (**кому́?**) подру́гЕ   пода́рок (**кому́?**) де́тЯМ   по́мощь (**кому́?**) старикА́М
письмо́ (**кому́?**) дру́гУ   посы́лка (**кому́?**) сы́нУ   сове́т (**кому́?**) молодЫ́М

Ива́нУ
}
нра́вится э́тот костю́м.
А́ннЕ

THE USE OF THE DATIVE IN IMPERSONAL SENTENCES

> **Де́вочке жа́рко.**   **Студе́нту ну́жно занима́ться.**

Де́вочкЕ
жа́рко.

Анто́нУ хо́чется
поката́ться на
конька́х.

Ма́тЕРИ ка́жется,
что сын бо́лен.

The *dative* is used in impersonal sentences to point out the person experiencing
a certain state or condition.

NOUN ENDINGS IN THE DATIVE

	Nominative	Dative				
		Singular			**Plural**	
masculine and neuter	врач геро́й учи́тель	Он помога́ет {	врачУ́ геро́Ю учи́телЮ	-У -Ю	Он помога́ет {	врачА́М геро́ЯМ учителЯ́М
	де́ло здоро́вье зре́ние	Это помога́ет {	де́лУ здоро́вьЮ зре́ниЮ		Это помога́ет	делА́М -АМ -ЯМ
feminine	подру́га а́рмия дочь	Он помога́ет {	подру́гЕ а́рмиИ до́черИ	-Е -И	Он помога́ет {	подру́гАМ дочерЯ́М

Noun endings in the *dative:*

Singular

-У
for *masculine* nouns
ending
in a hard consonant,
and *neuter* ones
ending
in -О.

-Ю
for *masculine* nouns
ending
in -Ь,
and *neuter* ones
ending
in -Е.

-Е
for *feminine*
and *masculine*
nouns
ending
in -А.

Plural

-АМ
for all the following
nouns:
(a) *masculine,* ending
in a consonant,
(b) *neuter,* ending
in -О,
(c) *feminine* and
masculine,
ending in -А.
-ЯМ
for all the following
nouns:
(a) *masculine,* ending
in -Й or -Ь,
(b) *neuter,* ending
in -Е,
(c) *feminine* and
masculine, ending
in -Я,
(d) *feminine,* ending
in -Ь.

ATTENTION!

1. When you address a letter, the surname, first name and patronymic of the addressee ought to be written in the *dative*.

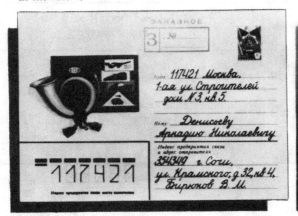

2. When talking of monuments, the **name of a person** in whose honour a monument was raised is always in the *dative*. Note that the sculptor's name in such a phrase is used in the *genitive*.

па́мятник
ПетрУ́ Пе́рвОМУ

па́мятник первопеча́тникУ
Ива́нУ ФёдоровУ

па́мятник Пу́шкинУ
(па́мятник ску́льпторА
Опеку́шинА)

3. When asking or saying a **person's age**, the person's name ought to be in the *dative*.

Ско́лько лет
{ Ива́нУ? — Ива́нУ 20
АндреЮ́? — АндреЮ́ 18
А́ннЕ? — А́ннЕ 16
Ка́тЕ? — Ка́тЕ 10 } лет.

Ско́лько лет бы́ло тогда́ ва́шему сы́ну?
— Моему́ сы́ну тогда́ бы́ло пять лет.

THE DATIVE WITH PREPOSITIONS

THE PREPOSITION К

Куда́ плывёт ло́дка? – Ло́дка плывёт **к бе́регу**.	**К кому́** (куда́?) вы идёте? – Я иду́ **к врачу́**.

The *dative* with the preposition К is used[1] :

to indicate an **object** or
a **place** to which motion
is directed.

to indicate the **person**
who is the aim of the
motion.

Ло́дка плывёт **к бе́регу**.

Больно́й пришёл **к врачу́**.

идти́   бе́регу
е́хать   К   го́роду
спеши́ть   верши́не
подойти́   грани́це

идти́   врачу́
пойти́   К   дру́гу
прийти́   подру́ге
зайти́   Мари́и

 COMPARE:

Я иду́   в теа́тр.   } куда́?

на конце́рт.

к врачу́.   } к кому́?

---

[1] For other meanings of the preposition К, see the section "Prepositions".

THE PREPOSITION ПО

| Где (по какóй ýлице?) вы éхали? | — Мы éхали **по ýлице** Гóрького. |

THE *DATIVE* WITH THE PREPOSITION ПО IS USED TO INDICATE MOTION ALONG A SURFACE

Лóдка
плывёт
по волнáм.

идти́ — лéсу
бежáть — пóлю
проходи́ть ПО ýлице
гуля́ть — дорóге

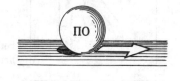

ПО

 NOTE the uses of the preposition ПО in the following phrases!

Подрýги говоря́т
по телефóну.

РАСПИСАНИЕ

Пóезд дви́жется
по расписáнию.

К. Й. Пехливанова
М. Н. Лебедева
ГРАММАТИКА
РУССКОГО
ЯЗЫКА
В
ИЛЛЮСТРАЦИЯХ

Друзья́ занимáются
по нóвому учéбнику.

альбóм **по** рисовáнию

H_2SO_4

лéкция **по** хи́мии

эстрáдный концéрт
по телеви́дению

THE INSTRUMENTAL CASE

ТВОРИТЕЛЬНЫЙ ПАДЕЖ ИНСТРУМЕНТА

? | **Чем вы пи́шете?** — Я пишу́ карандашо́м.

Это топо́р

Никола́й ру́бит
де́рево топорО́М.

Это лопа́та

Пётр копа́ет
зе́млю лопа́тОЙ.

Кто
ру́бит
де́рево?

— Никола́й.

Кто
копа́ет
зе́млю?

— Пётр.

Что
ру́бит
Никола́й?

— Де́рево.

Что
копа́ет
Пётр?

— Зе́млю.

ЧЕМ
Никола́й
ру́бит
де́рево?

— ТопорО́М.

ЧЕМ
Пётр
копа́ет
зе́млю?

— Лопа́тОЙ.

To point out the **instrument** with which or by means of which something
is being done, the **instrumental case** is used.
The noun which stands for an instrument or a means of doing something is in the *instrumental*
and answers the question ЧЕМ?

Singular

Это нож.

Я ре́жу хлеб
чем?
ножО́М.

Это ци́ркуль.

Я рису́ю круг
чем?
ци́ркулЕМ.

Это щётка.

Я чи́щу костю́м
чем?
щёткОЙ.

Это мы́ло.

Я мо́ю ру́ки
чем?
мы́лОМ.

Это полоте́нце.

Я вытира́юсь
чем?
полоте́нцЕМ.

Это кисть.

Я рабо́таю
чем?
ки́стЬЮ.

Это но́жницы.

Я ре́жу бума́гу
чем?
но́жницАМИ.[1]

Plural

Это (цветны́е)
карандаши́.

Я рису́ю
чем?
(цветны́ми)
карандашА́МИ.

Это гво́зди.

Я прибива́ю
до́ску
чем?
гвоздЯ́МИ.

Это ки́сти.

Я кра́шу
чем?
кистЯ́МИ.

Это у́дочки.

Я ловлю́ ры́бу
чем?
у́дочкАМИ.

---

[1] The noun *но́жницы* has only the plural form.

NOUN ENDINGS IN THE INSTRUMENTAL

	Nominative	Instrumental		
		Singular		Plural
masculine and neuter	нож гвоздЬ циркулЬ мылО лекарствО полотенцЕ	режу ножÓМ черчу циркулЕМ мою мылОМ пользуюсь лекарствОМ вытираю полотенцЕМ	-ОМ -ЕМ	режут ножÁМИ прибивают гвоздЯМИ пользуются лекарствАМИ вытираются полотенцАМИ -АМИ -ЯМИ
feminine	щёткА землЯ кистЬ	чищу щёткОЙ засыпаю землЁЙ работаю кистЬЮ	-ОЙ -ЕЙ (-ЁЙ) -(ь) Ю	чистят щёткАМИ работают кистЯМИ

Noun endings in the *instrumental:*

Singular

-ОМ
for:
(a) *masculine* nouns ending in a consonant,
(b) *neuter* nouns ending in -О.

-ЕМ
for:
(a) *masculine* nouns ending in -Ь,
(b) *neuter* nouns ending in -Е.

-ОЙ
for
feminine and
masculine nouns
ending in -А.
-ЕЙ
for
feminine and
masculine nouns
ending in -Я.
-(ь) Ю
for
feminine nouns
ending in -ь.

Plural

-АМИ
for:
(a) *masculine* nouns ending in a consonant,
(b) *neuter* nouns ending in -О and -Е,
(c) *feminine* nouns ending in -А.
-ЯМИ
for:
(a) *masculine* nouns ending in -Ь,
(b) *neuter* nouns ending in -Е,
(c) *feminine* nouns ending in -Я and -Ь.

REMEMBER!

If the stem of a noun ends in Ж, Ш, Ч, Щ, Ц and the ending is unstressed, the noun takes the endings
-ЕМ, -ЕЙ instead of -ОМ, -ОЙ: *товарищЕМ, зайцЕМ, юношЕЙ, ученицЕЙ* (but: *ножÓМ, лицÓМ, плечÓМ)*.

THE USE OF THE VERBS *БЫТЬ* AND *ЯВЛЯТЬСЯ* WITH THE INSTRUMENTAL

Косми́ческие полёты

в про́шлом
бы́ли мечт**ОЙ**.

Косми́ческие полёты

в на́ши дни
ста́ли реа́льность**Ю**.

Космона́втика

явля́ется о́бласть**Ю**
нау́ки и те́хники.

ATTENTION!

past	present	future
Косми́ческие полёты *бы́ли* мечто́й.	Сейча́с косми́ческие полёты — реа́льность.	Ско́ро косми́ческие полёты *бу́дут* обы́чными.
—	Сейча́с косми́ческие полёты *явля́ются* реа́льностью.	—

The verb **быть** is never used in the present tense. In bookish speech, it can be replaced by
the verb **явля́ться**, which requires the instrumental after itself *явля́ются реа́льностью.*
The verb *явля́ться* (in the meaning of *быть*) is used very seldom in the past and future tenses.

VOCABULARY
Verbs requiring the *instrumental:*

(a)
КЕМ?
ЧЕМ?

быть   каза́ться
явля́ться   оказа́ться
станови́ться — стать   показа́ться
называ́ться   счита́ться

(auxiliary verbs):

Но́чью э́тот предме́т каза́лся
стра́шным зве́рем.

Днём он оказа́лся ста́рым
де́ревом.

(b) работать, служить (verbs denoting profession and rank)

КЕМ?

 Это Пётр.

 Он солдат (пограничник).

 Пётр служит (служил, будет служить) солдатом (пограничником).

 Это Катя.

 Она врач.

 Катя работает (работала, будет работать) врачом.

(c)
(кого?)
КЕМ?

 Товарища Михайлова (кого?) избрали (кем?) депутатом.

выбирать — выбрать   делать — сделать   называть — назвать
избирать — избрать   назначать — назначить   считать

(d)
КЕМ?
ЧЕМ?

восхищаться   восторгаться   любоваться
возмущаться   гордиться   наслаждаться
(verbs conveying emotional state)

 Я любуюсь красивым видом.

 Я восхищаюсь картиной.

 Я наслаждаюсь музыкой.

 Спортсмен гордится своими наградами.

(e)
КЕМ?
ЧЕМ?

увлекаться   интересоваться   заниматься
(verbs indicating interest and occupation)

 Юноша интересуется бабочками.

 Мальчик увлекается радио-техникой.

 Археолог занимается раскопками.

(f)
КЕМ?
ЧЕМ?

владеть   командовать   пользоваться
обладать   руководить
(verbs denoting command or mastery)

 Водитель управляет машиной.

 Директор руководит заводом.

Генерал командует парадом.

Переводчик владеет многими языками.

(g)
ЧЕМ?

болеть   жертвовать   рисковать
заболеть   пожертвовать   страдать

 Петя болеет гриппом.

 Альпинист рискует жизнью.

(h)
(что?)
ЧЕМ?

вязать   красить   писать   рубить
вытирать   копать   резать   чистить
(indicating the instrument with which an action is being performed, or the manner of action).

OTHER MEANINGS OF THE INSTRUMENTAL

The *instrumental* without preposition may also be used to denote:

1. Time

Ле́тним у́тром мы бежи́м на пляж.

Со́лнечным днём мы загора́ем на пля́же.

Прохла́дным ве́чером мы гуля́ем в па́рке.

По́здней но́чью мы спим.

Моро́зной зимо́й мы ката́емся на са́нках.

Ра́нней весно́й мы собира́ем цветы́.

Жа́рким ле́том мы купа́емся.

Дождли́вой о́сенью мы собира́ем грибы́.

2. The means and manner of action

Конь помча́лся *как?* **стрело́й.**

Он поёт *как?* **ба́сом.**

Она́ говори́т *как?* **ти́хим го́лосом.**

THE INSTRUMENTAL CASE IN A PASSIVE CONSTRUCTION

Аспира́нт прово́дит иссле́дования.   Иссле́дования прово́дятся **аспира́нтом**.

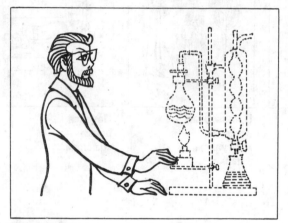

Аспира́нт
прово́дит
иссле́дование.

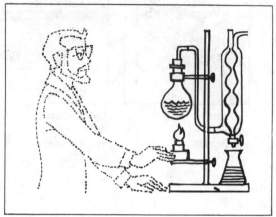

Иссле́дование
прово́дится
аспира́нтОМ.

When turning an active construction into passive:

1. the transitive imperfective verb is replaced with the same verb plus the particle -СЯ,
2. the direct object becomes the subject of the sentence,
3. the subject denoting an agent is put in the *instrumental*.

ACTIVE CONSTRUCTION	Nominative (subject)	transitive imperfective verb	Accusative (direct object)

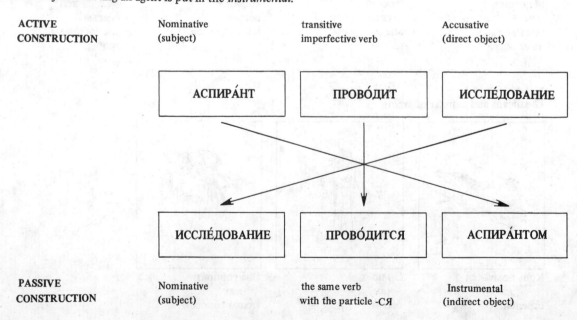

PASSIVE CONSTRUCTION	Nominative (subject)	the same verb with the particle -СЯ	Instrumental (indirect object)

THE INSTRUMENTAL WITH PREPOSITIONS

THE INSTRUMENTAL OF COMMUNITY

THE PREPOSITION C

 С кем вы перепи́сываетесь? — Я перепи́сываюсь с друзья́ми.

To denote a **joint action**, the preposition **C** is used.

Я знако́млюсь
с де́вушкОЙ.

Я разгова́риваю
с това́рищАМИ.

Я перепи́сываюсь
с друзья́МИ.

Пришла́ мать
с сы́нОМ.

The noun denoting a person with whom an action is performed is used in the *instrumental case* with the preposition C.

 VOCABULARY

Verbs requiring the *instrumental* with the preposition C:

 С КЕМ?

бесе́довать
встреча́ться — встре́титься   мири́ться — помири́ться
догова́риваться — договори́ться   разгова́ривать
здоро́ваться — поздоро́ваться   сове́товаться — посове́товаться
знако́миться — познако́миться   ссо́риться — поссо́риться

 ATTENTION!

челове́к
с чемода́нОМ

де́вушка
с дли́нными
волосА́МИ

молодо́й
челове́к
с бородО́Й

дом
с коло́ннАМИ

(a) The noun with the preposition C may denote the quality of an object.

смотре́ть
со стра́хОМ

наблюда́ть
с интере́сОМ

(b) The noun with the preposition C may be used to describe the condition accompanying an action *(как?)*.

THE INSTRUMENTAL OF PLACE

❓ | Где растёт де́рево?   — Де́рево растёт **пе́ред до́мом.**

ГДЕ? – НАД столО́М виси́т ла́мпа.

ГДЕ? – ЗА столО́М сидя́т брат с сестро́й.[1]

ГДЕ? – МЕ́ЖДУ столО́М и окнО́М стои́т телеви́зор.

ГДЕ? – ПОД столО́М сиди́т ко́шка.

THE PREPOSITIONS

НАД

ПЕ́РЕД   МЕ́ЖДУ   ЗА

ПОД

Nouns in the *instrumental* preceded by the prepositions ПЕ́РЕД, НАД, МЕ́ЖДУ, ПОД, ЗА denote a **place** and answer the question ГДЕ?[1]

 COMPARE:

The prepositions ЗА and ПОД with the accusative	The prepositions ЗА and ПОД with the instrumental
The prepositions ЗА and ПОД are used with the *accusative* when motion is in one direction only *(куда́?).*	The prepositions ЗА and ПОД are used with the *instrumental* when the place of action is indicated *(где?).*

---

[1] For other meanings of the prepositions ЗА, ПЕ́РЕД, НАД, МЕ́ЖДУ, ПОД see the section "Prepositions".

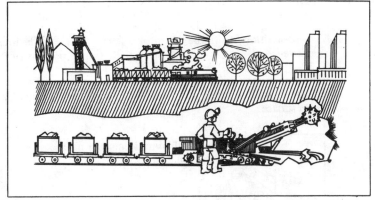

Шахтёр рабо́тает
под землЁЙ.

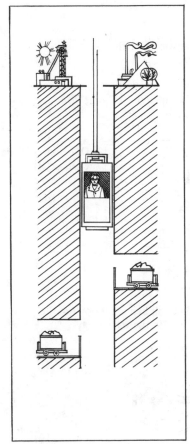

Шахтёр спуска́ется
под зе́млЮ.

Пётр ве́шает пальто́
за дверь.

Пальто́ виси́т
за две́рьЮ.

COMPARE:

за стол (Acc.)	**за столо́м** (Instr.)	**из-за стола́** (Gen.)

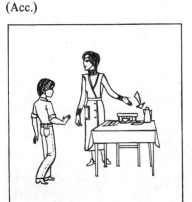

Мать говори́т Пе́те:
— За́втрак гото́в!
Сади́сь за стол!

Петя сиди́т
за столО́М.
Он за́втракает.

Пе́тя ко́нчил
за́втракать.
Он встаёт из-за столА́.

СРАВНИТЕ:

The preposition C with the genitive

The preposition C with the genitive means separation, removal from surface.

The preposition C with the instrumental

The preposition C with the *instrumental* means accompanying or joint action.

Де́вушка снима́ет пальто́ с ве́шалкИ.

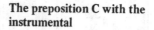

Охо́тник идёт на охо́ту с соба́кОЙ.

This is what will happen if you use the preposition C in the wrong way:

Я беру́ кни́гу со столА́.

Я беру́ кни́гу со столО́М.

You can't say that!

Я срыва́ю я́блоко с де́ревА.

Я срыва́ю я́блоко с де́ревОМ.

You can't say that!

Я снима́ю шля́пу с головЫ́.

Я снима́ю шля́пу с головО́Й.

You can't say that!

COMPARE:

The instrumental with the preposition C	**The instrumental without preposition**

Человек + инструмент в состоянии покоя.

Мальчик ловит рыбу удочкОЙ.

мальчик с удочкОЙ

Художник рисует краскАМИ.

худо́жник с кра́скАМИ

Человек с помощью инструмента делает что-либо.

де́вушка с платкОМ

Де́вушка ма́шет платкОМ.

THE GENITIVE CASE

THE GENITIVE OF BELONGING AND RELATION

 Чей э́то велосипе́д?
— Э́то велосипе́д **Анто́на.**

 Како́й э́то бе́рег?
(бе́рег **чего́?**)
— Э́то бе́рег **мо́ря.**

When an object is defined through its **owner**, the name of the **owner** (i. e. the person to whom this thing belongs) ought to be in the **genitive**.

In this case the *genitive* noun answers the question ЧЕЙ? ЧЬЯ? ЧЬЁ? ЧЬИ? (кого́?)

When an object is **defined** by means of **another object**, related to the first or including it as part of a whole, the name of the **defining** object ought to be in the **genitive**.

In this case the *genitive* noun answers the question КАКО́Й? КАКА́Я? КАКО́Е? КАКИ́Е! (чего́?)

GENITIVE NOUNS IN THE SINGULAR

Masculine

Э́то Анто́н.
Э́то велосипе́д.
Э́то велосипе́д
   чей?
Анто́нА.

Neuter

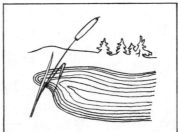

Э́то о́зеро.
Э́то бе́рег.
Э́то бе́рег
   чего́?
о́зерА.

Feminine

Э́то А́нна.
Э́то пла́тье.
Э́то пла́тье
   чьё?
А́нны.

Э́то преподава́тель.
Э́то портфе́ль.
Э́то портфе́ль
   чей?
преподава́телЯ.

Э́то мо́ре.
Э́то бе́рег.
Э́то бе́рег
   чего́?
мо́рЯ.

Э́то Ка́тя.
Э́то кни́га.
Э́то кни́га
   чья?
Ка́тИ.

FEMININE NOUNS ENDING IN -Ь

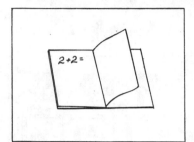

Это тетра́дь.
Это страни́ца.
Это страни́ца
    чего́?
тетра́дИ.

Э́то мать.
Э́то портре́т.
Э́то портре́т
    чей?
матерИ.

Э́то дочь.
Э́то стол.
Э́то стол
    чей?
до́черИ.

NOUN ENDINGS IN THE GENITIVE

Singular

	Nominative	Genitive	
masculine and neuter	студе́нт	кни́га студе́нтА	**-А** **-Я**
	геро́й	о́рден геро́Я	
	писа́тель	рома́н писа́телЯ	
	о́зеро	бе́рег о́зерА	
	мо́ре	бе́рег мо́рЯ	
	движе́ние	ско́рость движе́ниЯ	
feminine	А́нна	кни́га А́ннЫ	**-Ы** **-И**
	пе́сня	слова́ пе́снИ	
	исто́рия	уче́бник исто́риИ	
	тетра́дь	страни́ца тетра́дИ	

Genitive noun endings in the **singular**:
-А for *masculine* [1] nouns ending in a hard consonant and for neuter nouns ending in -О;
-Я for *masculine* nouns ending in -Й and -Ь and for *neuter* nouns ending in -Е and -ИЕ;
-Ы for *feminine* and *masculine* nouns ending in -А;
-И for *feminine* nouns ending in -Я, -ИЯ, and -Ь, as well as for masculine nouns ending in -Я.

---

[1] In the *genitive*, some *masculine* nouns lose the last vowel of the stem
(so-called mobile vowels -О- and -Е-), e. g. у́гол—угла́, оте́ц—отца́.

GENITIVE NOUNS, PLURAL

Masculine   Neuter   Feminine

Это студе́нты.
Это тетра́ди.
Это тетра́ди
    чьи?
студе́нтОВ.

Это озёра.
Это берега́.
Это берега́
    чего?
озёр.

Это студе́нтки.
Это уче́бники.
Это уче́бники
    чьи?
студе́нток.

Это преподава́тели.
Это ко́мната.
Это ко́мната
    чья?
преподава́телЕЙ.

Это моря́.
Это берега́.
Это берега́
    чего?
морЕЙ.

Это герои́ни.
Это портре́ты.
Это портре́ты
    чьи?
герои́нЬ.

NOUNS ENDING IN -Ь AND -ИЯ

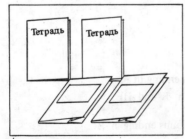

Это тетра́ди.
Это обло́жки.
Это обло́жки
    чего?
тетра́дЕЙ.

Это ма́тери.
Это фотогра́фии.
Это фотогра́фии
    чьи?
матерЕЙ.

Это фотогра́фии.
Это альбо́м.
Это альбо́м
    чего?
фотогра́фий.

NOUN ENDINGS IN THE GENITIVE

Plural

	Nominative singular	Genitive plural	
masculine	студе́нт	тетра́ди студе́нтОВ	-ОВ
	геро́й	портре́ты геро́ЕВ	-ЕВ
	писа́тель	кни́ги писа́телЕЙ	-ЕЙ
neuter	о́зеро	берега́ озёр	—
	мо́ре	берега́ морЕ́Й	-ЕЙ
	зда́ние	силуэ́ты зда́ний	—
feminine	студе́нтка	уче́бники студе́нток	—
	пе́сня	слова́ пе́сен	—
	фотогра́фия	альбо́м фотогра́фий	—
	тетра́дь	страни́цы тетра́дЕЙ	-ЕЙ

The endings of *genitive* nouns in the **plural**:

-ОВ for all *masculine* nouns ending in consonants (except Ж, Ч, Ш, Щ) ;
-ЕВ[1] for *masculine* nouns ending in -Й,
-ЕЙ for the following groups of nouns:
(a) *masculine,* ending in -Ь and the consonants Ж, Ч, Ш, Щ,
(b) *neuter,* ending in -Е,
(c) *feminine,* ending in -Ь.

The following groups of nouns lose their endings:
(a) *neuter,* ending in -О,
(b) *feminine* and *masculine,* ending in -А, -Я.

The following groups have no endings:
(a) *neuter* nouns ending in -ИЕ,
(b) *feminine* nouns ending in -ИЯ.

The softness of the final consonant is shown by -Ь in the nouns with the nominative ending -Я:
дере́вня—дереве́нь, ку́хня—ку́хонь (the exception is пе́сня—пе́сен.)

---

[1] Nouns of the type *брат—бра́тья, лист—ли́стья* take ending -ЬЕВ *(бра́тЬЕВ)* in the genitive plural.

THE GENITIVE OF MEASURE AND QUANTITY

The *genitive* also helps to express:

(1) part of a whole

кусо́к
хле́бА

полови́на
я́блокА

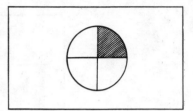

че́тверть
кру́гА

(2) a certain amount, quantity of something

буты́лка (стака́н)
водЫ́

литр
молокА́

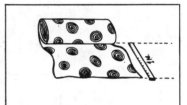

метр
ткánИ

две́сти гра́ммов
ма́слА

килогра́мм
мукИ́

килогра́мм
я́блок

(3) relative number of objects or persons after the words *мно́го, ма́ло, ско́лько, не́сколько*

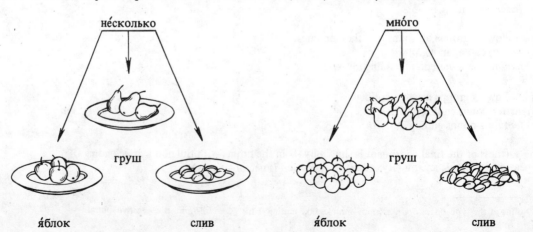

не́сколько

мно́го

груш

груш

я́блок   слив   я́блок   слив

(4) a set of objects or persons

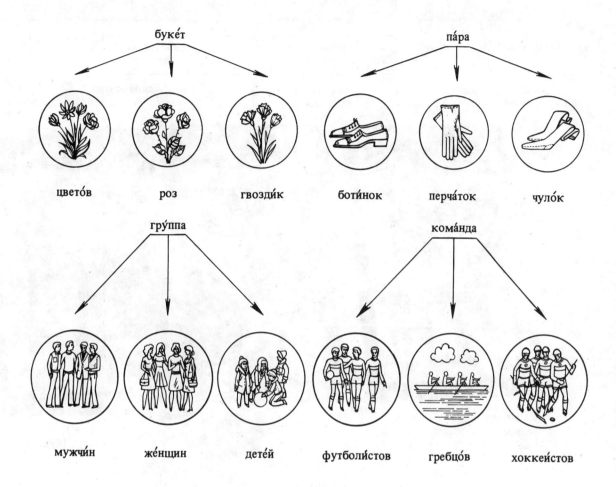

(5) exact number of persons or objects (more than one)

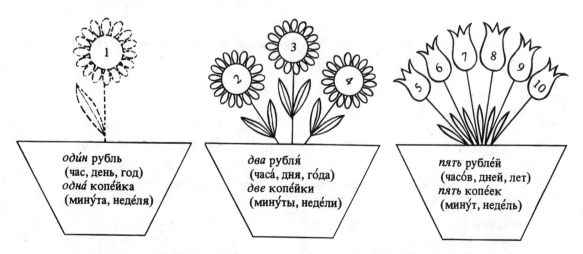

For further information about the agreement between numerals and nouns, see p. p. 182—185.

THE GENITIVE OF TIME (DATE)

a)   (a) the exact date

| Какое сегодня число? | — Сегодня первое **июня**. |
| Когда вы родились? | — Я родился **первого июня**. |

*Какое сегодня
число?*

*Какое вчера
было число?*

*Какое завтра
(будет) число?*

— Сегодня
первое
мая...

— Завтра (будет)
второе
мая...

— Вчера было
тридцатое
апреля...
... тысяча девятьсот восемьдесят четвёртого года.

When answering the question **Какое сегодня (завтра) число?** use an ordinal numeral in the *neuter gender, nominative*. The name of the **month** and the **year** ought to be in the *genitive*.

б)   (b) the date in a letter

3/III-83 г.

*Уважаемый
Иван Петрович!*

*В Вашем письме
от 3-го марта 1983 г.
Вы сообщаете, что...*

Indicating the date in a letter, we write,
3/III-83 г. или 3 марта 1983 г.
(третьего марта тысяча девятьсот
восемьдесят третьего года)

Referring to the date of a letter, we write,
„Письмо от третьего марта
тысяча девятьсот восемьдесят
третьего года."

в) (c) the exact date of an event

Когда́ произошла́ Вели́кая Октя́брьская социалисти́ческая револю́ция?

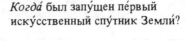

Когда́ был запу́щен пе́рвый иску́сственный спу́тник Земли́?

— Вели́кая Октя́брьская социалисти́ческая револю́ция произошла́ два́дцать пя́того октября́ (седьмо́го ноября́)[1] ты́сяча девятьсо́т семна́дцатого го́да.

— Пе́рвый в ми́ре иску́сственный спу́тник Земли́ был запу́щен в Сове́тском Сою́зе четвёртого октября́ ты́сяча девятьсо́т пятьдеся́т седьмо́го го́да.

Когда́ вы уезжа́ете?

Когда́ вы возвраща́етесь?

— Мы уезжа́ем пя́того апре́ля.

— Мы возвраща́емся два́дцать седьмо́го ма́я.

Когда́ вы роди́лись?

— Я роди́лся два́дцать пя́того ию́ня ты́сяча девятьсо́т шестьдеся́т пе́рвого го́да.

Answering the question *когда́?* remember that all composite parts of the date, i. e. the day, month and year, are in the *genitive*.

ATTENTION!

In the answer to the question *когда́?* the numeral giving the exact date is *not preceded by a preposition*.

---

[1] November, 7 according to the New Style.

MOBILE VOWELS IN THE GENITIVE PLURAL

одна́ су́мка

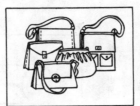

мно́го су́мОк

одна́ оши́бка

мно́го оши́бОк

одна́ ма́рка

мно́го ма́рОк

одна́ перча́тка

па́ра перча́тОк

одна́ де́вушка

гру́ппа де́вушЕк

одна́ ча́шка

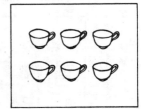

шесть ча́шЕк

одно́ письмо́

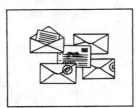

мно́го пи́сЕм

одно́ кре́сло

не́сколько кре́сЕл

The major part of *feminine* nouns ending in -A have the suffix -K- preceded by another consonant, e. g. *су́мка, ча́шка*. In the *genitive plural* these nouns, as all other *feminine* nouns ending in -A, -Я, lose their endings. For the sake of a more convenient pronunciation, the so-called **mobile vowels** find their way between the consonants: -O- after the **hard consonants** *(су́мОк)* and -E- after the **soft vowels** and Ж, Ш, Ч, Щ *(ча́шЕк)*.

The mobile vowels -E- and -O- (-O- appears only after Г or К) may also appear. in neuter nouns, e. g. *число́ – чи́сЕл, ядро́ – я́дЕр, окно́ – о́кОн.*

FORMATION OF GENITIVE PLURAL
FOR MASCULINE NOUNS: SPECIAL CASES

I.   Some *masculine* nouns (челове́к, солда́т, партиза́н, грузи́н, чуло́к, сапо́г, боти́нок, глаз and раз) take no ending in the *genitive plural*.

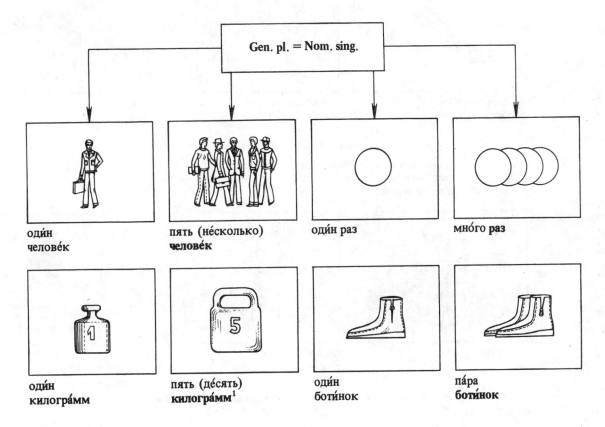

II.   Some *masculine* nouns, (суп, чай, са́хар, сыр, мёд, яд, виногра́д, наро́д, etc. when they expressly indicate part of the whole, take a special form of the *genitive, plural* with the endings -У, -Ю. This form exists side by side with the more usual one, ending in -А, -Я.

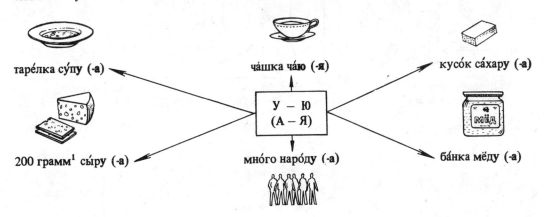

---

[1] The *correct* form is *пять килогра́ммов, две́сти гра́ммов*. Yet in conversation, the following forms are often used: *пять, де́сять, не́сколько килогра́мм; две́сти, восемьсо́т грамм.*

VERBS REQUIRING THE USE OF THE GENITIVE

Андре́й пе́рвым
дости́г верши́нЫ.

— Жела́ю вам
сча́стьЯ!

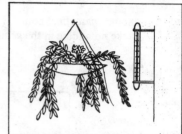

Э́ти цветы́
боя́тся хо́лодА.

THE GENITIVE OR THE ACCUSATIVE?

I.   After the verbs проси́ть, хоте́ть, тре́бовать, иска́ть, ждать
  (a) if the speaker means an **abstract** or **non-specific** object, the noun denoting this
     object should be in the *genitive:*

Мы хоти́м
ми́рА.

Он про́сит
внима́ниЯ.

Я жду авто́бусА
(любо́го в ну́жном
направле́нии).

  (b) if the speaker means a **definite person** or **object**, the relevant noun should
     be in the *accusative:*

Контроле́р тре́бует
(предъяви́ть) биле́т.

VOCABULARY

Я прошу́ биле́т.
на вече́рний сеа́нс.

ждать реше́ния
(разреше́ния)

хоте́ть свобо́ды
(незави́симости)

иска́ть защи́ты
(справедли́вости)

тре́бовать внима́ния
(дисципли́ны)

Я жду авто́бус
№ 3.

ждать жену́ (Ка́тю)

хоте́ть я́блоко (гру́шу)

иска́ть свою́ шля́пу

тре́бовать про́пуск

II. After the verbs нали́ть, положи́ть, наре́зать, нарва́ть, купи́ть, взять, дать, вы́пить, съесть:

нали́ть
сок
в кувши́н
(весь)

нали́ть
со́кА
в стака́н
(часть)

вы́пить
молоко́
(всё)

вы́пить
молокА́
(ча́шку)

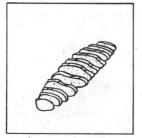

наре́зать
хлеб
(весь)

наре́зать
хле́бА
(часть)

съесть
виногра́д
(весь)

съесть
(кисть)
виногра́дА

After the verbs нали́ть, положи́ть, наре́зать, нарва́ть, купи́ть, взять, дать, вы́пить, съесть,
if the action involves

the whole object	part of the object
the relevant noun is in the *accusative*. Buying some individual items, people say:	the relevant noun is in the *genitive*. Buying provisions, people say:

— Покажи́те мне, пожа́луйста, э́тот костю́м (э́ту блу́зку, э́ти боти́нки).

— Я купи́ла пла́тье (ю́бку, телеви́зор, стол, кни́ги).

— Я купи́ла на у́жин ма́сла (сы́ру, колбасы́, молока́).

— Пойду́ куплю́ хле́ба (мя́са, яи́ц, ры́бы).

THE GENITIVE OF NEGATION

| У меня́ нет бра́та. | Сего́дня нет дождя́. | Я не зна́ю э́того челове́ка. |

The *genitive* is used after the words НЕТ, НЕ́ БЫЛО, НЕ БУ́ДЕТ.

И. п.
{
У меня́ **есть** сестра́.
У меня́ **был** брат.
У меня́ сего́дня **бу́дут** го́сти.

В э́том магази́не **есть** телеви́зоры „Темп".
Здесь **была́** остано́вка авто́буса.
За́втра **бу́дет** дождь.
}

Р. п.
{
У меня́ **нет** сестр**Ы́**.
У меня́ **не́ было** бра́т**А**.
У меня́ сего́дня **не бу́дет** гост**Е́Й**.

В э́том магази́не **нет** телеви́зор**ОВ** „Темп".
Здесь **не́ было** остано́вк**И** авто́буса.
За́втра **не бу́дет** дожд**Я́**.
}

⚠️ *ATTENTION!*

When the transitive verb is preceded by **negation**, the object may take:

the *accusative,*
if a **specific** person
or thing is meant.

the *genitive,*
if an **abstract** or
unspecified thing is meant.

Он купи́л
„Литерату́рную газе́ту".

Она́ не купи́ла
„Литерату́рную газе́ту".

Она́ **никако́й**
газе́т**Ы** **не** купи́ла.

THE GENITIVE OF COMPARISON

| Слон бо́льше соба́ки. |

When **comparing** two objects as to some or other of their parameters, remember that the one taken as a standard against which the other is measured should be in the *genitive.*

Э́та соба́ка бо́льше
ко́шк**И**.

Соба́ка ме́ньше
слон**А́**.

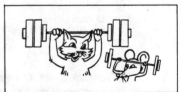

Ко́шка сильне́е
мы́ш**И**.

Андре́й ста́рше Ива́н**А**.

Ива́н мла́дше Андре́**Я**.

Брат вы́ше сестр**Ы́**.

THE GENITIVE WITH PREPOSITIONS

THE GENITIVE OF PLACE

Many prepositions require the use of the *genitive*. Most of them give the indication of the **place** where a person or an object is, or where an action takes place. A phrase consisting of a noun with one of the following prepositions answers the question ГДЕ?

У[1], ÓКОЛО, ВОКРУ́Г, НЕДАЛЕКО́ ОТ, ПОЗАДИ́, НАПРО́ТИВ, ПОСРЕДИ́

 | Где расту́т дере́вья? — Дере́вья расту́т о́коло до́ма.

У до́мА

О́КОЛО до́мА

ВОКРУ́Г до́мА

НЕДАЛЕКО́ ОТ до́мА

ПОЗАДИ́ до́мА

НАПРО́ТИВ до́мА

ПОСРЕДИ́ дворА́

THE GENITIVE OF PLACE OF MOTION

Some prepositions requiring the *genitive* are used to denote the **place of motion**: МИМО, ВДОЛЬ, ДО.

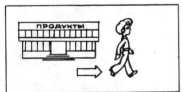

Я прошёл МИ́МО магази́нА.

Я прошёл МИ́МО до́мА (кио́скА, де́ревА, остано́вкИ).

Я иду́ ВДОЛЬ рекИ́.

Мы шли ВДОЛЬ бе́регА (забо́рА, желе́зной доро́гИ).

Я дошёл ДО мо́стА и останови́лся.

Он бы́стро дошёл ДО го́родА (магази́нА, пло́щадИ).

---

[1] For other meanings of the preposition У, see the section "Prepositions".

THE GENITIVE OF THE STARTING POINT OF MOTION

To indicate the **starting point of motion**, different prepositions are used depending on the place of a person or object before the motion started. The phrase consisting of a noun and one of such prepositions answers the question ОТКУ́ДА?

Place (где?)	Starting point of motion (откуда?)	

Он стоя́л у окна́.

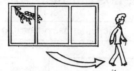

Он отошёл ОТ окнА́.

If, before the movement started, the agent was **near** some object — стоял **у** (**во́зле, о́коло, вблизи́) окна́,** — the preposition ОТ is used.

Он сиде́л на сту́ле.

Он встал СО стулA.

If, before the movement started, the agent was **on the surface** of some object — сиде́л на сту́ле, — the preposition С is used.

Он был в ко́мнате.

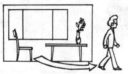

Он вы́шел ИЗ ко́мнатЫ.

If, before the movement started, the agent was **inside** an object — он был в ко́мнате, — the preposition ИЗ is used.[2]

Това́рищ Петро́в был за грани́цей.

Он прие́хал ИЗ-ЗА грани́цЫ.

If, before the movement started, the agent was **behind** or **across** an object — маши́на стоя́ла за до́мом. Това́рищ Петро́в был за грани́цей, — the preposition ИЗ-ЗА is used (Маши́на вы́ехала из-за до́ма. Он прие́хал **из-за** грани́цы.).

Prepositions indicating the place and the starting point of movement

ГДЕ?   ОТКУ́ДА?   ГДЕ?   ОТКУ́ДА?

У

ОТ

НА

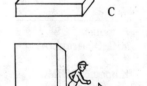

С

В

ИЗ

ЗА

ИЗ-ЗА

---

[1] In cases when the preposition НА is traditionally used instead of the formally correct В, the preposition С should be used to express the starting point of movement: *жил на Украи́не — прие́хал с Украи́ны, был на по́чте — пришёл с по́чты.*

OTHER MEANINGS OF THE GENITIVE WITH PREPOSITIONS [1]

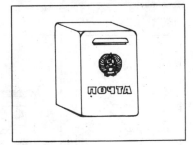

я́щик ДЛЯ пи́сем
(purpose)

Он наде́л всё, КРО́МЕ
шля́пы.
(exception)

Он вы́шел и́з дому
БЕЗ шля́пы.
(absence)

NOTE the use of preposition in the answers to these questions!

КУДА́?

ГДЕ?

ОТКУ́ДА?

Куда́
поднима́ется
тури́ст?
— НА́ гору.

Где
он нахо́дится?
— НА горе́.

Отку́да
он спуска́ется?
— С горы́.

Куда́
иду́т де́ти?
— В шко́лу.

Где
они́ у́чатся?
— В шко́ле.

Отку́да
они́ возвраща́ются?
— ИЗ шко́лы.

---

[1] For prepositions used with the *genitive* to express relations of time, cause and purpose, see the section "Prepositions".

CASE QUESTIONS

NOMINATIVE

animate
nouns

inanimate
nouns

КТО э́то?

— Э́то Та́ня.

ЧТО э́то?

— Э́то **кни́га**.

GENITIVE

ЧЬЯ (КОГО́?)
э́то кни́га?

— Э́то кни́га
Та́н**И**.

Э́то обло́жка
ЧЕГО́?

— Э́то обло́жка
кни́г**И**.

DATIVE

КОМУ́ сестра́
подари́ла
кни́гу?

— Сестра́ пода-
ри́ла кни́гу
Та́н**Е**.

ЧЕМУ́ ра́ду-
ется Та́ня?

— Та́ня ра́ду-
ется кни́г**Е**.

CASE QUESTIONS

	animate nouns		inanimate nouns	

ACCUSATIVE

КОГО́ ты встре́тила на у́лице?

— Я встре́тила Та́н**Ю**.

ЧТО ты уви́дела в окне́?

— Я уви́дела кни́г**У**.

INSTRUMENTAL

С КЕМ ты поздоро́валась?

— Я поздоро́валась с Та́н**ЕЙ**.

ЧЕМ ты интересу́ешься?

— Я интересу́юсь кни́г**ОЙ**.

PREPOSITIONAL

О КОМ ты расска́зываешь?

— Я расска́зываю о Та́н**Е**.

О ЧЁМ ты расска́зываешь?

— Я расска́зываю о кни́г**Е**.

DECLENSION OF NOUNS

ANIMATE NOUNS

И. п.
Это врач.

Это учи́тель.

Это сестра́ (медици́нская).

Это Ка́тя.

Это мать и дочь.

   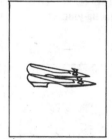 

Р. п.
Это инструме́нты врачА́.

Это портфе́ль учи́телЯ.

Это ша́почка сестрЫ́.

Это ту́фли Ка́тИ.

Это су́мка ма́терИ.

Д.
Сестра́ даёт врачУ́ инструме́нты.

Я даю́ учи́телЮ тетра́дь.

Врач даёт сестрЕ́ реце́пт.

Я даю́ Ка́тЕ кни́гу.

Я даю́ ма́терИ дневни́к.

В. п.
Я ви́жу врачА́.

Я ви́жу учи́телЯ.

Я ви́жу сестрУ́.

Я ви́жу Ка́тЮ.

Я ви́жу мать.

Т. п.

Я разгова́-
риваю с
врачО́М.

Я разгова́-
риваю с
учи́телЕМ.

Я разгова́-
риваю с
сестрО́Й.

Я разгова́-
риваю с
Ка́тЕЙ.

Я разгова́-
риваю с
ма́терЬЮ.

П. п.

Я вспоми-
на́ю о
врачЕ́.

Я вспоми-
на́ю об
учи́телЕ.

Я вспоми-
на́ю о
сестрЕ́.

Я вспоми-
на́ю о
Ка́тЕ

Я вспоми-
на́ю о
ма́терИ.

DECLENSION OF NOUNS

ANIMATE NOUNS

Singular

И. п.	врач	учи́тель	геро́й	сестра́	Ка́тя	мать
Р. п.	врачА́	учи́телЯ	геро́Я	сестрЫ́	Ка́тИ	ма́терИ
Д. п.	врачУ́	учи́телЮ	геро́Ю	сестрЕ́	Ка́тЕ	ма́терИ
В. п.	врачА́	учи́телЯ	геро́Я	сестрУ́	Ка́тЮ	мать
Т. п.	врачО́М	учи́телЕМ	геро́ЕМ	сестрО́Й	Ка́тЕЙ	ма́терЬЮ
П. п.	о врачЕ́	об учи́телЕ	о геро́Е	о сестрЕ́	о Ка́тЕ	о ма́терИ

INDECLINABLE NOUNS

REMEMBER!

The following nouns DO NOT decline:

(1) **foreign loans** whose endings, -И, -У, -Ю, are not typical for
Russian: жюри́, кенгуру́, меню́, etc;
(2) a group of **foreign loans** ending in -О, -Е: метро́, шоссе́, etc.;
(3) **first names, family names** and **geographical names** ending in -О, -Е, -И, -У: Шевче́нко, Гёте,
Гольдо́ни, Не́ру, То́кио, Миссиси́пи, etc.;
(4) **women's first and family names** ending in a consonant: Карме́н, etc.;
(5) **abbreviations (made up of letters)**: МГУ, СССР, ООН, etc.

MOBILE VOWELS IN NOUNS

Some forms of *masculine* nouns in the *singular,* and *feminine* and *neuter* nouns in the *plural* have no regular endings, thus leaving several consonants crowded at the end of a word, which is harsh on the ear and difficult to pronounce.

So, for the sake of euphony, the vowels -O- or -E- (-Ё-) are inserted before the last consonant in such words, though in other case forms of the same nouns they do not occur. Since these vowels appear, and then disappear again, they are called **mobile vowels**.

Mobile vowels occur:

1. In the nominative, singular, of *masculine*

nouns ending in

-ОЛ(Ь) , -ЕЛ(-ЁЛ) , -ЕР, -ЕНЬ, -ОК, -ЕК, -ЕНОК, -ЕЦ:

посÓл — послá
ýгОл — углá
ýгОль — углá
орЁл — орлá
вéтЕр — вéтра
кáмЕнь — кáмня
кусÓк — кускá
огонЁк — огонькá
ребёнОк — ребёнка
станÓк — станкá
отÉц — отцá

In words of one syllable:

дЕнь — дня
лОб — лба
сОн — сна

Sometimes instead of the mobile -E- there appears:

(а) -Ь-:

лЁд — льда
лЕв — льва
ручÉй — ручьá

(ь) -Й-:

бoÉц — бoЙцá

2. In the genitive, plural, of *feminine* and *neuter*

nouns ending in

-ЛЯ, -НА, -НЯ, -КА[1] , -ЦА, -ЛО, -МО, -НО, -ЦО, -ЦЕ:

земля́ — земÉль
сосна́ — сóсЕн
дерéвня — деревÉнь
пéсня — пéсЕн
дéвочка — дéвочЕк
дéвушка — дéвушЕк
копéйка — копéЕк
чáшка — чáшЕк
овца́ — овÉц
крéсло — крéсЕл
весло́ — вёсЕл
письмó — пúсЕм
бревно́ — брёвЕн
кольцó — колÉц
сéрдце — сердÉц
полотéнце — полотéнЕц

In nouns whose stem ends in -К-, the mobile vowel is usually

-O-:

вéтка — вéтОк
лóдка — лóдОк
скáзка — скáзОк
окнó — óкОн

---

[1] The same occurs in the **genitive, plural** of *masculine* nouns which end in -КА: *дéдушка – дéдушЕк, мальчúшка – мальчúшЕк.*

MOBILE VOWELS

 IN MASCULINE NOUNS

СТАН(О)К+И
ОТ(е)Ц+Ы

И. п.	стано́к	станки́
Р. п.	станка́	станко́в
Д. п.	станку́	станка́м
В. п.	стано́к	станки́
Т. п.	станко́м	станка́ми
П. п.	о станке́	о станка́х

И. п.	оте́ц	отцы́
Р. п.	отца́	отцо́в
Д. п.	отцу́	отца́м
В. п.	отца́	отцо́в
Т. п.	отцо́м	отца́ми
П. п.	об отце́	об отца́х

Ль(е)Д+Ы
бо(й)(е)Ц+Ы

И. п.	лёд	льды
Р. п.	льда	льдов
Д. п.	льду	льда́м
В. п.	лёд	льды
Т. п.	льдом	льда́ми
П. п.	о льде	о льда́х

И. п.	бое́ц	бойцы́
Р. п.	бойца́	бойцо́в
Д. п.	бойцу́	бойца́м
В. п.	бойца́	бойцо́в
Т. п.	бойцо́м	бойца́ми
П. п.	о бойце́	о бойца́х

 IN FEMININE NOUNS

ЛОД(о)К-а
ДЕВОЧ(е)К-а

И. п.	ло́дка	ло́дки
Р. п.	ло́дки	ло́док
Д. п.	ло́дке	ло́дкам
В. п.	ло́дку	ло́дки
Т. п.	ло́дкой	ло́дками
П. п.	о ло́дке	о ло́дках

И. п.	де́вочка	де́вочки
Р. п.	де́вочки	де́вочек
Д. п.	де́вочке	де́вочкам
В. п.	де́вочку	де́вочек
Т. п.	де́вочкой	де́вочками
П. п.	о де́вочке	о де́вочках

IN NEUTER NOUNS

И. п.	окно́	о́кна	В. п.	окно́	о́кна
Р. п.	окна́	о́кон	Т. п.	окно́м	о́кнами
Д. п.	окну́	о́кнам	П. п.	об окне́	об о́кнах

THE PRONOUN

Pronouns are words indicating persons and objects or their qualities without actually naming them. Pronouns, therefore, may replace nouns and adjectives.

THE CATEGORIES OF PRONOUNS

Personal: they replace the name of a person or an object:

я	ты	он	она́	оно́
мы	вы		они́	

Reflexive: they denote an object which is simultaneously an agent:

себя́

Possessive: they indicate belonging. Some of them do not change according to the gender, number and case:

мо́й	моя́	моё	мои́
тво́й	твоя́	твоё	твои́
наш	на́ша	на́ше	на́ши
ваш	ва́ша	ва́ше	ва́ши
его́	её	их	

Demonstrative: they point at an object or some quality of an object:

э́тот	э́та	э́то	э́ти
тот	та	то	те
тако́й	-а́я	-о́е	-и́е

Determinative: they define an object or a person from various points of view:

ка́ждый	-ая	-ое	-ые
любо́й	-а́я	-о́е	-ы́е
весь	вся	всё	все
сам	сама́	само́	са́ми
са́мый	-ая	-ое	-ые

Interrogative: they are used to ask questions about a person, an object, the owner of an object, or its qualities:

кто?	что?		
чей?	чья?	чьё?	чьи?
како́й?	кака́я?	како́е?	каки́е?
кото́рый?	-ая?	-ое?	-ые?

Relative: they are used to link sentences together:

кто	что		
како́й	кака́я	како́е	каки́е
кото́рый	-ая	-ое	-ые

Negative: they are used for general negation of a problem:

никто́			
ничто́			
никако́й	никака́я	никако́е	никаки́е
не́кого			
не́чего			

Indefinite: they point out different degrees of uncertainty of an object or a quality:

кто́-то	кто́-нибудь	кое-кто́
что́-то	что́-нибудь	кое-что́
како́й-то	кака́я-то	како́е-то
како́й-нибудь	кака́я-нибудь	како́е-нибудь
кое-како́й	кое-кака́я	кое-како́е

PERSONAL PRONOUNS

In every language, the most common words are **personal pronouns**. They may stand for the name of a person or an object, thus replacing nouns in a sentence.

They are used to indicate:

(a) the person of the speaker, **1st person: Я** (sing), **МЫ** (pl.);

(b) the person of the interlocutor, **2nd person: ТЫ** (sing.), **ВЫ** (pl.);

(c) the person of a man or object spoken about, **3rd person: ОН, ОНА́, ОНО́** (sing.), **ОНИ́** (pl.).

Personal pronouns **я** and **ты/Вы** (1st and 2nd person) can be used to replace both masculine and feminine nouns.

Personal pronouns of the 3rd person, *singular*, are of three genders, depending on the gender of a noun they replace: masculine, **он**, feminine, **она́**, neuter, **оно́**.

In the *plural*, personal pronouns **мы, вы, они́** have no gender.

Personal pronouns **мы** and **вы** denote groups of persons which include either the speaker or the one he is talking to.

Singular	**Plural**

а) 1st person, the one who speaks:

Я   Я

МЫ

б) 2nd person, the other party:

ТЫ   ТЫ

ВЫ

в) 3rd person, the one spoken about:

ОН   ОНА́   ОНО́   ОНИ́   ОНИ́

⚠️ *ATTENTION!*

When **translating** personal pronouns from your native tongue into Russian, be very careful!
Remember that the **gender of the 3rd person personal pronoun** depends on the **gender of the noun** it replaces.

For example: *дом* – **он**, *окно́* – **оно́**, *дере́вня* – **она́**.

---

[1] For the use of the pronoun ВЫ see p. 105.

Personal pronouns are declinable, and are used in different cases, depending on their role in a sentence.

Именительный падеж			Родительный падеж			Дательный падеж		
	ед. ч.	мн. ч.		ед. ч.	мн. ч.		ед. ч.	мн. ч.
Учи́тель спра́шивает: *Кто э́то?*	Учени́к отвеча́ет: —Э́то я	мы	*Учи́тель* спра́шивает: *У кого́* есть слова́рь?	Учени́к отвеча́ет: — У меня́	у нас	*Кому́* учи́тель даёт тетра́дь?	Учи́тель даёт тетра́дь мне	нам
		ты			у тебя́	у вас			тебе́	вам
	он	они́		у него́	у них		ему́	им
	она́			у неё есть слова́рь.			ей	

Винительный падеж			Творительный падеж			Предложный падеж		
	ед. ч.	мн. ч.		ед. ч.	мн. ч.		ед. ч.	мн. ч.
Кого́ спра́шивает учи́тель?	Учи́тель спра́шивает меня́	нас	*Кем* дово́лен учи́тель?	Учи́тель дово́лен мной	на́ми	*О ком* ду́мает учи́тель?	Учи́тель ду́мает обо мне́	о нас
	тебя́	вас		тобой	ва́ми		о тебе́	о вас
	его́	их		им	и́ми		о нём	о них
	её			ей, éю			о ней	

DECLENSION OF PERSONAL PRONOUNS

As they stand in place of nouns in a sentence, personal pronouns may play the role of a subject, object, etc.

Like nouns, they **decline according to the case**.
Yet in one and the same case, nouns and personal pronouns have different forms.

The endings of personal pronouns in the 1st and 2nd person, singular (я and ты), <u>coincide</u> in each oblique case.

Единственное число

И. п.	я	ты
Р. п.	меня́	тебя́
Д. п.	мнЕ	тебЕ́
В. п.	меня́	тебя́
Т. п.	мнОЙ	тобО́Й
П. п.	обо мнЕ́	о тебЕ́

Множественное число

И. п.	мы	вы
Р. п.	нас	вас
Д. п.	нам	вам
В. п.	нас	вас
Т. п.	на́ми	ва́ми
П. п.	о нас	о вас

The endings of personal pronouns in the 1st and 2nd person, plural (мы and вы), <u>coincide</u> in each oblique case.

Case forms of personal pronouns in the 3rd person, singular and plural, он (оно), она, они, are <u>radically different</u> from those of the 1st and 2nd person.

	Единственное число		Множественное число
И. п.	он (оно́)	она́	они́
Р. п.	его́	её	их
Д. п.	ему́	ей	им
В. п.	его́	её	их
Т. п.	им	ей, éю	и́ми
П. п.	о нём	о ней	о них

The forms of the accusative and genitive <u>coincide</u> for all personal pronouns (Acc. = Gen.).

DECLENSION OF THE PERSONAL PRONOUNS Я AND ТЫ

И. п.

Это я — Андре́й.

Р. п.

У меня́ есть инте-
ре́сная кни́га.

Д. п.

Сестра́ даёт мне
кни́гу.

Это ты, И́горь?

У тебя́ есть инте-
ре́сная кни́га?

Брат даёт тебе́
кни́гу?

В. п.

Серге́й ждёт меня́
на остано́вке авто́-
буса.

Т. п.

Серге́й гуля́ет
со мно́й.

П. п.

Серге́й иногда́
вспомина́ет обо мне́.

Серге́й ждёт тебя́
на остано́вке авто́-
буса.

Серге́й ча́сто гу-
ля́ет с тобо́й.

Серге́й ча́сто ду́-
мает о тебе́.

DECLENSION OF THE PERSONAL PRONOUNS МЫ AND ВЫ

И. п.

Э́то мы – Андре́й и А́нна.

Э́то вы, Серге́й и А́нна?

Р. п.

У нас есть интере́сные кни́ги.

У вас есть интере́сные кни́ги?

Д. п.

Анто́н даёт **нам** интере́сные кни́ги.

Анто́н даёт **вам** интере́сные кни́ги.

В п.

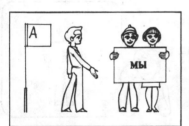

Серге́й ждёт **нас** на остано́вке авто́буса.

Я жду **вас** на остано́вке авто́буса.

Т. п.

Серге́й ча́сто гуля́ет с на́ми.

Я ча́сто гуля́ю с ва́ми.

П л.

Серге́й ча́сто вспомина́ет о нас.

Я ча́сто вспомина́ю о вас.

ATTENTION!

In addressing an older person or someone,you don't know very well, politely or officially, use the pronoun **ВЫ.**

Здра́вствуйте,
Мари́я Ива́новна!
Как **Вы** пожива́ете?

У Вас есть после́дний
но́мер журна́ла „Ого-
нёк"?

Я принёс **Вам**
све́жие газе́ты.

Я вчера́ до́лго ждал
Вас в аудито́рии.

Я хочу́ поговори́ть
с **Ва́ми** о ва́жном де́ле.

*Здравствуйте, уважае-
мая Мария Ивановна!
Как Вы поживаете?*

Как **Вы** пожива́ете?
Я ча́сто вспомина́ю
о Вас.

In writing, the polite Вы is always capitalised.

Уважаемый Иван Петрович!

*Наверно, Вы уже знаете, что...
Я хочу попросить у Вас совета (Вашего совета)...
Поэтому я решил обратиться к Вам (написать Вам о...).
Сообщите мне, пожалуйста, когда я бы мог Вас видеть
(увидеться, встретиться с Вами).*

 REMEMBER!

After the pronoun **вы (Вы)** the verb is always in the **plural form**, regardless of whether **one** person is addressed thus or **several:**

вы (Вы) зна́ете ...   вы (Вы) прие́хали ...   как вы (Вы) мне писа́ли ...

DECLENSION OF THE PERSONAL PRONOUNS ОН AND ОНА

И. п.

Это **он** – Сергéй.

Это **онá** – Сóня.

Р. п.

У **негó** есть интерéсная кнúга.

У **неё** есть интерéсная кнúга.

Д. п.

Сóня даёт **емý** интерéсную кнúгу.

Сергéй даёт **ей** интерéсную кнúгу.

В. п.

Сóня ждёт **егó** (Сергéя) на останóвке автóбуса.

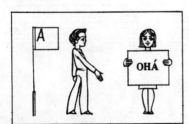

Сергéй ждёт **её** (Сóню) на останóвке автóбуса.

Т. п.

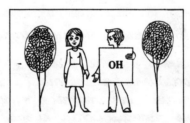

Сóня чáсто гуляет **с ним** (с Сергéем).

Сергéй чáсто гуляет **с ней** (с Сóней).

П. п.

Сóня чáсто вспоминáет **о нём** (о Сергéе).

Сергéй чáсто дýмает **о ней** (о Сóне).

DECLENSION OF THE PERSONAL PRONOUN ОНИ

И. п.

Это **они́** – Серге́й
и Со́ня.

Р. п.

У **них** есть интере́с-
ные кни́ги.

Д. п.

Я подарю́ **им** интере́с-
ные кни́ги.

В. п.

Я жду **их** на оста-
но́вке авто́буса.

Т. п.

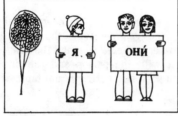

Я иногда́ гуля́ю
с **ни́ми**.

П. п.

Я ча́сто вспомина́ю
о **них**.

If the personal pronoun of the 3rd person (он, она́, оно́, они́) is preceded by a **preposition** in an oblique case, the letter Н- is added to the pronoun.

Я купи́л э́то { для него́.
для неё.
для них.

Он идёт { за ним.
за ней.
за ни́ми.

Мы идём { к нему́.
к ней.
к ним.

Я занима́юсь { с ним.
с ней.
с ни́ми.

Я говорю́ { о нём.
о ней.
о них.

THE USE OF PERSONAL PRONOUNS

(popular conversational phrases)

THE GENITIVE

(a)   **Personal pronouns in the genitive** are most often used in the constructions:

> У меня́ есть ...
>
> У меня́ нет ... ,

which can be related to

> I have ... — I have not ... (English)
>
> J 'ai ... — Je n'ai pas ... (French)
>
> Ich habe ... — Ich habe keinen (keine, kein, keine) ... (German)

ATTENTION!

In Russian, the **name of the object** in the phrase **У меня́ есть ...** is in the *nominative*, i. e. it is the *subject* in the sentence, and the **name of the object's owner** is in the *genitive* with the preposition **У**. At the same time in other European languages, the **name of the object's owner** is the *subject*, and the **name of the object** itself is the *direct object*. Instead of the verb that changes in agreement with the person and the number, this phrase has for a predicate the unchangeable verb form **есть,** which is the 3rd person singular, present tense of the verb **быть.**
For the verb *быть* see pp. 274, 275.

У меня́ есть брат.

У меня́ есть сестра́.

У меня́ есть тетра́ди.

У тебя́		
У него́		
У неё	**есть**	
У нас	брат.	
У вас		
У них		

У тебя́		
У него́		
У неё	**есть**	
У нас	сестра́.	
У вас		
У них		

У тебя́		
У него́		
У неё	**есть**	
У нас	тетра́ди.	
У вас		
У них		

In some cases
(see p. 275)
the verb form
есть is omitted.

У него́
мно́го книг.

У неё
све́тлые во́лосы.

(b)   To express the **absence** of someone or somebody, we say:

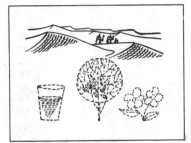

У меня́ нет бра́та, сестры́.   У меня́ нет кни́ги, тетра́ди.   В пусты́не нет воды́,
                                                                нет дере́вьев, нет цвето́в.

In these sentences the noun denoting **whatever is absent** is in the *genitive,* and the changeable form of a verb with the negative particle is replaced by the word **нет.**

(c)   Personal pronouns with the preposition У are also used in the construction:

У меня́
У тебя́ } боли́т го́рло.
и т.д.

У него́
У меня́ } боли́т нога́.
и т.д.

У меня́
У неё } боля́т зу́бы.
и т.д.

THE DATIVE

(a)   **Personal pronouns in the dative are used when talking of somebody's age:**

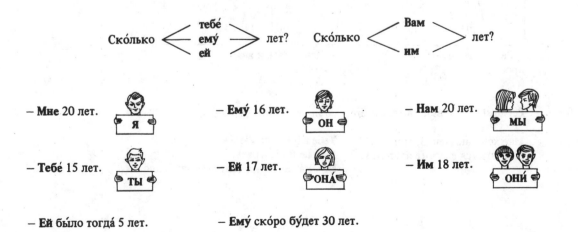

Ско́лько ⟨ тебе́ / ему́ / ей ⟩ лет?   Ско́лько ⟨ Вам / им ⟩ лет?

— **Мне** 20 лет.   — **Ему́** 16 лет.   — **Нам** 20 лет.

— **Тебе́** 15 лет.   — **Ей** 17 лет.   — **Им** 18 лет.

— **Ей** бы́ло тогда́ 5 лет.   — **Ему́** ско́ро бу́дет 30 лет.

(b)   **Personal pronouns in the dative are used in constructions with the verb нра́вится.**

Тебе́ (ему́, ей, вам) нра́вится э́тот цвето́к?
— Да, э́тот цвето́к мне (ему́, ей, нам) нра́вится.

(c)   **Personal pronouns in the dative are used with the verbs:**

— Да́йте мне,
пожа́луйста,
слова́рь.

— Переда́йте мне,
пожа́луйста,
соль.

— Помоги́те мне!

— Покажи́те мне,
пожа́луйста,
альбо́м.

— Объясни́те мне,
пожа́луйста,
зада́чу.

— Скажи́те нам,
пожа́луйста, где
нахо́дится декана́т?

— Разреши́те мне
пройти́!

— Приходи́те к нам
за́втра опя́ть!

(d)   **Personal pronouns in the dative are used in impersonal sentences.**

Мне хо́лодно (тепло́, ве́село).
Мне хо́чется спать (есть, пить).

Тебе́ на́до занима́ться.
Ему́ нельзя́ кури́ть.
Мне ка́жется, что за́втра бу́дет тепло́.

THE ACCUSATIVE

(a) **Personal pronouns in the accusative are used when finding out a person's name.**

Как	тебя́			Я	— **Меня́** зову́т Андре́й (А́нна).
	его́		зову́т?	ОН	— **Его́** зову́т Пётр.
	её			ОНА	— **Её** зову́т Ве́ра.
	Вас			ВЫ	— **Меня́** зову́т Анто́н Ива́нович.

(b) **Personal pronouns in the accusative are used with the verbs:**

— Я люблю́ тебя́!

— Поздравля́ю вас!

— Благодарю́ тебя́
за пода́рок!

— Приглаша́ем вас
на сва́дьбу.

— Прости́те, я не
понима́ю Вас!

— Извини́те меня́,
пожа́луйста!

THE INSTRUMENTAL

— Пойдёмте с на́ми
в кино́!

— Я хочу́ посове́то-
ваться с Ва́ми.

— Дава́йте сыгра́ем
с Ва́ми в ша́хматы!

THE PREPOSITIONAL

— Я ча́сто вспомина́ю о тебе́ (о Вас).
Он всегда́ ду́мает о ней (о них).

THE REFLEXIVE PRONOUN СЕБЯ́

The **reflexive pronoun СЕБЯ́** relates only to the **agent** (the subject).

Мать купи́ла
(кому́?)
сы́ну ту́фли.

Мать купи́ла
(кому́?)
себе́ ту́фли.

Мать всегда́
ду́мает
(о ком?)
о де́тях.

Эгои́ст всегда́
ду́мает
(о ком?)
о себе́.

The reflexive pronoun **себя́** indicates that the action is directed at the agent.
The reflexive pronoun **себя́** has no nominative form and can never be the subject of a sentence.
In all other cases the reflexive pronoun **себя́** is declined in the same way as the personal pronoun *ты*:
тебя́ — себя́, тебе́ — себе́, тебя́ — себя́, тобо́й — собо́й, о тебе́ — о себе́.

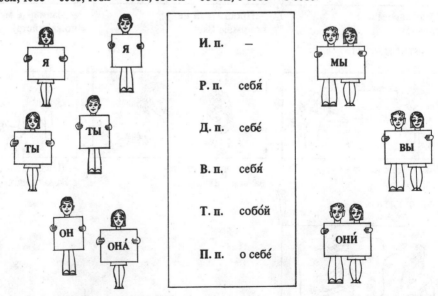

И. п.	—
Р. п.	себя́
Д. п.	себе́
В. п.	себя́
Т. п.	собо́й
П. п.	о себе́

The reflexive pronoun **себя́** has no special forms to express gender or number. It may refer to the 1st, 2nd or 3rd person in the singular or plural.

The Genitive

Он рабо́тает
у себя́ до́ма.

Он сел и поста́вил
чемода́н о́коло себя́.

Он снял
с себя́ пальто́.

The Dative

Я покупа́ю
себе́
костю́м.

Она́ выбира́ет
себе́
ко́фточку.

Мы выбира́ем
себе́
ту́фли.

Мы покупа́ем
себе́
телеви́зор.

— Вы представля́ете себе́, что тако́е ру́сская зима́?

The Accusative

Как Вы себя́ чу́вствуете?
— Я чу́вствую себя́ уже́
хорошо́!

The Instrumental

Она́ положи́ла
кни́гу пе́ред собо́й.

Она́
любу́ется собо́й.

— Сего́дня я не дово́лен
собо́й.

Спортсме́ны раздели́ли
ме́жду собо́й пе́рвое
ме́сто.

Он вошёл и закры́л
за собо́й дверь.

— Идёт дождь!
Я возьму́ с собо́й зонт.

— Возьми́те нас
с собо́й!

Они́ взя́ли дете́й
с собо́й.

The Prepositional

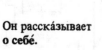

Он расска́зывает
о себе́.

Они́ расска́зывают
о себе́.

Мать ча́сто забыва́ет о себе́.
Врач сове́тует ей поду́мать о себе́.
Он всегда́ уве́рен в себе́.

POSSESSIVE PRONOUNS

Possessive pronouns indicate **to whom** the given object belongs. They answer the questions: ЧЕЙ?, ЧЬЯ?, ЧЬЁ?, ЧЬИ? The possessive pronouns **МОЙ, ТВОЙ, НАШ, ВАШ** convey that the object in question **relates to the 1st or 2nd person**, and change according to gender and number. The gender and number of possessive pronouns depend on the gender and number of the noun they qualify, i. e. **they agree with the noun in gender and number**.

Чей это портфель?

— **Это мой** портфель.

Чья это шапка?

— Это **моя** шапка.

Чьё это пальто?

— Это **моё** пальто.

Чьи это перчатки?

— Это **мои** перчатки.

Это **твой** портфель?

Это **твоя** шапка?

Это **твоё** пальто?

Это **твои** перчатки?

Это **наш** телевизор.

Это **наша** машина.

Это **наше** окно.

Это **наши** книги.

Это **ваш** телевизор?

Это **ваша** машина?

Это **ваше** окно?

Это **ваши** книги?

THE POSSESSIVE PRONOUNS ЕГО́, ЕЁ, ИХ

Russian has no specific possessive pronouns of the **3rd person,** using for this purpose forms of personal pronouns in the 3rd person, genitive: **ЕГО́, ЕЁ, ИХ.**
The **possessive** pronouns **его́, её, их** may be related to masculine, feminine or neuter nouns in the **singular** or plural.
The possessive pronouns **его́, её, их** change neither in gender nor in number.

Чей э́то портфе́ль?

— Э́то портфе́ль *Анто́на.*
— Э́то **его́** портфе́ль.

Чья э́то ша́пка?

— Э́то ша́пка *Анто́на.*
— Э́то **его́** ша́пка.

Чьё э́то пальто́?

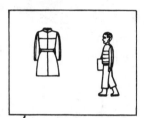

— Э́то пальто́ *Анто́на.*
— Э́то **его́** пальто́.

Чьи э́то перча́тки?

— Э́то перча́тки *Анто́на.*
— Э́то **его́** перча́тки.

Чей э́то чемода́н?

— Э́то чемода́н *А́нны.*

— Э́то **её** чемода́н.

Чья э́то блу́зка?

— Э́то блу́зка *А́нны.*

— Э́то **её** блу́зка.

Чьё э́то зе́ркало?

— Э́то зе́ркало *А́нны.*

— Э́то **её** зе́ркало.

Чьи э́то перча́тки?

— Э́то перча́тки *А́нны.*

— Э́то **её** перча́тки.

Чей э́то дом?

— Э́то дом *Петро́вых.*
— Э́то **их** дом.

Чья э́то маши́на?

— Э́то маши́на *Ивано́вых.*
— Э́то **их** маши́на.

Чье э́то пиани́но?

— Э́то пиани́но *Орло́вых.*
— Э́то **их** пиани́но.

Чьи э́ти чемода́ны?

— Э́то чемода́ны *Соколо́вых.*
— Э́то **их** чемода́ны.

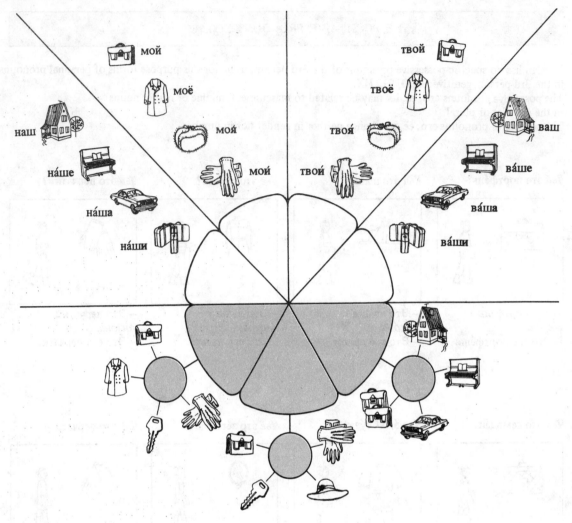

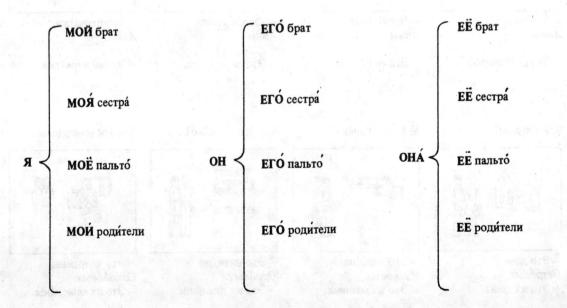

DECLENSION OF POSSESSIVE PRONOUNS

The possessive pronouns **мой, твой, наш, ваш,** changing in accordance with the **gender** and **number,** change also **according to case.** At the same time, they agree with the noun they qualify.

Case endings of the masculine **(мой, твой, наш, ваш)** and neuter **(моё, твоё, наше, ваше)** possessive pronouns coincide with the case forms of the personal pronoun **он.**

DECLENSION OF THE MASCULINE POSSESSIVE PRONOUNS
МОЙ, ТВОЙ, НАШ, ВАШ

Nominative

Это Сергей
Он **мой** брат.

Genitive

У моего́ бра́та
(у него́) есть
интере́сная кни́га.

Dative

Ма́ма подари́ла
моему́ бра́ту (ему́)
интере́сную кни́гу.

Accusative

Со́ня ждёт
моего́ бра́та
(его́).

Instrumental

Со́ня гуля́ет
с мои́м бра́том
(с ним) в па́рке.

Prepositional

Со́ня вспомина́ет
о моём бра́те
(о нём).

Оле́г принёс
мой (наш) уче́бник.

Э́то **мой (наш)**
уче́бник.

Э́то уче́бник моего́
(на́шего) бра́та.

When the noun denotes an *inanimate object,* the related masculine **(мой, твой, наш, ваш)** and neuter **(моё, твоё, на́ше, ва́ше)**
possessive pronouns in the **accusative** have the same form as in the **nominative,**
like the inanimate nouns themselves.

When the noun denotes a *person* or a *living being,* the related masculine possessive pronouns **(мой, твой, наш, ваш)** in the **accusative**
have the same form as in the **genitive,** like the noun itself.

DECLENSION OF THE FEMININE POSSESSIVE PRONOUNS

МОЯ́, ТВОЯ́, НА́ША, ВА́ША

Nominative

Э́то О́льга.
Она́ **моя́** сестра́.

Genitive

У **мое́й** сестры́
(**у неё**) есть но́вая
су́мка.

Dative

Ма́ма подари́ла **мое́й**
сестре́ (**ей**) краси́вую
су́мку.

Accusative

Ка́тя ждёт **мою́**
сестру́ (**её**).

Instrumental

Ка́тя гуля́ет с **мое́й**
сестро́й (**с ней**).

Prepositional

Ка́тя всегда́ ду́мает
о **мое́й** сестре́ (**о ней**).

The feminine possessive pronouns end in:
(a) -У, -Ю in the accusative: *мо*Ю, *тво*Ю, *на́ш*У, *ва́ш*У.

Я ви́дела
твою́ но́вую
су́мку.

Я встре́тил вчера́ на у́лице
на́шу ста́рую
учи́тельницу.

(b) -ЕЙ in all other oblique cases: *мо*ЕЙ, *тво*ЕЙ, *на́ш*ЕЙ, *ва́ш*ЕЙ.

DECLENSION OF POSSESSIVE PRONOUNS IN THE PLURAL

МОЙ, ТВОЙ, НАШИ, ВАШИ

Nominative

Это **мои** родители.

Genitive

У мои́х родителей
(у **них**) есть цветно́й
телеви́зор.

Dative

Друзья́ подари́ли мои́м
роди́телям (**им**) цветы́.

Accusative

Друзья́ навести́ли
мои́х (**их**) роди́телей.

Instrumental

Они́ до́лго разгова́-
ривали с мои́ми ро-
ди́телями (**с ни́ми**).

Prepositional

Друзья́ ча́сто вспоми-
на́ют о мои́х роди́телях
(**о них**).

Case endings of the possessive pronouns **мои́, твои́, наши, ваши** in the oblique cases
echo the case forms of the personal pronoun *они*.

Я принёс тебе́ **мои́**
(**твои́, на́ши, ва́ши**)
кни́ги.

Это **мои́** (**твои́, наши, ва́ши**) кни́ги.

Вчера́ я встре́тил
мои́х (**твои́х, на́ших, ва́-
ших**) друзе́й в па́рке.

Это кни́ги мои́х
(**твои́х, на́ших,
ва́ших**) друзе́й.

When speaking of *inanimate objects,*
remember that the **accusative** of the possessive
pronouns **мои́, твои́, на́ши, ва́ши,** as well as the
accusative of inanimate nouns,
<u>coincides</u> with their **nominative.**

When speaking of *persons* or *living beings,*
remember that the **accusative** of the possessive
pronouns **мои́, твои́, на́ши, ва́ши,** as well as
the accusative of animate nouns,
<u>coincides</u> with their **genitive.**

THE UNCHANGEABLE POSSESSIVE PRONOUNS ЕГО́, ЕЁ ИХ

| *В гостя́х у Андре́я.* | *В гостя́х у Ка́ти.* | *В гостя́х у сосе́дей.* |

И. п.
Кто?

Э́то Андре́й и
его́ брат.

Э́то Ка́тя и
её сестра́.

Э́то на́ши друзья́ и
их де́ти.

Р. п.
У кого́?

У **его́** бра́та
мно́го книг.

У **её** сестры́
мно́го ку́кол.

У **их** дете́й
мно́го игру́шек.

Д. п.
Кому́?

Я дарю́ **его́**
бра́ту альбо́м.

Я дарю́ **её**
сестре́ мяч.

Я принёс **их**
де́тям кни́ги.

В гостя́х у Андре́я.　　　*В гостя́х у Ка́ти.*　　　*В гостя́х у сосе́дей.*

В. п.
Кого́?

Я фотографи́рую **его́** бра́та.　　Я фотографи́рую **её** сестру́.　　Я фотографи́рую **их** дете́й.

Т. п.
С кем?

Я игра́ю с **его́** бра́том.　　Я игра́ю с **её** сестро́й.　　Я игра́ю с **их** детьми́.

П. п.
О ком?

Я вам рассказа́л об Андре́е и о **его́** бра́те.　　Я вам рассказа́л о Ка́те и о **её** сестре́.　　Я вам рассказа́л о на́ших друзья́х и об **их** де́тях.

 ATTENTION!

The possessive pronouns **его́, её, их** do not take the initial Н after preposition, as distinct from personal pronouns of the same form:　　Я пришла́ в го́сти к **нему́** и к **его́** бра́ту.

Я говори́ла с **ним** и с **его́** бра́том.

THE POSSESSIVE PRONOUN *СВОЙ*

Russian has a special possessive pronoun, **СВОЙ (СВОЁ, СВОЯ́, СВОИ́)**, to indicate that some object belongs to someone, regardless of whether this someone is expressed by the 1st, 2nd or 3rd person. The pronoun **СВОЙ** is used only when the object it refers to belongs to the agent (or agents).

REMEMBER!

The pronoun *свой* is not used in the *nominative*[1].

Э́то **мой** брат, **моя́** сестра́ и **мои́** роди́тели.

Э́то **твой** брат, **твоя́** сестра́ и **твои́** роди́тели.

Э́то **его́** брат, **его́** сестра́ и **его́** роди́тели.

Э́то **её** брат, **её** сестра́ и **её** роди́тели.

Я жду **своего́** бра́та, **свою́** сестру́ и **свои́х** роди́телей.

Ты ждёшь **своего́** бра́та, **свою́** сестру́ и **свои́х** роди́телей.

Он ждёт **своего́** бра́та, **свою́** сестру́ и **свои́х** роди́телей.

Она́ ждёт **своего́** бра́та, **свою́** сестру́ и **свои́х** роди́телей.

 COMPARE:

Э́то **я**, **мой** брат и **моя́** сестра́.

Я люблю́ **своего́** бра́та и **свою́** сестру́ (т.е. *мо- его́* бра́та и *мою́* сестру́).

Э́то **мой** друг, **его́** брат и **его́** сестра́.

Я люблю́ **его́** бра́та и **его́** сестру́ (т.е. бра́та и сестру́ *моего́* дру́га).

REMEMBER!

If the object does not belong to the agent, the pronoun **свой** is not to be used.

---

[1] Except the constructions like, *У него́ есть своя́* (i. e. his own) маши́на. *У неё своё* (her own) мне́ние по э́тому вопро́су.

The pronoun **свой** changes according to gender and case like the pronouns *мой* and *твой*.

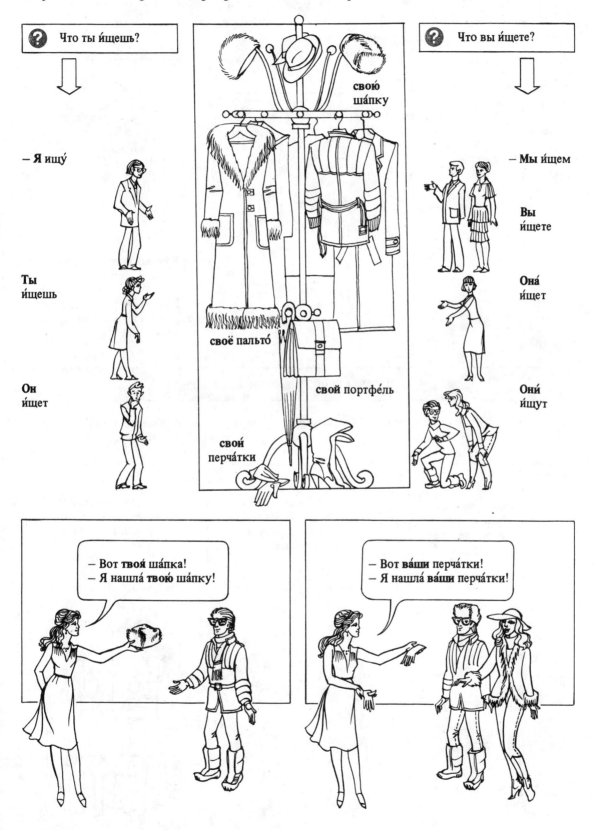

❓ Что ты и́щешь?

— Я ищу́

Ты
и́щешь

Он
и́щет

свою́
ша́пку

своё пальто́

свой портфе́ль

свои́
перча́тки

❓ Что вы и́щете?

— Мы и́щем

Вы
и́щете

Она́
и́щет

Они́
и́щут

— Вот **твоя́** ша́пка!
— Я нашла́ **твою́** ша́пку!

— Вот **ва́ши** перча́тки!
— Я нашла́ **ва́ши** перча́тки!

THE USE OF THE POSSESSIVE PRONOUN *СВОЙ*

Студе́нты прие́хали на вокза́л встреча́ть свои́х друзе́й.

Кого́ ты встре́тил?

– **Я** встре́тил
– **Ты** встре́тил
– **Он** встре́тил
– **Она́** встре́тила   } **своего́** дру́га.
– **Мы**
– **Вы**   } встре́тили
– **Они́**

Кто кого́ встре́тил?

– Ка́ждый встре́тил **своего́** дру́га.

– Ни́на не встре́тила **своего́** дру́га, но она́ ви́дела *на́ших* (*их*) друзе́й.

THE PRONOUN СВОЙ IN IMPERSONAL SENTENCES

In a sentence, the **owner** of a certain object may play not only the role of the *subject,* but also that of the *indirect object,* in the *dative.* In that case, the use of the pronoun **свой** is also allowed.

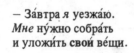

– За́втра я уезжа́ю. *Мне* ну́жно собра́ть и уложи́ть **свои́** ве́щи.

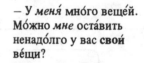

– *Ты* сде́лал мно́го оши́бок. *Тебе́* необходи́мо испра́вить **свои́** оши́бки.

– У *меня́* мно́го веще́й. Мо́жно *мне* оста́вить ненадо́лго у вас **свои́** ве́щи?

THE USE OF THE PERSONAL PRONOUNS ЕГО, ЕЁ, ИХ AND THE POSSESSIVE PRONOUNS ЕГО, ЕЁ, ИХ WITH PREPOSITIONS

Это Никола́й
и
его́ сестра́
Мари́я.

Это Мари́я
и
её брат
Никола́й.

У него́
тёмные во́лосы,
а
у его́ сетры́ —
све́тлые.

У неё
све́тлые во́лосы,
а
у её бра́та —
тёмные.

Мы пришли́
в го́сти
к нему́ и
к его́ сестре́.

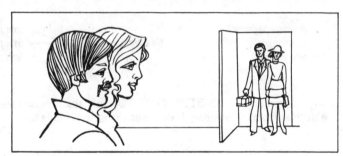

Мы пришли́
в го́сти
к ней и
к её бра́ту.

Мы разгова́ривали
с ним
и
с его́ сестро́й.

Мы разгова́ривали
с ней
и
с её бра́том.

До́ма
мы расска́зывали
о нём
и
о его́ сестре́.

До́ма
мы расска́зывали
о ней
и
о её бра́те.

DEMONSTRATIVE PRONOUNS

Demonstrative pronouns point at an **object**, singling it out from other similar ones.

I. The pronoun Э́ТОТ (Э́ТО, Э́ТА, Э́ТИ) points at an object which is close by or one that has been mentioned lately, one that is known to the speakers.

(a) In the questions and answers to the questions КАКО́Й? КАКА́Я? КАКО́Е? КАКИ́Е? the pronoun **э́тот** plays the role of an attribute and **agrees** with the noun as to gender, number and case.

Как называ́ется
э́тот переу́лок?

Ско́лько сто́ит
э́то зе́ркало?

— Покажи́те, пожа́-
луйста, э́ти часы́!

— Ты не зна́ешь,
кто э́та де́вушка?

Как называ́ется ⟨ э́тот переу́лок?
э́та у́лица?
э́то о́зеро?

Как называ́ются ⟨ э́ти цветы́?
э́ти плоды́?
э́ти дере́вья?

(b) In the questions and answers to the questions КТО Э́ТО? ЧТО Э́ТО? only the pronoun **э́то** can be used. As the subject, the pronoun **э́то** can point to any person or thing. It **does not change** according to gender or number.

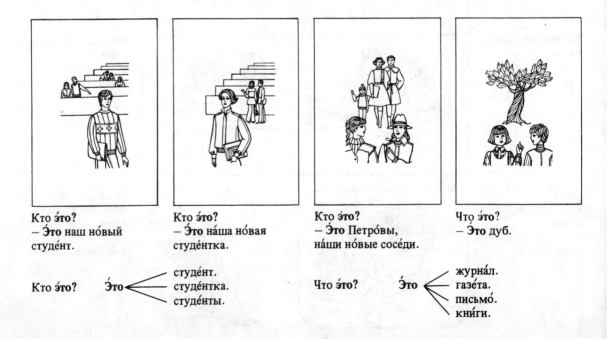

Кто э́то?
— Э́то наш но́вый
студе́нт.

Кто э́то?
— Э́то на́ша но́вая
студе́нтка.

Кто э́то?
— Э́то Петро́вы,
на́ши но́вые сосе́ди.

Что э́то?
— Э́то дуб.

Кто э́то?   Э́то ⟨ студе́нт.
студе́нтка.
студе́нты.

Что э́то?   Э́то ⟨ журна́л.
газе́та.
письмо́.
кни́ги.

The pronoun **э́то** often indicates the person, object, event or phenomenon mentioned in the previous sentence.

Ви́дите вдали́ высо́-
кое зда́ние?
Э́то Моско́вский
университе́т.

В аудито́рию вошла́
незнако́мая де́вушка.
Э́то была́ но́вая сту-
де́нтка.

На столе́ лежа́т кни́ги.
Э́то но́вые уче́бники
ру́сского языка́.

(c) The pronoun **э́то** may also mean the whole previous statement. It may be used as the object in a sentence, and then it duly **changes** according to the case.

— Я сдал экза́мен.
— Э́то о́чень хорошо́
(что ты сдал экза́мен).

Прилете́ли пе́рвые
ла́сточки. Мы ра́ды
э́тому (прилёту
ла́сточек).

Вчера́ шёл си́льный
дождь. Из-за **э́того**
мы не пошли́ на экс-
ку́рсию (из-за дождя́).

— За́втра я уезжа́ю.
Мне на́до гото́виться
к **э́тому** (к отъе́зду).

II. The pronoun **ТОТ (ТО, ТА, ТЕ)** is used to point out more distant objects.

Э́тот авто́бус идёт
в центр?
— Э́тот туда́ не идёт.
А тот?
— Тот идёт.

— Посмотри́те на
ту ба́шню!

— Э́ти цветы́ о́чень
краси́вые, но те мне
нра́вятся бо́льше.

In these cases the pronoun **тот**, like pronoun **э́тот**, agrees in gender, number and case with the noun it qualifies. In compound sentences the pronoun **тот** is a member of the principal clause, and the relative pronouns *(кто, что, кото́рый, see p. 138)* are members of the subordinate clause.

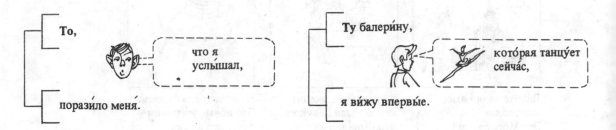

The subordinate clause usually *follows* the pronoun **тот** and discloses its message.

COMPARE:

Вот автобус № 40.
Э́тот автобус
идёт на вокза́л.

    ...   . Э́тот...

Шёл дождь.
Из-за э́того мы
не пошли́ на
экску́рсию.

    ...   . Из-за э́того...

Тот автобус,
кото́рый Вам ну́жен,
здесь не остана́вливается.

Тот..., ...

Мы не пошли́
на экску́рсию
из-за того́,
что шёл до́ждь.

Из-за того́,...   ...   .

III. The pronoun **ТАКО́Й (ТАКА́Я, ТАКО́Е, ТАКИ́Е)** points at some quality of the object. **Тако́й** means similar to the one mentioned before or the one that will be discussed next.

The pronoun **тако́й** *agrees* with the related noun as to gender, number and case. It **declines** like the adjective *большой*.

DECLENSION OF THE DEMONSTRATIVE PRONOUNS ЭТОТ AND ТОТ

И. п.	Р. п.	Д. п.	В. п.	Т. п.	П. п.

Э́тот
(тот)
челове́к
приходи́л
вчера́.

И́мя
(его́)
э́того
(того́)
челове́ка
я не
зна́ю.

Я сообщи́л
(ему́)
э́тому
(тому́)
челове́ку
но́вость.

Я ви́дел
(его́)
э́того
(того́)
челове́ка
в па́рке.

Я встре́тился
(с ним)
с э́тим
(с тем)
челове́ком
на у́лице.

Мы говори́ли
(о нём)
об э́том
(о том)
челове́ке.

Э́та
(та)
же́нщина
приходи́ла
вчера́.

И́мя
(её)
э́той
(той)
же́нщины
я
не зна́ю.

Я сообщи́л
(ей)
э́той
(той)
же́нщине
но́вость.

Я ви́дел
(её)
э́ту
(ту)
же́нщину
в па́рке.

Я встре́тился
(с ней)
с э́той
(с той)
же́нщиной
на
у́лице.

Мы говори́ли
(о ней)
об э́той
(о той)
же́нщине.

Э́ти
(те)
лю́ди
приходи́ли
вчера́.

Имён
(их)
э́тих
(тех)
люде́й
я
не зна́ю.

Я сообщи́л
(им)
э́тим
(тем)
лю́дям
но́вость.

Я ви́дел
(их)
э́тих
(тех)
люде́й
в па́рке.

Я встре́тился
(с ни́ми)
с э́тими
(с те́ми)
людьми́
на
у́лице.

Мы говори́ли
(о них)
об э́тих
(о тех)
лю́дях.

DETERMINATIVE PRONOUNS

Determinative pronouns define an **object** or a **person** from different points of view. They **agree** with the relevant nouns as to gender, number and case, and **decline** like adjectives.

I.   **КА́ЖДЫЙ, ЛЮБО́Й, ВСЯ́КИЙ** denote an individual object from among many similar ones.

   —Вы хоти́те знать, как пройти́ на вокза́л? На у́лице мно́го люде́й.

   Ка́ждый (любо́й, вся́кий) пока́жет вам доро́гу.

Besides that, each of these pronouns has an additional meaning:

> **ка́ждый, -ая, -ое** this (man, or thing), that and the other;
> **любо́й, -а́я, -о́е, -ы́е** one of the many, no matter which;
> **вся́кий, -ая, -ое, -ие** different, various.

Ка́ждый тури́ст
к похо́ду гото́в.
У **ка́ждого** по́лный
рюкза́к.

Но тури́сты быва́ют
вся́кие (молоды́е,
пожилы́е, о́пытные,
нео́пытные).

Все тури́сты останови́лись отдохну́ть.
Но **ка́ждый** отдыха́ет
по-сво́ему.

В библиоте́ке мно́го
вся́ких книг (т. е.
са́мых разнообра́зных).
— Возьми́те **любу́ю**
кни́гу, кото́рая вам
нра́вится.

В магази́не мно́го
вся́ких украше́ний
(т.е. разли́чных).
— Выбира́й себе́ **любо́е!**
(т.е.,како́е хо́чешь).

II.

ВЕСЬ	ВСЁ	ВСЯ	ВСЕ

Весь кора́бль укра́шен фла́гами.

Всё по́ле покры́то цвета́ми.

Вся земля́ покры́та сне́гом.

Мы **все** за мир.

Весь день студе́нт занима́лся.

Всё у́тро идёт дождь.

Всю неде́лю он был бо́лен.

Все выходны́е (нерабо́чие) дни мы проводи́ли за го́родом.

The pronoun **весь** (вся, всё, все) indicates the entirety, the completeness of something, and is used with nouns, **agreeing** with them as to gender, number and case, and on its own (but only in the neuter and in the plural)

ATTENTION!

| **всё** – neuter |
| **все** – plural |

— Я уже́ **всё** съел (то, что бы́ло на столе́).

Вы **всё** по́няли? (то, что я вам объясни́л).

Все гото́вы отвеча́ть?

Весь, вся, всё and **це́лый, це́лая, це́лое** are close in meaning, but...

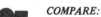

COMPARE:

— Да́йте мне, пожа́луйста, **це́лый** арбу́з (а не полови́нку арбу́за).

Мы купи́ли арбу́з и съе́ли его́ **весь** (до конца́).

Це́лую неде́лю шли дожди́.

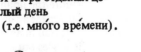

Он прожи́л в Москве́ **це́лый** год.

Я вчера́ отдыха́л **це́лый** день (т.е. мно́го вре́мени).

Всю про́шлую неде́лю шли дожди́.

Весь э́тот год он занима́лся.

Я вчера́ отдыха́л **весь** день (т.е. без переры́ва).

III.   **САМ (САМА́, САМО́, СА́МИ)**   **СА́МЫЙ (СА́МАЯ, СА́МОЕ, СА́МЫЕ)**

Де́вочка **сама́** сши́ла пла́тье. (без по́мощи ма́тери)

— Э́то **са́мый высо́кий** пик!

Альпини́сты подняли́сь на **са́мую** верши́ну горы́.

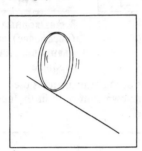

Э́то колесо́ **само́** ка́тится.

— Пройди́те к секретарю́! — Нет, я до́лжен ви́деть **са́мого** дире́ктора и всё рассказа́ть ему́ **самому́** (и́менно ему́, а не кому́-нибудь друго́му). То́лько он **сам** мо́жет реши́ть э́тот вопро́с (он, а не кто́-нибудь друго́й).

Э́то **са́мая** лу́чшая фигури́стка.

Ло́дка останови́лась у **са́мого** бе́рега.

Ма́льчики **са́ми** (без по́мощи отца́) сде́лали моде́ли корабля́.

Э́то **са́мые** краси́вые цветы́.

Дождь идёт с **са́мого** утра́.

If the pronoun **сам** (**сама́**, etc.) occurs		If the pronoun **са́мый** (**са́мая**, etc.) occurs	
after	**before**	**before**	**before**
the noun or personal pronoun, it means that the person in question did the action on his own, without any help from others.	before the noun (and after a personal pronoun in an oblique case), it singles out a certain person, and emphasizes his importance.	the adjective, together they form the superlative degree of the adjective.	the noun, it emphasizes the boundaries, the outer limits in time or in space.

The pronoun **сам** has the stress on the ending in all cases except the nominative plural. In all plural endings, the letter И is present.

The pronoun **са́мый** retains the stress on the stem in all cases. In all plural endings, the letter Ы is present.

	мужской и средний род	женский род	множествен- ное число	мужской и средний род	женский род	множествен- ное число
И. п.	сам (само́)	сама́	са́ми	са́мый (са́мое)	са́мая	са́мые
Р. п.	самого́	само́й	сами́х	са́мого	са́мой	са́мых
Д. п.	самому́	само́й	сами́м	са́мому	са́мой	са́мым
В. п.	И/Р	саму́ (самоё)	И/Р	И/Р	са́мую	И/Р
Т. п.	сами́м	само́й	сами́ми	са́мым	са́мой	са́мыми
П. п.	о само́м	о само́й	о сами́х	о са́мом	о са́мой	о са́мых

All *determinative pronouns* **agree** with the nouns as to gender, number and case. They **decline** like adjectives.

ATTENTION!

The pronoun **сам** is not used in Russian in the meaning of „один".

INTERROGATIVE, RELATIVE, NEGATIVE AND INDEFINITE PRONOUNS

As follows from the Table, all the above-listed categories of pronouns stem from the **interrogatory** ones.

Interrogative	Relative	Negative	Indefinite		
кто?	..., кто	никто́	кто́-то	кто́-нибудь	ко́е-кто́
что?	..., что	ничто́	что́-то	что́-нибудь	ко́е-что́
чей?	..., чей	ниче́й	чей-то	чей-нибудь	ко́е-че́й
како́й?	..., како́й	никако́й	како́й-то	како́й-нибудь	ко́е-како́й
кото́рый?	..., кото́рый		не́который		
ско́лько?		ниско́лько	не́сколько		

INTERROGATIVE PRONOUNS

Asking questions, we make use of the **interrogative pronouns:**

КТО?   **ЧТО?**   **ЧЕЙ?**   **КАКО́Й?**   **КОТО́РЫЙ?**   **СКО́ЛЬКО?**

With relation to a **person** or an **animal**, the question КТО? is asked, and with relation to an **object**, the question ЧТО?

The pronouns **КТО** and **ЧТО** have neither gender nor number. The words that refer to these pronouns in a sentence may be in the singular or in the plural.

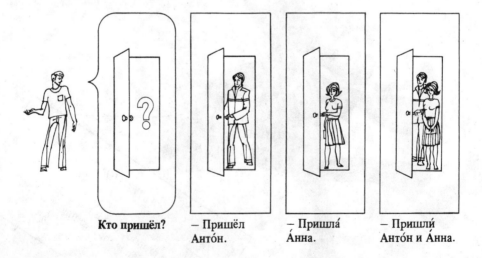

Кто пришёл?   — Пришёл Анто́н.   — Пришла́ А́нна.   — Пришли́ Анто́н и А́нна.

REMEMBER!

If the question **кто?** is followed by the verb in the *past tense,* then, regardless of
the sex and number of the persons in question, the verb should be in the *masculine form, singular.*

Что случи́лось?
Что там разби́лось?

— Разби́лся стака́н.

— Разби́лась ча́шка.

— Разби́лись таре́лки.

REMEMBER!

If the question **что?** is followed by the verb in the *past tense,* then, regardless of the gender and number of the objects in question, the verb should be in the *neuter form.*

The declension of interrogative pronouns **кто?** and **что?** gives us case questions:

И. п. **кто? что?**   Д. п. **кому́? чему́?**   Т. п. **кем? чем?**
Р. п. **кого́? чего́?**   В. п. **кого́? что?**   П. п. **о ком? о чём?**

To ask about a quality or a property of an object, the pronoun **КАКО́Й? (КАКА́Я? КАКО́Е? КАКИ́Е?)** is used.

Како́й язы́к
вы изуча́ете?
— Ру́сский.

Кака́я сего́дня
пого́да?
— Тёплая.

Како́е у вас
настрое́ние?
— Прекра́сное!

Каки́е перча́тки
вы себе́ купи́ли?
— Ко́жаные.

The pronouns **како́й, кака́я, како́е, каки́е** are also used in exclamations:

— **Како́й** сего́дня прекра́сный день!   — **Кака́я** чуде́сная пого́да!

— **Како́е** све́жее у́тро!   — **Каки́е** я́ркие кра́ски!

The pronoun **како́й** *agrees* with the nouns as to gender, number and case, and **declines** like an adjective.

III. When asking about an object which takes a certain place among other similar objects, the pronoun **КОТО́РЫЙ? (КОТО́РАЯ? КОТО́РОЕ? КОТО́РЫЕ?)** is used.

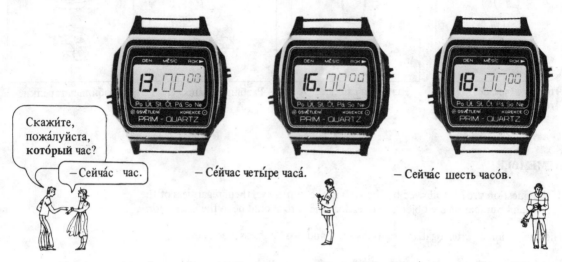

Скажи́те, пожа́луйста, кото́рый час?

— Сейча́с   час.

— Сейчас четы́ре часа́.

— Сейча́с   шесть часо́в.

The pronoun **кото́рый** *agrees* with the noun as to gender, number and case, and **declines** like an adjective.

ATTENTION!

The questions are different, — so are the answers.

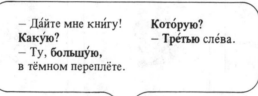

— Да́йте мне кни́гу! **Каку́ю?**   **Кото́рую?**
— Ту, **большу́ю,**   — Тре́тью сле́ва.
в тёмном переплёте.

Кака́я ва́за вам нра́вится бо́льше всего́?   **Кото́рая?**
— Вон та, **высо́кая,**   — Тре́тья спра́ва.
све́тлая.

IV.

?

When asking about the owner of an object, the pronoun **ЧЕЙ? (ЧЬЯ? ЧЬЁ? ЧЬИ?)** is used as a question-word.

Чей это зонт?

— Это мой зонт.

Чья это шапка?

— Это Сашина шапка.

Чьё это платье?

— Это Катино платье.

Чьи это перчатки?

— Это перчатки моей подруги.

The pronoun **чей** *agrees* with the nouns as to gender, number and case, it **declines** like the personal pronoun *он (она, они)*.

Case forms of the pronoun **чей** are used extremely rarely.

V

?

Inquiring about the number of the objects, use the interrogative pronoun **СКÓЛЬКО?**

Сколько у вас книг?
Сколько дней вы провели в Москве?

After the pronoun **сколько?** use the noun in the *genitive:*

(a) in the *plural* form when speaking about several separate objects, or using a noun which only has the plural form;

(b) in the *singular* form when speaking about a certain amount of a substance whose name exists only in the singular, or mentioning an abstract noun which has no plural.

Сколько у вас книг?
— Много.

Сколько дней вы провели в Москве?
— 5 дней.

Сколько мяса купить на обед?
— Один килограмм.

Сколько молока вы купили?
— 3 бутылки.

?

Сколько дней, месяцев, лет, веков, рублей, денег, книг, тетрадей, сил, знаний...?

Сколько мяса, молока, хлеба, зерна, угля, нефти, руды, здоровья, энергии...?

RELATIVE PRONOUNS

The **relative pronouns** КТО, ЧТО, КАКО́Й (КАКА́Я, КАКО́Е, КАКИ́Е), КОТО́РЫЙ (КОТО́РАЯ, КОТО́РОЕ, КОТО́РЫЕ), ЧЕЙ (ЧЬЯ, ЧЬЁ, ЧЬИ) and СКО́ЛЬКО are used in complex sentences to provide a link between the principal and the subordinate clauses.

Simple Interrogatory Sentence	Complex Sentence	
	Principal Clause	Subordinate Clause
INTERROGATIVE PRONOUNS	**RELATIVE PRONOUNS**	
Кто пришёл?	Я спроси́л,	**кто** пришёл.
Что вы купи́ли?	Я хоте́л узна́ть,	**что** вы купи́ли.
Кака́я за́втра бу́дет пого́да?	По ра́дио сообщи́ли,	**кака́я** за́втра бу́дет пого́да.
В *кото́ром* часу́ начина́ется конце́рт?	На биле́те напи́сано,	в **кото́ром** часу́ начина́ется конце́рт.
Чьи э́то перча́тки?	Дежу́рная спроси́ла,	**чьи** э́то перча́тки.
Ско́лько дней вы бу́дете в Москве́?	Я вам напишу́,	**ско́лько** дней я бу́ду в Москве́.

In the principal clause, the following *demonstrative pronouns* can be used: *тот (та, то, те), тако́й (така́я, тако́е, таки́е), сто́лько.*

Principal Clause DEMONSTRATIVE PRONOUNS	Subordinate Clause RELATIVE PRONOUNS
Я зна́ю *того́*,	**кто** пришёл.
Я уже́ ви́дел *то*,	**что** вы купи́ли.
За́втра бу́дет *така́я* же пого́да,	**кака́я** была́ сего́дня.
В *том* биле́те,	**кото́рый** я купи́л, ука́зано вре́мя нача́ла конце́рта.
Он остава́лся в Москве́ *сто́лько* дней,	**ско́лько** мог.

If the demonstrative pronoun *тот* occurs in the principal clause without any noun, the subordinate clause should contain the following relative pronouns:

кто — meaning a *living being*,
что — meaning an *inanimate object*.

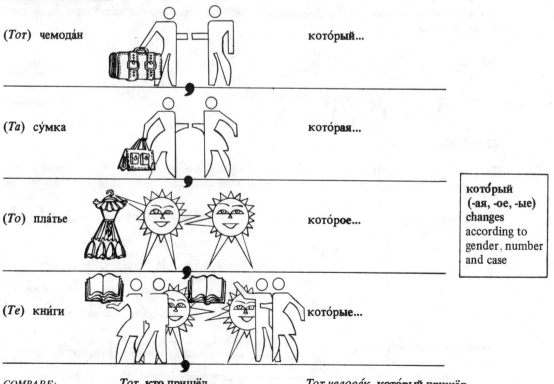

Тот	**кто** пришёл...
Те	**кто** пришёл...
То	**что** купи́ли...

> **кто, что**
> **have**
> **no category**
> of gender
> or number

If the principal clause contains
the demonstrative pronoun *тот* with a noun, or
only the noun not preceded by the demonstrative pronoun, then
the subordinate clause begins as a rule with the relative pronoun **кото́рый** (**кото́рая, кото́рое, кото́рые**) of the same gender and number as the noun.

(*Тот*) чемода́н	кото́рый...
(*Та*) су́мка	кото́рая...
(*То*) пла́тье	кото́рое...
(*Те*) кни́ги	кото́рые...

> **кото́рый**
> (**-ая, -ое, -ые**)
> changes
> according to
> gender, number
> and case

COMPARE:

Тот, **кто** пришёл...
То, **что** я купи́ла...

Тот челове́к, **кото́рый** пришёл...
Та блу́зка, **кото́рую** я купи́ла...

If the principal clause contains the demonstrative pronoun *такóй*, the subordinate clause usually has the relative pronoun **какóй (какáя, какóе, какúе)** of the same gender and number.

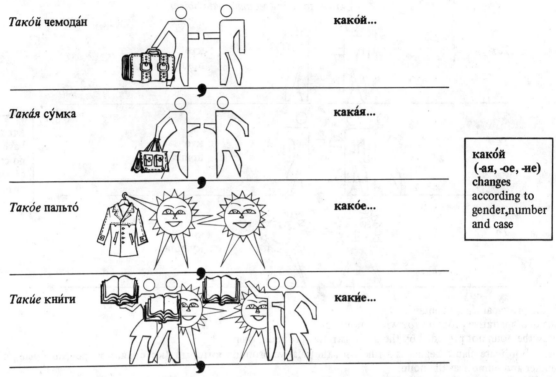

Такóй чемодáн   **какóй**...

Такáя сýмка   **какáя**...

Такóе пальтó   **какóе**...

> **какóй**
> **(-ая, -ое, -ие)**
> changes
> according to
> gender, number
> and case

Такúе кнúги   **какúе**...

If the principal clause contains the demonstrative pronoun *стóлько*, the subordinate clause has the relative pronoun **скóлько**.

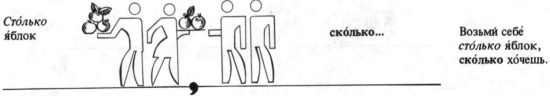

Стóлько   **скóлько**...
я́блок

Возьмú себé
стóлько я́блок,
скóлько хóчешь.

 REMEMBER!

The **case** of the demonstrative pronoun in the principal clause and the **case** of the relative pronoun in the subordinate clause depend on their respective roles in the sentence with regard to the verbal predicate.

Principal Clause   **Subordinate Clause**

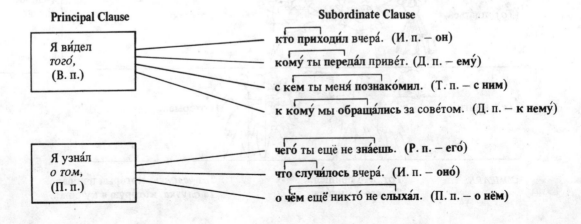

Я вúдел
тогó,
(В. п.)

кто приходúл вчерá. (И. п. — он)

комý ты передáл привéт. (Д. п. — емý)

с кем ты меня́ познакóмил. (Т. п. — с ним)

к комý мы обращáлись за совéтом. (Д. п. — к немý)

Я узнáл
о том,
(П. п.)

чегó ты ещё не знáешь. (Р. п. — егó)

что случúлось вчерá. (И. п. — онó)

о чём ещё никтó не слыхáл. (П. п. — о нём)

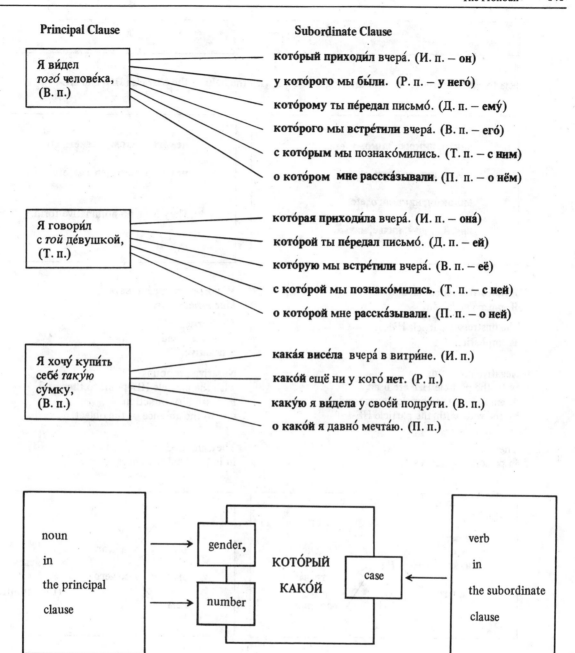

Principal Clause	Subordinate Clause
Я ви́дел *того́* челове́ка, (В. п.)	кото́рый приходи́л вчера́. (И. п. — он)
	у кото́рого мы бы́ли. (Р. п. — у него́)
	кото́рому ты пе́редал письмо́. (Д. п. — ему́)
	кото́рого мы встре́тили вчера́. (В. п. — его́)
	с кото́рым мы познако́мились. (Т. п. — с ним)
	о кото́ром мне расска́зывали. (П. п. — о нём)
Я говори́л с *той* де́вушкой, (Т. п.)	кото́рая приходи́ла вчера́. (И. п. — она́)
	кото́рой ты пе́редал письмо́. (Д. п. — ей)
	кото́рую мы встре́тили вчера́. (В. п. — её)
	с кото́рой мы познако́мились. (Т. п. — с ней)
	о кото́рой мне расска́зывали. (П. п. — о ней)
Я хочу́ купи́ть себе́ *таку́ю* су́мку, (В. п.)	кака́я висе́ла вчера́ в витри́не. (И. п.)
	како́й ещё ни у кого́ нет. (Р. п.)
	каку́ю я ви́дела у свое́й подру́ги. (В. п.)
	о како́й я давно́ мечта́ю. (П. п.)

noun in the principal clause → gender, number → КОТО́РЫЙ КАКО́Й ← case ← verb in the subordinate clause

REMEMBER!

the gender and number

of the pronouns *кото́рый* and *како́й* depend on the **noun in the principal clause** they qualify.

the case

of the pronouns *кото́рый* and *како́й* depends on the **verbal predicate of the subordinate clause.**

The pronouns **кото́рый** and **како́й** decline like adjectives.

NEGATIVE PRONOUNS

Negative pronouns derive from interrogative ones with the help of the particles **НИ-** and **НЕ-**.

никто́, никого́, никому́, etc.
ничто́, ничего́, ничему́, etc.
никако́й, никако́го, etc.
ничей, ничья́, ничьё, ничьи́.

не́кого, не́кому, не́кем, etc.
не́чего, не́чему, не́чем, etc.
They **have no** nominative form.

Я **никого́** не спра́шивал.
Я **ничего́** не чита́л.

The unstressed particle **НИ-**
is emphatic.

Negative pronouns
with the particle **НИ-** are used
to emphasize the negation expressed
by the verb with the particle **НЕ-**.

They are used
in personal sentences.

Мне **не́кого** спра́шивать.
Мне **не́чего** чита́ть.

The particle **НЕ-**,
always stressed,
is negative.

Negative pronouns
with the particle **НЕ-** point to the
impossibility of action
due to the absence of the object.

They are used
in impersonal sentences.

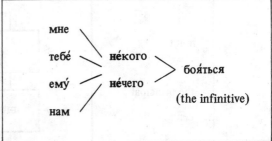

Negative pronouns are declined in the same way as the corresponding interrogative pronouns.

 ATTENTION!

When used **with prepositions**, negative pronouns break up into two parts, and the preposition is put between
the particle **НЕ-** or **НИ-** and the pronouns **кого́, чего́, кому́**, etc.

никого́	никем	не́кого	не́кому
ни у кого́	ни с ке́м	не́ у кого	не́ к кому

I.   Negative pronouns with the particle НИ-

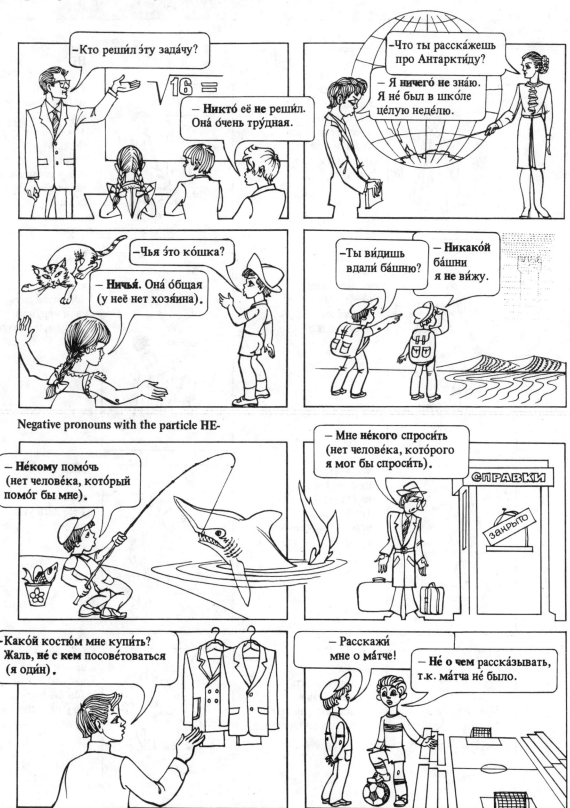

NEGATIVE PRONOUNS WITH PARTICLES

 COMPARE:

НИ	**НЕ**

Сын ушёл,
никого́
не спроси́в
(роди́тели бы́ли
до́ма, но он не
сказа́л им, что
ухо́дит).

Сы́ну
не́кого бы́ло
спроси́ть
(он привы́к спра́-
шивать
разреше́-
ния у роди́телей,
но их не́ было
до́ма).

Ма́льчик
никому́
не даёт свои́
игру́шки
(он хо́чет
игра́ть оди́н).

Ма́льчику
не́кому дать
игру́шки
(он гото́в дать
свои́ игру́шки
други́м, но никого́
нет).

Ма́льчик
ни с ке́м
не игра́ет
(он не лю́бит
игра́ть с други́ми
детьми́).

Ма́льчику
не́ с кем
игра́ть
(все де́ти ушли́,
он оста́лся оди́н).

Ма́льчик
ниче́м
не хо́чет писа́ть
(у него́ есть и
ру́чка, и каранда́ш,
но писа́ть он не хо́чет).

Ма́льчику
не́чем
писа́ть
(он бы писа́л,
но у него́ нет ни
ру́чки, ни карандаша́).

The use of the negative pronouns НИКТО́, НИЧТО́ with and without prepositions

Nominative	Genitive	Dative	Accusative	Instrumental	Prepositional

НИКТО́

Nominative	Genitive	Dative	Accusative	Instrumental	Prepositional
Никто́ **не** приходи́л.	**Никого́** там **не** бы́ло.	**Нико́му** об э́том **не** говори́те.	**Никого́** я **не** ви́дел.	**Нике́м** э́то **не** испо́ль- зуется.	–
–	Э́то уже́ **ни для кого́** **не** секре́т.	Он **ни к кому́** **не** обраща́лся.	Он **ни на кого́** **не** наде́ется.	Он **ни с ке́м** **не** говори́л.	Он **ни о ко́м** **не** ду́мал.

НИЧТО́

Nominative	Genitive	Dative	Accusative	Instrumental	Prepositional
Ничто́ мне **не** чу́ждо.	**Ничего́** они́ **не** заме́- тили.	**Ничему́** он бо́льше **не** удивля́лся.	**Ничего́** я **не** зна́ю.	**Ниче́м** уже́ **нельзя́** помо́чь.	–
–	Э́то **ни до чего́** хоро́шего **не** доведёт.	Он **не** проя- ви́л интере́са **ни к чему́**.	**Не** наде́йся **ни на что** бо́льше.	Он **не** согла- ша́ется **ни с** **че́м**.	Я **не** хочу́ бо́льше гово- ри́ть **ни о чём**.

INDEFINITE PRONOUNS

To denote a person, an object, a quality in general, we use **indefinite pronouns**.
They derive from interrogative pronouns by adding the particles:

-ТО:	КТО́-ТО, ЧТО́-ТО, КАКО́Й-ТО, ЧЕ́Й-ТО
-НИБУДЬ:	КТО́-НИБУДЬ, ЧТО́-НИБУДЬ, КАКО́Й-НИБУДЬ, ЧЕ́Й-НИБУДЬ[1]
КОЕ-:	КОЕ-КТО́, КОЕ-ЧТО́, КО́Е-КАКО́Й
НЕ-:	НЕ́КОТОРЫЕ, НЕ́СКОЛЬКО

Indefinite pronouns with the particles **-то** and **-нибудь** are used more frequently than others.

I. Indefinite pronouns with the particle

-ТО

are used when speaking about

(a) a person, object or quality
which does really exist, but which is
unfamiliar to the speaker:

Кто́-то стучи́т
(стучи́т челове́к,
но я не зна́ю, кто).

Он **что́-то** купи́л
(я не зна́ю, что).

Я нашёл **чей-то** зонт
(я не зна́ю, чей он).

Он подари́л ей **како́й-то** цвето́к
(я не зна́ю, како́й).

Here we speak about an
action which is occurring at
present or took place in
the *past*.

(b) a real, existing, specific person, object
or quality of which the speaker
had been aware before, but which
he no longer remembers clearly:

Кто́-то мне об э́том говори́л
(я не по́мню, кто).

Я **что́-то** чита́л об э́том
(я не по́мню, что).

II. Indefinite pronouns with the particle

-НИБУДЬ

are used when speaking about

(a) a person, object or quality either not
known by the speaker, or not defined
by him from among several possibilities:

Пусть **кто́-нибудь** из вас позвони́т мне
ве́чером
(всё равно́, кто).

Купи́ мне **что́-нибудь** на обе́д
(всё равно́, что).

Мо́жно мне взять **чей-нибудь** зонт
(всё равно́, чей) ?

Поста́вь сюда́ **како́й-нибудь** цвето́к
(всё равно́, како́й).

Here we speak of
an action that will
or might occur in
the *future*.

(b) an object, person or fact of which the speaker is
not certain, but which he assumes might occur:

Бою́сь, что **кто́-нибудь** мо́жет зоболе́ть.

Вероя́тно, **что́-нибудь** случи́лось.

The pronoun with the particle **-то** in such
cases conveys a greater degree
of assurance:

Наве́рное, там **что́-то** случи́лось.

---

[1] There are indefinite pronouns with the particles *-ЛИБО (КТО́-ЛИБО, ЧТО́-ЛИБО, КАКО́Й-ЛИБО)*. They are close
in meaning to the ones we have just been discussing, but as a rule, they are used in bookish speech.

INDEFINITE PRONOUNS WITH PARTICLES

-ТО

Кто́-то
стучи́т
(я слы́шу стук,
но не ви́жу,
кто стучи́т).

-НИБУДЬ

— Пусть
кто́-нибудь
из вас
поде́ржит мне
карти́ну
(всё равно́, кто).

Па́па принёс
что́-то
интере́сное
(не ви́дно,
что и́менно).

— Хо́чешь
что́-нибудь
вку́сное
(из того́, что
есть на столе́)?

Он
кому́-то
звони́т
(я ви́жу, что
звони́т, но кому́,
не зна́ю).

— Позвони́
кому́-нибудь
из твои́х друзе́й
(всё равно́, кому́)
и попроси́ тебе́
помо́чь.

— Я нашёл
чей-то
зонт
(не зна́ю,
чей он).

— Возьми́
че́й-нибудь
зонт.
(всё равно́, чей).

III.   **Indefinite pronouns with the particle КОЕ-** are used when talking about something
that the speaker knows, but his listener does not.

The particles, both after the pronoun (**-то** and **-нибудь**) and before the pronoun (**кое-**) remain
unchanged and are written with a hyphen.

Я спрошу́ кого́-нибудь, позвоню́ кому́-нибудь.

 ATTENTION!

When pronouns with the particles **-то**, **-нибудь** are used with prepositions, the preposition comes before
the pronoun:

Посове́туйтесь с ке́м-нибудь, расскажи́те о чём-нибудь.

When pronouns with the particle **кое-** are used with prepositions, the preposition comes after the particle:

Я хочу́ тебя́ спроси́ть кое о чём.

Я до́лжен кое с ке́м поговори́ть.

Indefinite pronouns with the particles **-то, -нибудь, кое-** decline like the corresponding
interrogative pronouns.

IV. **The indefinite pronoun НЕКОТОРЫЕ** indicates that a part is taken from the whole (some from...):

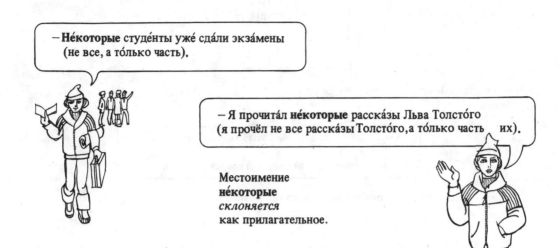

— **Не́которые** студе́нты уже́ сда́ли экза́мены
(не все, а то́лько часть).

— Я прочита́л **не́которые** расска́зы Льва Толсто́го
(я прочёл не все расска́зы Толсто́го, а то́лько часть их).

Местоиме́ние
не́которые
склоня́ется
как прилага́тельное.

V. **The indefinite pronoun НЕ́СКОЛЬКО** points to an uncertain quantity:

— На остано́вке авто́буса бы́ло **не́сколько** челове́к
(я не заме́тил, ско́лько).

Он говори́т на **не́скольких** иностра́нных языка́х.
Он зна́ет **не́сколько** иностра́нных языко́в.
(я не зна́ю то́чно, ско́лько)

The pronoun **не́сколько** *declines* like a plural adjective.
After the pronoun **не́сколько** in the nominative and the accusative, the noun is in the genitive, plural:

Там бы́ло не́сколько ⟵ студе́нтов.
студе́нток.
мест.

Я ви́дел не́сколько ⟵ студе́нтов.
студе́нток.
мест.

In all other cases the pronoun and the noun agree:

Р. п. — У **не́скольких** студе́нтов (студе́нток) есть но́вые уче́бники.
Д. п. — Профе́ссор объясни́л пра́вило **не́скольким** студе́нтам (студе́нткам)
Т. п. — Ассисте́нт рабо́тал с **не́сколькими** студе́нтами (студе́нтками).
П. п. — Он говори́л о **не́скольких** студе́нтах (студе́нтках).

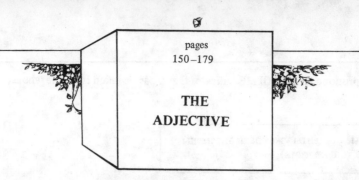

THE ADJECTIVE

Adjectives are words denoting the qualities, or properties of objects (properties as such, or in relation to other objects).

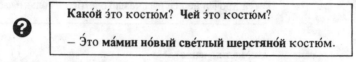

? Како́й э́то костю́м? Чей э́то костю́м?

— Э́то ма́мин но́вый све́тлый шерстяно́й костю́м.

Adjectives can be **qualitative**, **relative** and **possessive**.

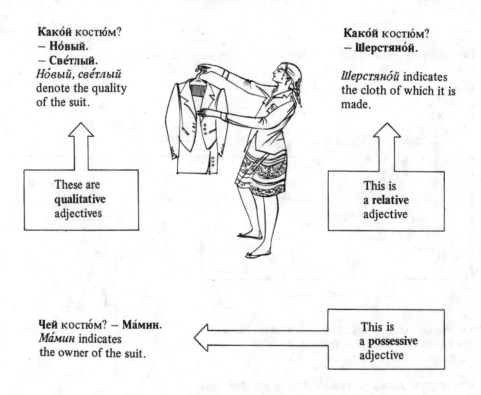

Како́й костю́м?
— **Но́вый**.
— **Све́тлый**.
Но́вый, све́тлый
denote the quality
of the suit.

These are
qualitative
adjectives

Како́й костю́м?
— **Шерстяно́й**.

Шерстяно́й indicates
the cloth of which it is
made.

This is
a relative
adjective

Чей костю́м? — **Ма́мин**.
Ма́мин indicates
the owner of the suit.

This is
a possessive
adjective

Adjectives answer the questions: КАКО́Й? КАКА́Я? КАКО́Е? КАКИ́Е? and ЧЕЙ? ЧЬЯ? ЧЬЁ? ЧЬИ?
The adjective is **related** to the noun, **qualifying** it and **agreeing** with it, i. e. having
the same gender, number and case as the noun.

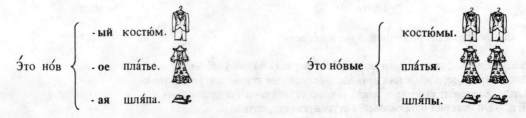

Э́то нов   - ый костю́м.
           - ое пла́тье.
           - ая шля́па.

Э́то но́вые   костю́мы.
             пла́тья.
             шля́пы.

GENERIC ENDINGS OF ADJECTIVES

Stem ending in:	👤 Masculine		🌞 Neuter		👤 Feminine		Plural	
a soft consonant	но́вый молодо́й	-ЫЙ -ОЙ	но́вое молодо́е	-ОЕ	но́вая молода́я	-АЯ	но́вые молоды́е	-ЫЕ
К, Х, Г	ма́ленький плохо́й	-ИЙ -ОЙ	ма́ленькое плохо́е	-ОЕ	ма́ленькая плоха́я	-АЯ	ма́ленькие плохи́е	-ИЕ
Ж, Ш, Ч, Щ	хоро́ший большо́й	-ИЙ -ОЙ	хоро́шее большо́е	-ЕЕ -ОЕ	хоро́шая больша́я	-АЯ	хоро́шие больши́е	-ИЕ
a hard consonant Н	си́ний	-ИЙ	си́нее	-ЕЕ	си́няя	-ЯЯ	си́ние	-ИЕ

GENERIC ENDINGS OF ADJECTIVES[1]

I. With the stem ending in a hard consonant

The stem of most Russian adjectives ends in a hard consonant. The masculine of these adjectives ends in:

-ЫЙ – но́вый, кра́сный, ста́рый, све́тлый
(if the stem is stressed)

-ОЙ – молодо́й, просто́й, лесно́й
(if the ending is stressed)

The neuter of these adjectives ends in:

-ОЕ – но́вое, кра́сное, ста́рое, све́тлое, моло-до́е, большо́е, просто́е, лесно́е

The feminine of these adjectives ends in:

-АЯ – но́вая, кра́сная, ста́рая, све́тлая, молода́я, проста́я, лесна́я

The plural ends in:

-ЫЕ – но́вые, кра́сные, ста́рые, све́тлые, мо-лоды́е, просты́е, лесны́е

II. With the stem ending in К, Г, Ч and Ж, Ш, Ч, Щ

Since the above-listed consonants are never followed by Ы, the masculine form of such adjectives has the following endings:

-ИЙ – ма́ленький, стро́гий, ти́хий, све́жий, хоро́ший, горя́чий, о́бщий
(if the stem is stressed)

-ОЙ – морско́й, друго́й, плохо́й, чужо́й, большо́й
(if the ending is stressed)

The neuter of these adjectives ends in:

-ОЕ – ма́ленькое, стро́гое, ти́хое, морско́е, друго́е, плохо́е, чужо́е, большо́е

-ЕЕ[2] – све́жее, хоро́шее, горя́чее, о́бщее
(if the stress falls on the stem)

The feminine of these adjectives ends in:

-АЯ – ма́ленькая, стро́гая, ти́хая, морска́я, друга́я

The plural ends in:

-ИЕ – ма́ленькие, стро́гие, ти́хие, морски́е, други́е

III. With the stem ending in the soft -Н-

These Russian adjectives have an accented stem and the following endings: -ИЙ, -ЕЕ, -ЯЯ, -ИЕ (си́ний, си́няя, си́нее, си́ние).

---

[1] In a dictionary, the adjectives are usually given in the masculine.
[2] Only for the adjectives whose stem ends in Ж, Ш, Ч, Щ.

QUALITATIVE ADJECTIVES

Qualitative adjectives denote qualities and properties of objects or persons, e. g.:
colour: бе́лый, чёрный, кра́сный, жёлтый, зелёный;
shape or size: ма́ленький, большо́й, высо́кий, кру́глый;
physical properties: лёгкий, тяжёлый, молодо́й, ста́рый;
features of character: до́брый, злой, упо́рный, сме́лый.

(a) Some of the most common qualitative adjectives consist only of the root and the ending, stressed or unstressed.

   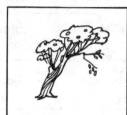

но́в-ый костю́м	**ста́р-ый** костю́м	**прям-о́е** де́рево	**крив-о́е** де́рево

(b) Most qualitative adjectives are derived of nouns with the help of the suffix -H- and the endings

 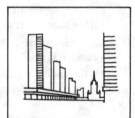  

грязь **гря́з-н-ые** ру́ки	длина́ **дли́н-н-ая** у́лица	хо́лод **холо́д-н-ый** ве́тер	страх **стра́ш-н-ый** зверь

(c) Many adjectives have the suffix -K- between their root and ending. Such adjectives denote a tendency towards a certain action, or a property.

ло́в-к-ий прыжо́к	**ме́т-к-ий** вы́стрел	**я́р-к-ий** свет	**выс-о́к-ая** гора́

QUALITATIVE ADJECTIVES: THEIR FULL AND SHORT FORMS

There are two forms of qualitative adjectives in Russian:

full

краси́вЫЙ, краси́вАЯ, краси́вОЕ

with the endings:

м. р.	ж. р.	ср. р.	мн. ч.
-ЫЙ	-АЯ	-ОЕ	-ЫЕ
-ОЙ	-ЯЯ	-ЕЕ	-ИЕ
-ИЙ			

short

краси́в , краси́вА, краси́вО, краси́вЫ

with the endings:

м. р.	ж. р.	ср. р.	мн. ч.
—	-А	-О	-Ы
			-И

Full-form adjectives
answer the questions
КАКО́Й?, КАКА́Я?, КАКО́Е?, КАКИ́Е?
In a sentence, they
may be used as
(1) *an attribute:*

краси́вый го́род

2) *a predicate*[2] :

Э́тот го́род **краси́вый**.

Short-form adjectives
answer the questions
КАКО́В?, КАКОВА́?, КАКОВО́?, КАКОВЫ́?
In a sentence, they may be used
only as a *predicate* after
the auxiliary verb быть[1] :

Ле́том э́тот го́род осо́бенно **краси́в**.

Full-form adjectives
agree with the noun
in gender, number and case:
Ки́ев – краси́вый го́род.
Днепр – краси́вая река́.
Байка́л – краси́вое о́зеро.
Кавка́зские го́ры – краси́вые.

Short-form adjectives
agree with the noun
(the subject) in gender and in number:
Наш го́род (был, бу́дет) всегда́ краси́в.
У́тром река́ (была́, бу́дет) осо́бенно краси́ва.
У́тром о́зеро (бы́ло, бу́дет) осо́бенно краси́во.
Зимо́й го́ры (бы́ли, бу́дут) осо́бенно краси́вы.

Full-form adjectives decline
(see pp. 168–179).

Short-form adjectives do not decline.

---

[1] The auxiliary verb is omitted in the present tense.
[2] For the use of the verb **быть** with the predicate in the form of a full or a short adjective, see p. 274.

THE ADJECTIVE AS PREDICATE

For **predicate (or predicative),** both full and short-form adjective may be used.

The **full-form** adjective indicates a permanent attribute of an object.

The **short-form** adjective usually indicates that the attribute is temporary.

На́ша Та́ня — краси́вая. (всегда́)

Ка́тя была́ вчера́ о́чень краси́ва. (на конце́рте)

Мой брат — челове́к здоро́вый и си́льный.

Пе́тя был вчера́ здоро́в, а сего́дня он бо́лен.

The full-form adjective indicates a general property of an object.

The short-form points to a property of the object in relation to a certain person, object or circumstance.

Вече́рнее пла́тье у меня́ дли́нное.

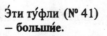

Э́ти ту́фли (№ 41) — больши́е.

Э́ти ту́фли (№ 32) — ма́ленькие.

Э́то пла́тье бы́ло дли́нно Ната́ше.

Ма́мины ту́фли де́вочке велики́.

Э́ти ту́фли мне малы́.

Like the verb, the short-form adjective used as a predicate can determine the form of the dependent part of the predicate, i. e. can govern a certain case.

Чемпио́н
досто́ин
чего? (Р. п.)
награ́ды.

Они́ ра́ды
чему? (Д. п.)
встре́че.

Идёт дождь. Мне
кому? (Д. п.)
ну́жен зо́нтик.

Спортсме́н гото́в
к чему? (Д. п.)
к прыжку́.

Писа́тель
изве́стен
чем? (Т. п.)
свои́ми
рома́нами.

Де́вушка
больна́
чем? (Т. п.)
анги́ной.

Сын
похо́ж
на кого? (В. п.)
на своего́
отца́.

Мы дово́льны
чем? (Т. п.)
на́шей экску́рсией
в го́ры.

VOCABULARY:

5 – 5 = 0   Пять ми́нус пять равно́ (чему?) нулю́.
Сего́дня студе́нты (шко́льники) **свобо́дны** (от чего?) от заня́тий.
Я **согла́сен** (с кем?) с ва́ми.
Мы **уве́рены** (в чём?) в побе́де свое́й кома́нды.
Óзеро бога́то (чем?) ры́бой.
Мы **дружны́** (с кем?) с Пе́тей.

FORMATION OF SHORT-FORM ADJECTIVES: SPECIAL CASES

I. Short-form adjectives have no endings in the masculine. If the loss of an ending results in the formation of a word difficult to pronounce (у́зк-ий — узк, больн-о́й — больн, бе́дн-ый — бедн), then a mobile vowel **О** or **Е** appears between the last two consonants.

О preceding К

у́зк-ий — у́зок, узка́, у́зко, узки́
коро́тк-ий — ко́роток, коротка́, ко́ротко, коротки́
я́рк-ий — я́рок, ярка́, я́рко, я́рки

Е preceding Н

ну́жн-ый — ну́жен, нужна́, ну́жно, нужны́
тру́дн-ый — тру́ден, трудна́, тру́дно, трудны́
си́льн-ый — силён, сильна́, си́льно, сильны́
больн-о́й — бо́лен, больна́, бо́льно, больны́

II. The adjectives **большо́й** and **ма́ленький** have no short forms. In their place, we use the short forms of the adjectives **вели́кий** and **ма́лый**.

вели́кий[1]
большо́й } вели́к, велика́, велико́, велики́

ма́лый[2]
ма́ленький } ма́л, мала́, мало́, малы́

III. There are some adjectives of which it is impossible to derive a short form. These are mostly adjectives derived of nouns:

ending in **-ский**: *бра́тский, дру́жеский, това́рищеский;*
ending in **-овой, -евой**: *делово́й, волево́й, боево́й;*
ending in **-ный, -ной, -ний**: *гла́вный, по́здний, ли́шний;*
denoting colour: *ора́нжевый, кори́чневый, голубо́й, лило́вый,* etc.

QUALITATIVE ADJECTIVES: DEGREES OF COMPARISON

FORMATION OF DEGREES OF COMPARISON

Every object may possess a certain quality in varying degree. Therefore, qualitative adjectives may have different degrees of comparison.

Ви́ктор
си́льный
челове́к.

An adjective usually names some quality of a person or object, not comparing them with others.

---

[1] **вели́кий** — (a) unusually big: *Вели́кий, или Ти́хий океа́н;*
       (b) very important: *Вели́кая Оте́чественная война́. Вели́кий ру́сский поэ́т А. С. Пу́шкин.*
[2] **ма́лый** — less than the other: *Большо́й теа́тр и Ма́лый теа́тр в Москве́, Ма́лая А́зия.*

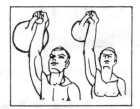

Анто́н
сильне́е
Ви́ктора
(чем Ви́ктор).

The adjective in a **comparative degree** indicates a quality which is present in a certain object or person in a greater degree than in another. with which (or with whom) it is being compared.

Никола́й
са́мый
си́льный
(сильне́е всех).

The **superlative degree** of an adjective shows that the object or the person possesses some quality in the greatest degree.

Russian has **two** forms of the comparative and superlative degree:

Complex (changeable) comparative degree
can be formed out of any qualitative adjective of any gender, number and case, with the help of the unchanging auxiliary word **БО́ЛЕЕ.**

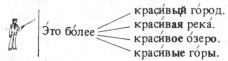

Это бо́лее — краси́вый го́род.
— краси́вая река́.
— краси́вое о́зеро.
— краси́вые го́ры.

Simple (unchangeable) comparative degree
is formed from the stem of a qualitative adjective and the suffix -EE. This form is good for all genders and numbers.

Э́тот го́род — того́.
Э́та река́ — той.
Э́то о́зеро — краси́вее — того́.
Э́ти го́ры — тех.

Complex (changeable) superlative degree
can be formed out of any qualitative adjective of any gender, number and case with the help of the pronoun **са́мый (са́мая, са́мое, са́мые)** in the same gender, number and case.

Это — са́мый краси́вый го́род.
— са́мая краси́вая река́.
— са́мое краси́вое о́зеро.
— са́мые краси́вые го́ры.

Simple (unchangeable) superlative degree
is formed with the help of the simple comparative degree of a qualitative adjective plus the pronoun **весь** in the genitive plural: **всех.**

Э́тот го́род
Э́та река́
Э́то о́зеро — краси́вее всех.
Э́ти го́ры

Одна́ и та́ же фо́рма испо́льзуется в любо́м ро́де и числе́.

Complex (changeable) comparative and superlative degree is mainly used in a sentence as
(a) an attribute:
Я не зна́ю бо́лее краси́вого го́рода, чем мой родно́й го́род Санкт-Петербу́рг.
(b) a predicate (more seldom)
Из всех городо́в, кото́рые я ви́дел, Петербу́рг для меня́ са́мый краси́вый.

The same form is used for all genders and numbers. Simple (unchangeable) comparative and superlative degree is predominantly used in a sentence as
a predicate:
Мне ка́жется, что Петербу́рг **краси́вее всех** други́х городо́в.

THE SIMPLE COMPARATIVE DEGREE (ENDING IN -E) [1]
THE PECULIARITIES OF FORMATION

Some consonants regularly **interchange** in Russian, i. e. they regularly substitute one another in different forms of a word.

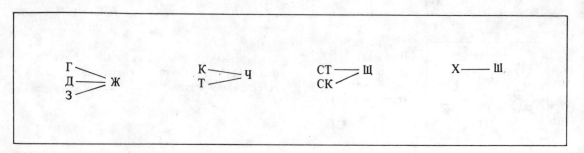

If the adjective's stem ends in one of the interchanging consonants: Г, К, Х, З, Д, Т, СТ, СК, the stem takes on the suffix -E- (and not -EE-).

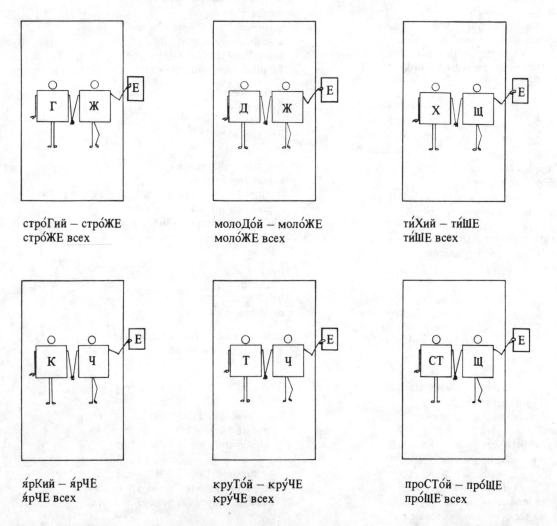

стро́Гий – стро́ЖЕ
стро́ЖЕ всех

молоДо́й – моло́ЖЕ
моло́ЖЕ всех

ти́Хий – ти́ШЕ
ти́ШЕ всех

я́рКий – я́рЧЕ
я́рЧЕ всех

круТо́й – кру́ЧЕ
кру́ЧЕ всех

проСТо́й – про́ЩЕ
про́ЩЕ всех

---

[1] The suffix -E- is never stressed.

Some adjectives

(бли́з-к-ий,
   гла́д-к-ий,
      ни́з-к-ий,
         у́з-к-ий,
            шир-о́к-ий,
               выс-о́к-ий, etc.)

in the simple comparative degree lose the suffixes
which precede the ending.

суффиксы -ОК- (-ЁК-) -К-

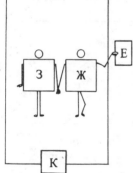

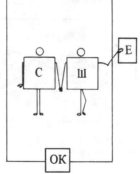

ни́з-к-ий – ни́же
бли́з-к-ий – бли́же
у́з-к-ий – у́же

выс-о́к-ий – вы́ше

глуб-о́к-ий – глу́бже
дал-ёк-ий – да́льше
шир-о́к-ий – ши́ре

VOCABULARY

дорого́й – доро́же
сухо́й – су́ше
твёрдый – твёрже

бога́тый – бога́че
кре́пкий – кре́пче
лёгкий – ле́гче

то́лстый – то́лще
чи́стый – чи́ще
ча́стый – ча́ще

DEGREES OF COMPARISON: SPECIAL CASES OF FORMATION

Some adjectives form their degrees of comparison in a special way:

Это хоро́ший
сни́мок.

Этот сни́мок
лу́чше.

А вот са́мый
лу́чший (хоро́ший)
сни́мок.

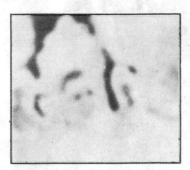
Это плохо́й
сни́мок.

Этот сни́мок
ещё ху́же.

Это са́мый ху́дший
(плохо́й) сни́мок.

Эта матрёшка
ма́ленькая.

Эта матрёшка
ещё ме́ньше.

А вот са́мая
ма́ленькая матрёшка.

 Анто́н
ста́рше
всех.
 И́горь
ста́рше
Пе́ти.

 Это Пе́тя,
сре́дний из
бра́тьев
Соколо́вых.

 Са́ша
мла́дше
Пе́ти.
 Ко́ля
са́мый
мла́дший.

 ATTENTION!

The adjectives **большо́й** and **ма́ленький** usually refer to *size*.
The adjectives **ста́рший** and **мла́дший** usually refer to *age*.

● ■ *COMPARE:*

When comparing two objects as to their qualities,
the idea may be expressed in two ways:

Слон *бо́льше и сильне́е*,
чем соба́ка.
(И. п.)

Слон *бо́льше и сильне́е*
соба́ки.
(Р. п.)

THE FORMATION OF THE SIMPLE SUPERLATIVE DEGREE IN ADJECTIVES, ADDING -ЕЙШИЙ OR -АЙШИЙ

To say that an object possesses some quality in extraordinary degree, without comparing it to other objects, the Russian uses a special adjectival form ending in -ЕЙШИЙ (or -АЙШИЙ, after ж, ч, ш, щ) [1].

Ро́за —
**са́мый
краси́вый**
цвето́к
(из всех цвето́в).

Ро́за —
краси́вейший
цвето́к
(необыкнове́нно
краси́вый цвето́к).

Джомолу́нгма
(Эвере́ст) —
**са́мая
высо́кая**
верши́на на
Земле́.

Джомолу́нгма
(Эвере́ст) —
высоча́йшая
верши́на на
Земле́ (8848 м).

8848 м

СА́МЫЙ...

-ЕЙШИЙ (-АЙШИЙ)

The object possesses the
quality in the highest
degree <u>as compared</u> to
other objects.

The object possesses the
quality in a very high
degree (<u>without comparison</u>
with others).

▼ *VOCABULARY*

опа́сный – опа́снейший
спосо́бный – спосо́бнейший
си́льный – сильне́йший
сло́жный – сложне́йший
у́мный – умне́йший

глубо́кий – глубоча́йший
кра́ткий – кратча́йший
ме́лкий – мельча́йший
стро́гий – строжа́йший
то́нкий – тонча́йший

---

[1] These forms are used more frequently in bookish speech.

RELATIVE ADJECTIVES

Relative adjectives denote objects' attributes in relation to other objects or persons, i. e. they explain:

(a) what *material* an object is made of:

железный (каменный, деревянный) мост; золотое (серебряное) кольцо;

(b) *whom* an object is meant for:

детский стул, учительская газета, студенческая столовая;

(c) *what time* or *season* an object refers to:

летний дождь, весенние цветы, вечерняя газета;

(d) *what place* an object belongs to:

горная вершина, морская рыба, южные фрукты;

(e) within *what field of activity* an object is classified:

литературный (спортивный, технический) журнал; драматический (оперный, балетный) спектакль.

Relative adjectives are derived of nouns with the help of different suffixes:

I.　The suffix -Н- (hard Н) and the endings
-ЫЙ, -АЯ, -ОЕ, -ЫЕ:

желез-о
желез-н-ый
мост

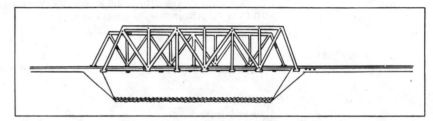

камень
камен-н-ый
мост

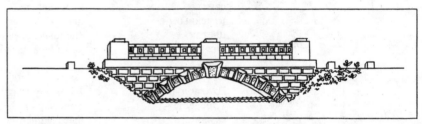

чай
чай-н-ая
ложка

луна
лун-н-ый
свет

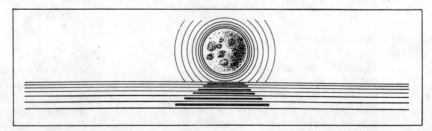

If the noun's stem ends in Г, К, Х, Т, Ц an **interchange** of vowels occurs:

друг – дру́жеская по́мощь
те́хника – техни́ческий журна́л
студе́нт – студе́нческая столо́вая
со́лнце – со́лнечный луч

ту́рок – туре́цкий язы́к
таба́к – таба́чный дым
оте́ц – оте́ческая забо́та
пету́х – петуши́ный крик

доро́г-а
доро́ж-н-ый
знак

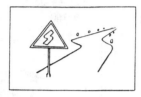

рук-а́
руч-н-ы́е
часы́

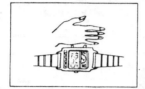

таба́к
таба́ч-н-ый
кио́ск

со́лнц-е
со́лнеч-н-ый
свет

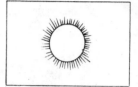

II. The suffix -СК- and the endings -ИЙ, -АЯ, -ОЕ, -ИЕ (of living beings, geographical names and abstract nouns):

де́ти
де́т-ск-ая
ме́бель

студе́нты
студе́нч-е-ск-ая
столо́вая

Санкт-Петербу́рг
санкт-петербу́рг-ск-ие
мосты́

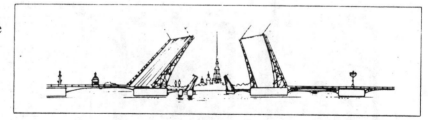

Москва́
Моско́в-ск-ий
Кремль

Russian names ending in -СКИЙ are formed in the same way: *Бели́нский, Чайко́вский.*

III.   Furthermore, relative adjectives are formed with the help of the suffixes: -АТ-, -ИСТ-, -ОВ-, -ЕВ-, -ИЧЕСК-, -ЕНН-, -АН-, -ЯН-(-Н-) :

полоса́
полос-а́т-ое
живо́тное

скала́
скал-и́ст-ый
бе́рег

мех
мех-ов-о́й
воротни́к

по́ле
пол-ев-ы́е
цветы́

де́рево
дерев-я́нн-ый
дом

исто́рия
Истор-и́ческ-ий
музе́й

письмо́
пи́сьм-енн-ый
стол

ко́жа
ко́ж-ан-ый
чемода́н

There are many relative adjectives whose stem ends in a soft -Н- and whose endings -ИЙ, -ЯЯ, -ЕЕ, -ИЕ are unstressed (as the stress falls on the stem).
Among them, there are:
(a) adjectives denoting a certain *time:*

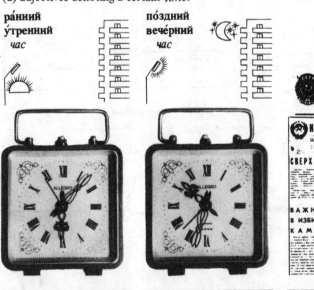

ра́нний
у́тренний
час

по́здний
вече́рний
час

,,Вече́рняя
Москва́''
газе́та

зи́мнее

у́тро

весе́ннее

у́тро

ле́тнее

у́тро

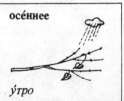

осе́ннее

у́тро

(b) adjectives denoting *place*, and some others:

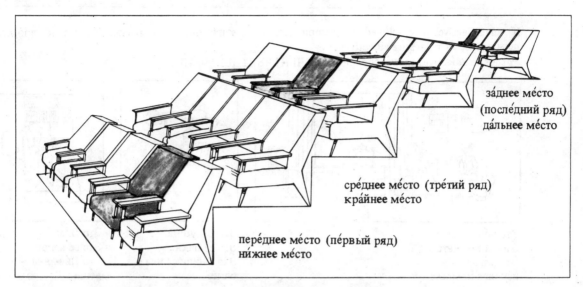

за́днее ме́сто
(после́дний ряд)
да́льнее ме́сто

сре́днее ме́сто (тре́тий ряд)
кра́йнее ме́сто

пере́днее ме́сто (пе́рвый ряд)
ни́жнее ме́сто

ве́рхняя по́лка

сре́дняя по́лка

ни́жняя по́лка

VOCABULARY

время	место	отдельные случаи
зима́ — зи́мний	впереди́ — пере́днее	одна́ сторона́ — односторо́нний
весна́ — весе́нний	позади́ — за́днее ⎫ колесо́	взгляд
ле́то — ле́тний ⎬ день	⎭	же́нщина за́мужем — заму́жняя
о́сень — о́сенний	край — кра́йний	же́нщина
	бли́зко — бли́жний ⎬ дом	дом — дома́шний телефо́н
у́тро — у́тренний ⎫ час	даль — да́льний ⎭	сосе́д — сосе́дняя кварти́ра
ве́чер — вече́рний ⎭		
	низ — ни́жний	и́скренний
вчера́ — вчера́шний	середи́на — сре́дний ⎬ эта́ж	ли́шний ⎬ челове́к
сего́дня — сего́дняшний ⎬ обе́д	верх — ве́рхний ⎭	посторо́нний ⎭
за́втра — за́втрашний ⎭		
	вне — вне́шний у́гол	си́ние ⎫ глаза́
Но́вый год — нового́дний	внутри́ — вну́тренний двор	ка́рие ⎭
пра́здник	здесь — зде́шний жи́тель	
		после́дний день

REMEMBER!

Learn these adjectives well in order not to mix them up with adjectives whose stem ends in a hard -H-.

hard H —	кра́с-н-ый, -ая,-ое, -ые
soft H —	си́н-ий, -яя, -ее, -ие

POSSESSIVE ADJECTIVES

If an adjective is employed to demonstrate that some object or person belongs to another person, use a **possessive adjective**[1].

Possessive adjectives answer the questions: ЧЕЙ? ЧЬЯ? ЧЬЁ? ЧЬИ?

Э́то ма́ма и па́па.
Э́то их ко́мната.
Э́то ма́м-ин-а и
па́п-ин-а ко́мната.

Э́то ба́бушка.
Э́то её очки́.
Э́то ба́бушк-ин-ы
очки́.

Э́то Ли́за.
Э́то её ве́щи.
Э́то Ли́з-ин-ы
ве́щи.

Possessive adjectives are formed:

1.   from proper names and nouns denoting persons (especially relatives) and professions, with the help of the suffixes: -ИН(-ЫН) and -ОВ(-ЕВ).

In this way, many Russian family names were derived of first names, nicknames and professions:

Ива́н **Петро́в** (сын Петра́), Ни́на **Петро́ва** (дочь Петра́),
Никола́й **Кузнецо́в** (сын кузнеца́), Андре́й **Соколо́в** (сын челове́ка, кото́рого называ́ли Со́кол).

2.   from nouns denoting persons or animals with the help of the suffixes -ИЙ, -ЬЯ, -ЬЕ, -ЬИ:

   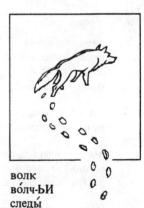

лиса́
лис-ИЙ
хвост

коро́ва
коро́в-ЬЕ
молоко́

рыба́к
рыба́ч-ЬЯ
ло́дка

волк
волч-ЬИ
следы́

In the formation of possessive adjectives, the final consonant of the stem changes according to the following rule:

К, Т, Ц = Ч	Х = Ш	Д, Г = Ж

---

[1] Possessive adjectives are most often used in conversation.

Some relative and possessive adjectives are now considered to belong to the category of *qualitative* adjectives:

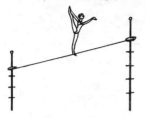

стально́й трос
стальны́е не́рвы

Относительные	**Качественные**
стально́й трос	стальны́е не́рвы
(трос из ста́ли)	(кре́пкие не́рвы)
золото́е кольцо́	золоты́е ру́ки
(кольцо́ из зо́лота)	(уме́лые ру́ки)

Some adjectives have in fact become *nouns*, but retained their adjectival case endings:

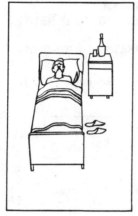

рабо́чий   больно́й   прохо́жий   часово́й

столо́вая   ва́нная   мастерска́я   бу́лочная

COMPARE:

Я навести́л **больно́го дру́га**.   — Я навести́л **больно́го**.
Мы обе́даем в **столо́вой ко́м-**   — Мы обе́даем в **столо́вой**.
нате.

THE AGREEMENT IN GENDER. NUMBER AND CASE BETWEEN PRONOUNS, ADJECTIVES, ORDINAL NUMERALS AND PARTICIPLES AND THE RESPECTIVE NOUNS

pronouns

(possessive, interrogative, demonstrative, relative, determinative, negative, indefinite)

**adjectives
ordinal numerals
participles**

agree with
the noun
in gender, number
and case,
and
decline according
to the general
declension type

SINGULAR
MASCULINE AND NEUTER

NOMINATIVE – КТО? ЧТО?

Ед. ч., мужской род – **ОН**

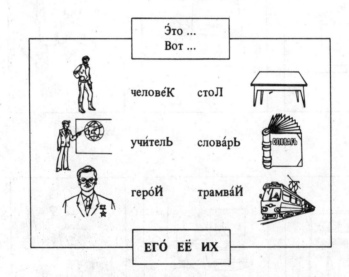

ОН		ОДИ́Н
МО – Й	Это ...	ПЕ́РВ – ЫЙ
НАШ	Вот ...	НО́В – ЫЙ
ЧЕ – Й	челове́К стоЛ	КОТО́Р – ЫЙ
ТРЕ́Т – ИЙ		СА́М – ЫЙ
СИ́Н – ИЙ		КА́ЖД – ЫЙ
РАБО́Ч – ИЙ	учи́тель слова́рь	МОЛОД – О́Й
СВЕ́Ж – ИЙ		БОЛЬШ – О́Й
ЛУ́ЧШ – ИЙ		ВТОР – О́Й
ПИ́ШУЩ – ИЙ	геро́Й трамва́Й	КАК – О́Й
ВЕСЬ		Э́ТОТ

ЕГО́ ЕЁ ИХ

NOMINATIVE – ЧТО?

Ед. ч., средний род – **ОНО́**

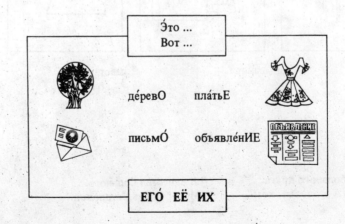

ОН – О́	Это ...	ОДН – О́
МО – Ё	Вот ...	ПЕ́РВ – ОЕ
НА́Ш – Е		НО́В – ОЕ
ЧЬ – Ё	де́ревО пла́тьЕ	КОТО́Р – ОЕ
ТРЕ́ТЬ – Е		СА́М – ОЕ
СИ́Н – ЕЕ		КА́ЖД – ОЕ
РАБО́Ч – ЕЕ	письмО́ объявле́нИЕ	МОЛОД – О́Е
СВЕ́Ж – ЕЕ		БОЛЬШ – О́Е
ЛУ́ЧШ – ЕЕ		ВТОР – О́Е
ПИ́ШУЩ – ЕЕ		КАК – О́Е
ВС – Ё		Э́ТО

ЕГО́ ЕЁ ИХ

GENITIVE – КОГО́? ЧЕГО́?

Ед. ч., мужской и средний род

(Н) – **ЕГО́**		ОДН – **ОГО́**
МО – **ЕГО́**		ПЕ́РВ – **ОГО**
НА́Ш – **ЕГО́**		НО́В – **ОГО**
ЧЬ – **ЕГО́**		КОТО́Р – **ОГО**
ТРЕ́ТЬ – **ЕГО**		СА́М – **ОГО**
СИ́Н – **ЕГО**		КА́ЖД – **ОГО**
СВЕ́Ж – **ЕГО**		МОЛОД – **О́ГО**
РАБО́Ч – **ЕГО**		БОЛЬШ – **О́ГО**
ЛУ́ЧШ – **ЕГО**		ВТОР – **О́ГО**
ПИ́ШУЩ – **ЕГО**		КАК – **О́ГО**
ВС – **ЕГО́**		Э́Т – **ОГО**

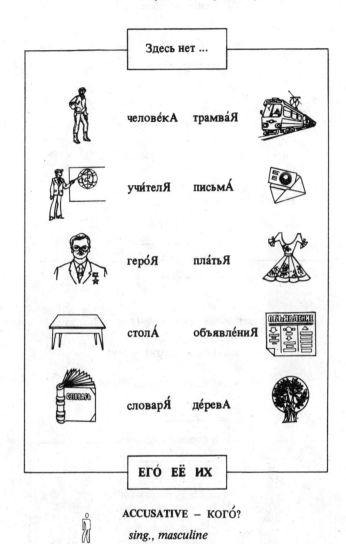

Здесь нет ...

человекА   трамва́Я

учи́телЯ   письмА́

геро́Я   пла́тьЯ

столА́   объявле́ниЯ

словарЯ́   де́ревА

ЕГО́ ЕЁ ИХ

ACCUSATIVE – КОГО́?

sing., masculine
animate nouns
(people or animals)

Accusative
like
genitive
(Acc. = Gen.)

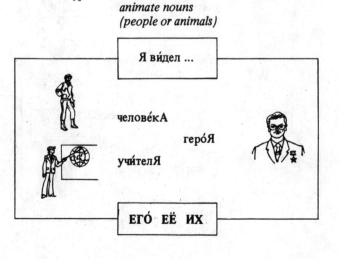

(Н) – **ЕГО́**		ОДН – **ОГО́**
МО – **ЕГО́**		ПЕ́РВ – **ОГО**
НА́Ш – **ЕГО́**		НО́В – **ОГО**
ЧЬ – **ЕГО́**		КОТО́Р – **ОГО**
ТРЕ́ТЬ – **ЕГО**		КА́ЖД – **ОГО**
СИ́Н – **ЕГО**		БОЛЬШ – **О́ГО**
СВЕ́Ж – **ЕГО**		ВТОР – **О́ГО**
РАБО́Ч – **ЕГО**		КАК – **О́ГО**
ЛУ́ЧШ – **ЕГО**		Э́Т – **ОГО**
ПИ́ШУЩ – **ЕГО**		
ВС – **ЕГО́**		

Я ви́дел ...

человекА

геро́Я

учи́телЯ

ЕГО́ ЕЁ ИХ

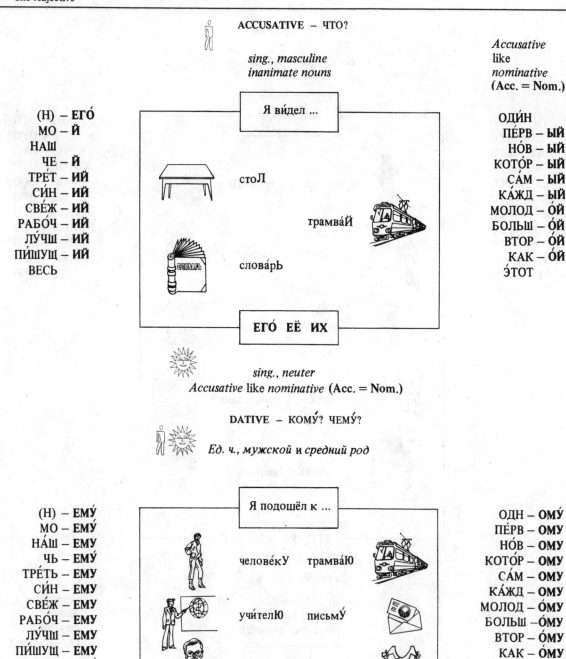

ACCUSATIVE – ЧТО?

sing., masculine
inanimate nouns

Accusative
like
nominative
(Acc. = Nom.)

Я ви́дел …

(Н) – ЕГО́
МО – Й
НАШ
ЧЕ – Й
ТРЕ́Т – ИЙ
СИ́Н – ИЙ
СВЕ́Ж – ИЙ
РАБО́Ч – ИЙ
ЛУ́ЧШ – ИЙ
ПИ́ШУЩ – ИЙ
ВЕСЬ

ОДИ́Н
ПЕ́РВ – ЫЙ
НО́В – ЫЙ
КОТО́Р – ЫЙ
СА́М – ЫЙ
КА́ЖД – ЫЙ
МОЛОД – О́Й
БОЛЬШ – О́Й
ВТОР – О́Й
КАК – О́Й
Э́ТОТ

стоЛ

трамва́Й

слова́рЬ

ЕГО́ ЕЁ ИХ

sing., neuter
Accusative like *nominative* (Acc. = Nom.)

DATIVE – КОМУ́? ЧЕМУ́?

Ед. ч., мужской и средний род

Я подошёл к …

(Н) – ЕМУ́
МО – ЕМУ́
НА́Ш – ЕМУ
ЧЬ – ЕМУ́
ТРЕ́ТЬ – ЕМУ
СИ́Н – ЕМУ
СВЕ́Ж – ЕМУ
РАБО́Ч – ЕМУ
ЛУ́ЧШ – ЕМУ
ПИ́ШУЩ – ЕМУ
ВС – ЕМУ́

ОДН – ОМУ́
ПЕ́РВ – ОМУ
НО́В – ОМУ
КОТО́Р – ОМУ
СА́М – ОМУ
КА́ЖД – ОМУ
МОЛОД – О́МУ
БОЛЬШ – О́МУ
ВТОР – О́МУ
КАК – О́МУ
Э́Т – ОМУ

челове́кУ   трамва́Ю

учи́телЮ   письмУ́

геро́Ю   пла́тьЮ

столУ́   объявле́ниЮ

словарЮ́   де́ревУ

ЕГО́ ЕЁ ИХ

INSTRUMENTAL – КЕМ? ЧЕМ?

Ед. ч., мужской и средний род

(Н) – **ИМ**
МО – **ЙМ**
НА́Ш – **ИМ**
ЧЬ – **ИМ**
ТРЕ́ТЬ – **ИМ**
СИ́Н – **ИМ**
СВЕ́Ж – **ИМ**
РАБО́Ч – **ИМ**
ЛУ́ЧШ – **ИМ**
ПИ́ШУЩ – **ИМ**
ВС – **ЕМ**

ОДН – **И́М**
ПЕ́РВ – **ЫМ**
НО́В – **ЫМ**
КОТО́Р – **ЫМ**
СА́М – **ЫМ**
КА́ЖД – **ЫМ**
МОЛОД – **Ы́М**
БОЛЬШ – **И́М**
ВТОР – **Ы́М**
КАК – **И́М**
Э́Т – **ИМ**

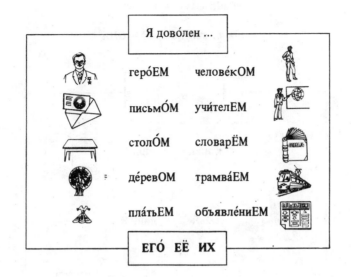

Я дово́лен ...

геро́ЕМ   челове́кОМ
письмО́М   учи́телЕМ
столО́М   словарЁМ
де́ревОМ   трамва́ЕМ
пла́тьЕМ   объявле́ниЕМ

ЕГО́ ЕЁ ИХ

PREPOSITIONAL – О КОМ? О ЧЁМ?

Ед. ч., мужской и средний род

Н – **ЁМ**
МО – **ЁМ**
НА́Ш – **ЕМ**
ЧЬ – **ЁМ**
ТРЕ́ТЬ – **ЕМ**
СИ́Н – **ЕМ**
СВЕ́Ж – **ЕМ**
РАБО́Ч – **ЕМ**
ЛУ́ЧШ – **ЕМ**
ПИ́ШУЩ – **ЕМ**
ВС – **ЁМ**

ОДН – **О́М**
ПЕ́РВ – **ОМ**
НО́В – **ОМ**
КОТО́Р – **ОМ**
СА́М – **ОМ**
КА́ЖД – **ОМ**
МОЛОД – **О́М**
БОЛЬШ – **О́М**
ВТОР – **О́М**
КАК – **О́М**
Э́Т – **ОМ**

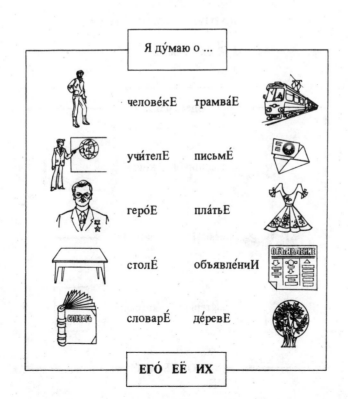

Я ду́маю о ...

челове́кЕ   трамва́Е
учи́телЕ   письме́
геро́Е   пла́тьЕ
столЕ́   объявле́ниИ
словаре́   де́ревЕ

ЕГО́ ЕЁ ИХ

SINGULAR FEMININE

NOMINATIVE – КТО? ЧТО?

Ед. ч., женский род – **ОНА́**

МО – Я́	ОДН – А́
НА́Ш – А	НО́В – АЯ
ЧЬ – Я	МОЛОД – А́Я
ТРЕ́ТЬ – Я	ПЕ́РВ – АЯ
СИ́Н – ЯЯ	ВТОР – А́Я
СВЕ́Ж – АЯ	КОТО́Р – АЯ
РАБО́Ч – АЯ	СА́М – АЯ
ЛУ́ЧШ – АЯ	КА́ЖД – АЯ
ПИ́ШУЩ – АЯ	КАК – А́Я
ВС – Я	БОЛЬШ – А́Я
	Э́Т – А

Э́то ...
Вот ...

же́нщинА   кни́гА

семьЯ́   ли́нИЯ   ———

матЬ   тетра́дЬ

ЕГО́ ЕЁ ИХ

GENITIVE – КОГО́? ЧЕГО́?

Ед. ч., женский род

(Н) – ЕЁ	ОДН – О́Й
МО – Е́Й	НО́В – ОЙ
НА́Ш – ЕЙ	МОЛОД – О́Й
ЧЬ – ЕЙ	ПЕ́РВ – ОЙ
ТРЕ́ТЬ – ЕЙ	ВТОР – О́Й
СИ́Н – ЕЙ	КОТО́Р – ОЙ
СВЕ́Ж – ЕЙ	СА́М – ОЙ
РАБО́Ч – ЕЙ	КА́ЖД – ОЙ
ЛУ́ЧШ – ЕЙ	КАК – О́Й
ПИ́ШУЩ – ЕЙ	БОЛЬШ – О́Й
ВС – ЕЙ	Э́Т – ОЙ

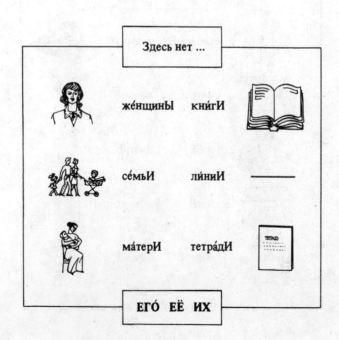

Здесь нет ...

же́нщинЫ   кни́гИ

се́мьИ   ли́ниИ   ———

ма́терИ   тетра́дИ

ЕГО́ ЕЁ ИХ

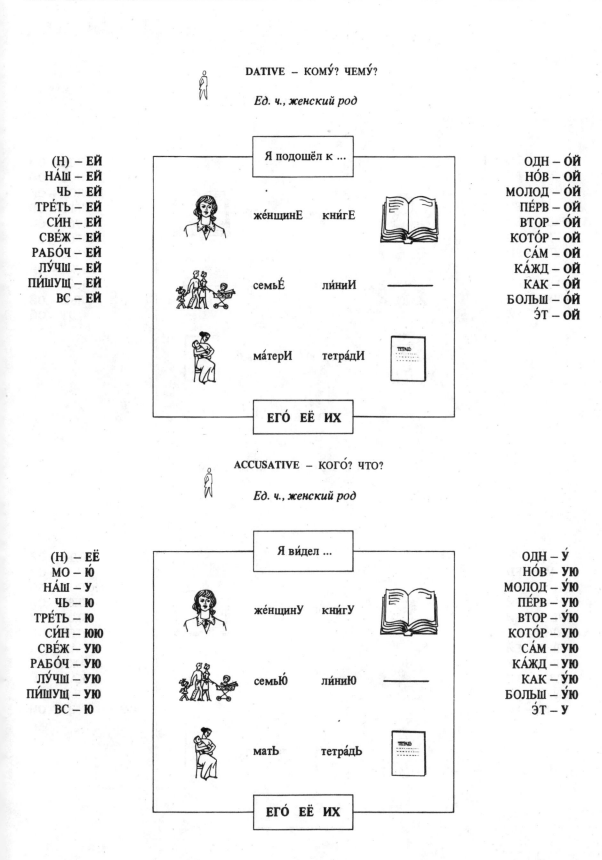

DATIVE – КОМУ́? ЧЕМУ́?

Ед. ч., женский род

(Н) – **ЕЙ**	ОДН – **О́Й**
НА́Ш – **ЕЙ**	НО́В – **О́Й**
ЧЬ – **ЕЙ**	МОЛОД – **О́Й**
ТРЕ́ТЬ – **ЕЙ**	ПЕ́РВ – **О́Й**
СИ́Н – **ЕЙ**	ВТОР – **О́Й**
СВЕ́Ж – **ЕЙ**	КОТО́Р – **ОЙ**
РАБО́Ч – **ЕЙ**	СА́М – **ОЙ**
ЛУ́ЧШ – **ЕЙ**	КА́ЖД – **ОЙ**
ПИ́ШУЩ – **ЕЙ**	КАК – **О́Й**
ВС – **ЕЙ**	БО́ЛЬШ – **О́Й**
	Э́Т – **ОЙ**

Я подошёл к ...

же́нщинЕ   кни́гЕ

семьЕ́   ли́нииИ

ма́терИ   тетра́дИ

ЕГО́ ЕЁ ИХ

ACCUSATIVE – КОГО́? ЧТО?

Ед. ч., женский род

(Н) – **ЕЁ**	ОДН – **У́**
МО – **Ю́**	НО́В – **УЮ**
НА́Ш – **У**	МОЛОД – **У́Ю**
ЧЬ – **Ю**	ПЕ́РВ – **УЮ**
ТРЕ́ТЬ – **Ю**	ВТОР – **У́Ю**
СИ́Н – **ЮЮ**	КОТО́Р – **УЮ**
СВЕ́Ж – **УЮ**	СА́М – **УЮ**
РАБО́Ч – **УЮ**	КА́ЖД – **УЮ**
ЛУ́ЧШ – **УЮ**	КАК – **У́Ю**
ПИ́ШУЩ – **УЮ**	БО́ЛЬШ – **У́Ю**
ВС – **Ю**	Э́Т – **У**

Я ви́дел ...

же́нщинУ   кни́гУ

семьЮ́   ли́ниЮ

матЬ   тетра́дЬ

ЕГО́ ЕЁ ИХ

INSTRUMENTAL – КЕМ? ЧЕМ?

Ед. ч., женский род

(Н) – Е́Ю, ЕЙ
МО – Е́Й
НА́Ш – ЕЙ
ЧЬ – ЕЙ
ТРЕ́ТЬ – ЕЙ
СИ́Н – ЕЙ
СВЕ́Ж – ЕЙ
РАБО́Ч – ЕЙ
ЛУ́ЧШ – ЕЙ
ПИ́ШУЩ – ЕЙ
ВС – ЕЙ

Я дово́лен ...

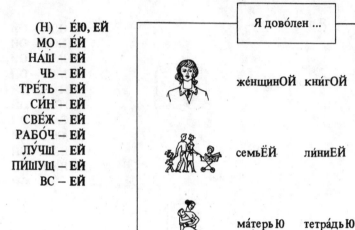

же́нщинОЙ кни́гОЙ

семьЕ́Й   ли́ниЕЙ   ———

ма́терьЮ   тетра́дьЮ

ЕГО́ ЕЁ ИХ

ОДН – О́Й
НО́В – ОЙ
МОЛОД – О́Й
ПЕ́РВ – ОЙ
ВТОР – О́Й
КОТО́Р – ОЙ
СА́М – ОЙ
КА́ЖД – ОЙ
КАК – О́Й
БОЛЬШ – О́Й
Э́Т – ОЙ

PREPOSITIONAL – О КОМ? О ЧЁМ?

Ед. ч., женский род

Н – ЕЙ
МО – Е́Й
НА́Ш – ЕЙ
ЧЬ – ЕЙ
ТРЕ́ТЬ – ЕЙ
СИ́Н – ЕЙ
СВЕ́Ж – ЕЙ
РАБО́Ч – ЕЙ
ЛУ́ЧШ – ЕЙ
ПИ́ШУЩ – ЕЙ
ВС – ЕЙ

Я ду́маю о ...

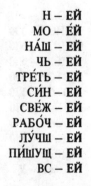
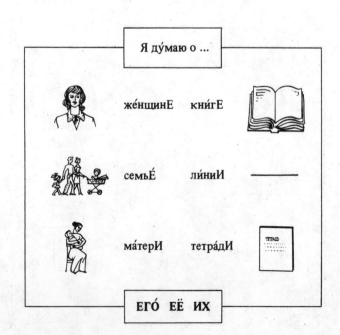

же́нщинЕ   кни́гЕ

семьЕ́   ли́нииИ   ———

ма́териИ   тетра́диИ

ЕГО́ ЕЁ ИХ

ОДН – О́Й
НО́В – ОЙ
МОЛОД – О́Й
ПЕ́РВ – ОЙ
ВТОР – О́Й
КОТО́Р – ОЙ
СА́М – ОЙ
КА́ЖД – ОЙ
КАК – О́Й
БОЛЬШ – О́Й
Э́Т – ОЙ

PLURAL

NOMINATIVE – КТО? ЧТО?

plural for all genders – **ОНИ́**

ОН – **И́**	Э́то ...	ОДН – **И́**
МО – **И́**	Вот ...	НОВ – **ЫЕ**
НА́Ш – **И**		МОЛОД – **Ы́Е**
ЧЬ – **И**		ПЕ́РВ – **ЫЕ**
ТРЕ́ТЬ – **И**		ВТОР – **Ы́Е**
СИ́Н – **ИЕ**		КОТО́Р – **ЫЕ**
СВЕ́Ж – **ИЕ**		СА́М – **ЫЕ**
РАБО́Ч – **ИЕ**		КА́ЖД – **ЫЕ**
ЛУ́ЧШ – **ИЕ**		КАК – **И́Е**
ПИ́ШУЩ – **ИЕ**		БОЛЬШ – **И́Е**
ВС – **Е**		Э́Т – **И**

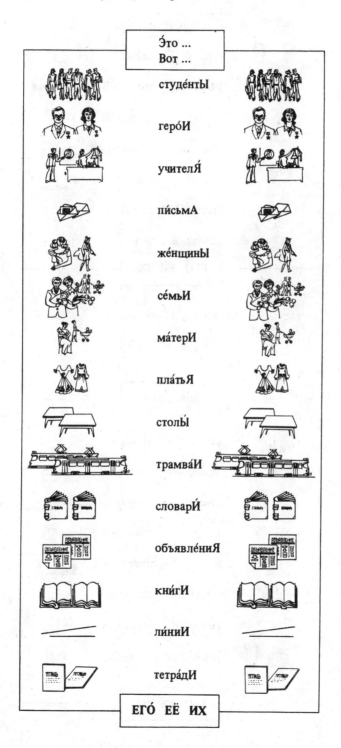

студе́нтЫ

геро́И

учителЯ́

пи́сьмА

же́нщинЫ

се́мьИ

ма́терИ

пла́тьЯ

столЫ́

трамва́И

словарИ́

объявле́ниЯ

кни́гИ

ли́ниИ

тетра́дИ

ЕГО́   ЕЁ   ИХ

GENITIVE – КОГО́? ЧЕГО́?

plural for all genders

(Н) – **ИХ**	ОДН – **И́Х**
МО – **И́Х**	НО́В – **ЫХ**
НА́Ш – **ИХ**	МОЛОД – **Ы́Х**
ЧЬ – **ИХ**	ПЕ́РВ – **ЫХ**
ТРЕ́ТЬ – **ИХ**	ВТОР – **Ы́Х**
СИ́Н – **ИХ**	КОТО́Р – **ЫХ**
СВЕ́Ж – **ИХ**	СА́М – **ЫХ**
РАБО́Ч – **ИХ**	КА́ЖД – **ЫХ**
ЛУ́ЧШ – **ИХ**	КАК – **И́Х**
ПИ́ШУЩ – **ИХ**	БО́ЛЬШ – **И́Х**
ВС – **ЕХ**	Э́Т – **ИХ**

Здесь нет ...

студе́нт**ОВ**	стол**О́В**
геро́**ЕВ**	пла́ть**ЕВ**
учител**Е́Й**	трамва́**ЕВ**
пи́сем	словар**Е́Й**
же́нщин	объявле́ни**Й**
сем**Е́Й**	книг
матер**Е́Й**	ли́ни**Й**
дере́вь**ЕВ**	тетра́д**ЕЙ**

ЕГО́ ЕЁ ИХ

DATIVE – КОМУ́? ЧЕМУ́?

plural for all genders

(Н) – **ИМ**	ОДН – **И́М**
МО – **И́М**	НО́В – **ЫМ**
НА́Ш – **ИМ**	МОЛОД – **Ы́М**
ЧЬ – **ИМ**	ПЕ́РВ – **ЫМ**
ТРЕ́ТЬ – **ИМ**	ВТОР – **Ы́М**
СИ́Н – **ИМ**	КОТО́Р – **ЫМ**
СВЕ́Ж – **ИМ**	СА́М – **ЫМ**
РАБО́Ч – **ИМ**	КА́ЖД – **ЫМ**
ЛУ́ЧШ – **ИМ**	КАК – **И́М**
ПИ́ШУЩ – **ИМ**	БО́ЛЬШ – **И́М**
ВС – **ЕМ**	Э́Т – **ИМ**

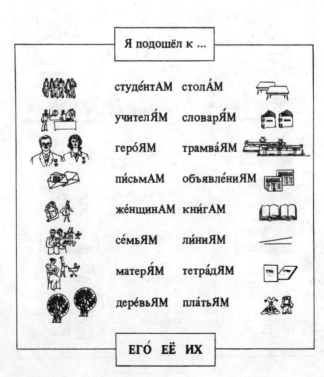

Я подошёл к ...

студе́нт**АМ**	стол**А́М**
учител**Я́М**	словар**Я́М**
геро́**ЯМ**	трамва́**ЯМ**
пи́сьм**АМ**	объявле́ни**ЯМ**
же́нщин**АМ**	кни́г**АМ**
се́мь**ЯМ**	ли́ни**ЯМ**
матер**Я́М**	тетра́д**ЯМ**
дере́вь**ЯМ**	пла́ть**ЯМ**

ЕГО́ ЕЁ ИХ

ACCUSATIVE – ЧТО?
plural for all genders
inanimate nouns

(Н) – **ИХ**	ОДН – **И́**
МО – **Й**	НО́В – **ЫЕ**
НА́Ш – **И**	МОЛОД – **Ы́Е**
ЧЬ – **И**	ПЕ́РВ – **ЫЕ**
ТРЕ́ТЬ – **И**	ВТОР – **Ы́Е**
СИ́Н – **ИЕ**	КОТО́Р – **ЫЕ**
СВЕ́Ж – **ИЕ**	СА́М – **ЫЕ**
РАБО́Ч – **ИЕ**	КА́ЖД – **ЫЕ**
ЛУ́ЧШ – **ИЕ**	КАК – **И́Е**
ПИ́ШУЩ – **ИЕ**	БО́ЛЬШ – **И́Е**
ВС – **Е**	Э́Т – **И**

Я ви́дел ...
Я смотрю́ на ...

столЫ́   пи́сьмА

пла́тьЯ   ли́ниИ

трамва́И   кни́гИ

словарИ́   объявле́ниЯ

дере́вьЯ   тетра́дИ

ЕГО́ ЕЁ ИХ

ACCUSATIVE – КОГО́?
plural masculine and feminine
animate nouns

(Н) – **ИХ**	ОДН – **И́Х**
МО – **И́Х**	НО́В – **ЫХ**
НА́Ш – **ИХ**	МОЛОД – **Ы́Х**
ЧЬ – **ИХ**	ПЕ́РВ – **ЫХ**
ТРЕ́ТЬ – **ИХ**	ВТОР – **Ы́Х**
СИ́Н – **ИХ**	КОТО́Р – **ЫХ**
СВЕ́Ж – **ИХ**	СА́М – **ЫХ**
РАБО́Ч – **ИХ**	КА́ЖД – **ЫХ**
ЛУ́ЧШ – **ИХ**	КАК – **И́Х**
ПИ́ШУЩ – **ИХ**	БО́ЛЬШ – **И́Х**
ВС – **ЕХ**	Э́Т – **ИХ**

Я ви́дел ...

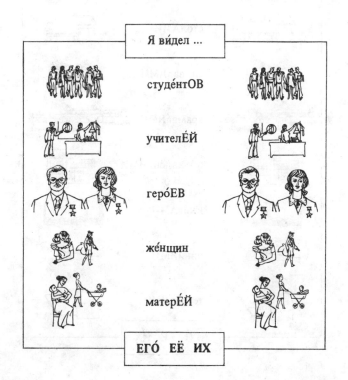

студе́нтОВ

учителЕ́Й

геро́ЕВ

же́нщин

матерЕ́Й

ЕГО́ ЕЁ ИХ

INSTRUMENTAL – КЕМ? ЧЕМ?

plural for all genders

(Н) – И́МИ	ОДН – И́МИ
МО – И́МИ	НО́В – ЫМИ
НА́Ш – ИМИ	МОЛОД – Ы́МИ
ЧЬ – И́МИ	ПЕ́РВ – ЫМИ
ТРЕ́ТЬ – ИМИ	ВТОР – Ы́МИ
СИ́Н – ИМИ	КОТО́Р – ЫМИ
СВЕ́Ж – ИМИ	СА́М – ЫМИ
РАБО́Ч – ИМИ	КА́ЖД – ЫМИ
ЛУ́ЧШ – ИМИ	КАК – И́МИ
ПИ́ШУЩ – ИМИ	БО́ЛЬШ – И́МИ
ВС – Е́МИ	Э́Т – ИМИ

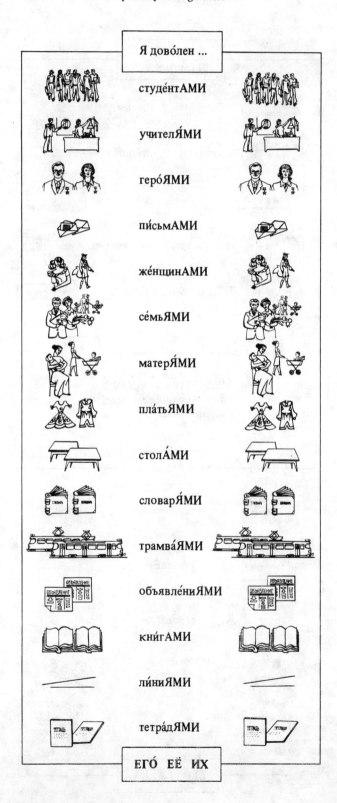

Я дово́лен ...

студе́нтАМИ

учителя́МИ

геро́ЯМИ

пи́сьмАМИ

же́нщинАМИ

се́мьЯМИ

матеря́МИ

пла́тьЯМИ

стола́МИ

словаря́МИ

трамва́ЯМИ

объявле́ниЯМИ

кни́гАМИ

ли́ниЯМИ

тетра́дЯМИ

ЕГО́ ЕЁ ИХ

PREPOSITIONAL – О КОМ? О ЧЁМ?

plural for all genders

О (Н) – **ИХ**		ОДН – **ИХ**
МО – **ИХ**		НОВ – **ЫХ**
НАШ – **ИХ**		МОЛОД – **ЫХ**
ЧЬ – **ИХ**		ПЕРВ – **ЫХ**
СИН – **ИХ**		ВТОР – **ЫХ**
ТРЕТЬ – **ИХ**		КОТОР – **ЫХ**
СВЕЖ – **ИХ**		САМ – **ЫХ**
РАБОЧ – **ИХ**		КАЖД – **ЫХ**
ЛУЧШ – **ИХ**		КАК – **ИХ**
ПИШУЩ – **ИХ**		БОЛЬШ – **ИХ**
ВС – **ЕХ**		ЭТ – **ИХ**

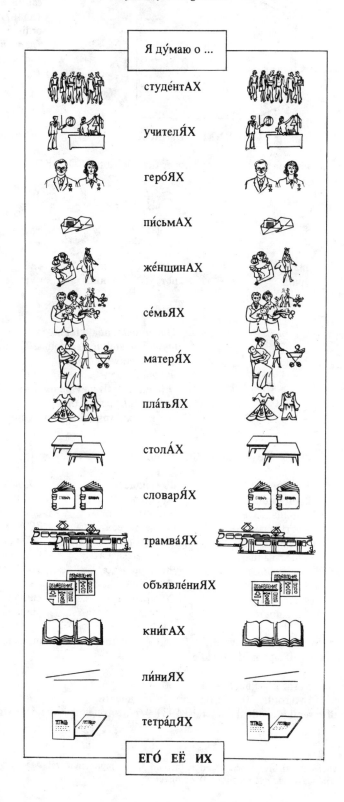

Я ду́маю о ...

студе́нтАХ

учителя́Х

геро́ЯХ

пи́сьмАХ

же́нщинАХ

се́мьЯХ

матеря́Х

пла́тьЯХ

столА́Х

словаря́Х

трамва́ЯХ

объявле́ниЯХ

кни́гАХ

ли́ниЯХ

тетра́дЯХ

ЕГО́ ЕЁ ИХ

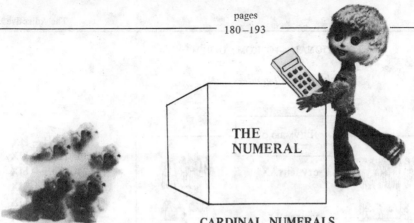

In Russian,
numerals can be
cardinal
(оди́н, два, пять)
ordinal
(пе́рвый, второ́й, пя́тый)
and collective
(дво́е, тро́е, пя́теро)

CARDINAL NUMERALS

Cardinal numerals define the number of objects and answer the question СКО́ЛЬКО?

| **оди́н** | **одно́** | **одна́** | **два** | **два** | **две** |
| петýх | яйцо́ | кýрица | петуха́ | яйца́ | кýрицы |

The numerals **оди́н, одна́**
agree with the noun
in gender, number and
case[1].

The numeral **два** refers to
masculine and *neuter* nouns. The numeral
две is used with
feminine nouns[1].
Other numerals may be used with all
nouns *regardless of their gender:*
три петуха́, **три** яйца́, **три** кýрицы.

 ATTENTION!

NOTE the spelling of the *NUMERALS!*

1 оди́н	11 оди́ннадцать	30 три́дцать	400 четы́реста
2 два	12 двена́дцать	40 со́рок	500 пятьсо́т
3 три	13 трина́дцать	50 пятьдеся́т	600 шестьсо́т
4 четы́ре	14 четы́рнадцать	60 шестьдеся́т	700 семьсо́т
5 пять	15 пятна́дцать	70 се́мьдесят	800 восемьсо́т
6 шесть	16 шестна́дцать	80 во́семьдесят	900 девятьсо́т
7 семь	17 семна́дцать	90 девяно́сто	1000 ты́сяча
8 во́семь	18 восемна́дцать	100 сто	
9 де́вять	19 девятна́дцать	200 две́сти	миллио́н
10 де́сять	20 два́дцать	300 три́ста	миллиа́рд

Russian numerals from 5 to 20 and 30 have the soft sign (ь) at the end. The numerals from 50 to 80 and from 500 to 900 have the soft sign in the middle.

Numerals can be:
(a) **simple**, consisting of one word: 2 — два, 5 — пять, 100 — сто;
(b) **compound**, consisting of two roots: 50 — пятьдеся́т, 200 — две́сти;
(c) **complex**, consisting of several individual numerals: 1981 — ты́сяча девятьсо́т во́семьдесят оди́н.

---

[1] This is true for all cases where the figures 1 or 2 stand at the end of a complex numeral: *два́дцать оди́н рубль, пятьдеся́т одна́ копе́йка, три́дцать два рубля́, со́рок две копе́йки.*

DECLENSION OF CARDINAL NUMERALS

I.   The numerals **оди́н, одна́, одно́** decline like the pronoun *э́тот*.

II.

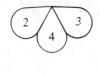

И. п.	два, две	три	четы́ре
Р. п.	двУХ	трЁХ	четырЁХ
Д. п.	двУМ	трЁМ	четырЁМ
В. п.	**И/Р**	**И/Р**	**И/Р**
Т. п.	двУМЯ́	трЕМЯ́	четырьМЯ́
П. п.	о двУХ	о трЁХ	о четырЁХ

III.

The numerals **со́рок, девяно́сто** and **сто** have the ending -А in all cases (сорока́, девяно́ста, ста) except the accusative which coincides with the nominative (**Acc = Nom.**) (see p. 185)

IV.   ┌─────────────┐
          │   5 – 30   │
          └─────────────┘

The numerals **пять, шесть, семь,... де́сять, оди́ннадцать, двена́дцать... два́дцать, три́дцать,** ending in the soft sign (-Ь) decline like the noun *тетра́дь*.

V.   ┌─────────────┐
          │   50 – 80   │
          └─────────────┘

In the compound numerals **пятьдеся́т, шестьдеся́т, се́мьдесят, во́семьдесят** both parts decline like the noun *тетра́дь*:
пятьдеся́т (И. п., В. п.), пятИ́десятИ (Р. п., Д. п., П. п.), пятьЮ́десятьЮ (Т. п.).

VI.

The compound numerals **две́сти, три́ста, четы́реста** decline in the following way:

И. п.	две́сти	три́ста	четы́реста
Р. п.	двухсо́т	трёхсо́т	четырёхсо́т
Д. п.	двумста́м	трёмста́м	четырёмста́м
В. п.	две́сти	три́ста	четы́реста
Т. п.	двумяста́ми	тремяста́ми	четырьмяста́ми
П. п.	о двухста́х	о трёхста́х	о четырёхста́х

The first part of these numerals declines like *две, три, четы́ре*.

VII.   ┌─────────────┐
            │ 500 – 900 │
            └─────────────┘

The compound numerals **пятьсо́т, шестьсо́т, семьсо́т, восемьсо́т, девятьсо́т** decline in the following way:

И. п.	пятьсо́т	Д. п.	пятиста́м	Т. п.	пятьюста́ми
Р. п.	пятисо́т	В. п.	пятьсо́т	П. п.	о пятиста́х

The first part of these numerals declines like *пять* (i. e. like *тетра́дь*).

VIII.   ┌─────────────┐
             │   1 000   │
             └─────────────┘   **Ты́сяча** declines like the noun *зада́ча*.

IX.   ┌─────────────────┐
           │   1 000 000   │
           │ 1 000 000 000   │   **Миллио́н** and **миллиа́рд** decline like the noun *стол*.
           └─────────────────┘

X.   In complex numerals each part declines separately:

При́был парохо́д с тремяста́ми сорока́ пятью́ пассажи́рами.

THE AGREEMENT BETWEEN CARDINAL NUMERALS AND NOUNS

Numerals in speech are normally accompanied by nouns. After the numerals **оди́н, одна́, одно́** the nouns are used in the nominative.

After the numerals **два (две)**, **три, четы́ре** the nouns are in the genitive, singular.

After the numeral **пять** and **all other** numerals the nouns are in the genitive, plural.

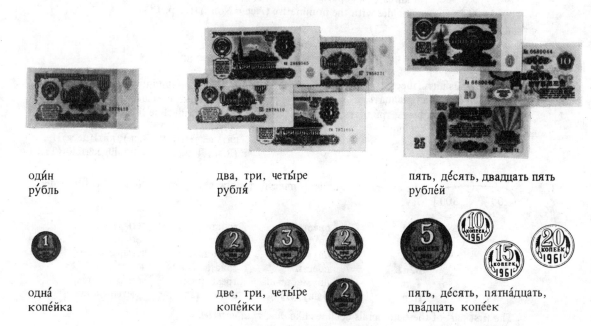

оди́н рубль	два, три, четы́ре рубля́	пять, де́сять, два́дцать пять рубле́й
одна́ копе́йка	две, три, четы́ре копе́йки	пять, де́сять, пятна́дцать, два́дцать копе́ек

After the words meaning an indefinite number **мно́го, немно́го, ма́ло, не́сколько, большинство́, меньшинство́** and after **ско́лько?, сто́лько... ско́лько** the accompanying noun is in the genitive, plural.

The case of a noun accompanying a complex numeral is determined by the last word (not the last figure)[1] of the numeral.

31 три́дцать оди́н
101 сто оди́н ⎫ рубль

22 два́дцать два
123 сто два́дцать три ⎱ рубля́
1004 ты́сяча четы́ре

5 пять
25 два́дцать пять
36 три́дцать шесть
49 со́рок де́вять ⎱ рубле́й
112 сто двена́дцать
220 две́сти два́дцать
1040 ты́сяча со́рок

These rules apply only when:
(a) the numeral is in the nominative;
(b) the numeral is in the accusative.
In all other cases, the numeral and the noun have the same case, i. e. they agree (see the Table on p. 185).

---

[1] For instance, the numeral 112 consists of **three figures,** but only **two words.**

THE AGREEMENT BETWEEN CARDINAL NUMERALS, ADJECTIVES AND NOUNS

I.   один большо́й дом   одно́ большо́е окно́   одна́ больша́я дверь

After the numerals **оди́н, одна́, одно́** in all cases, the adjective and the noun **agree** with the numeral in gender and case:

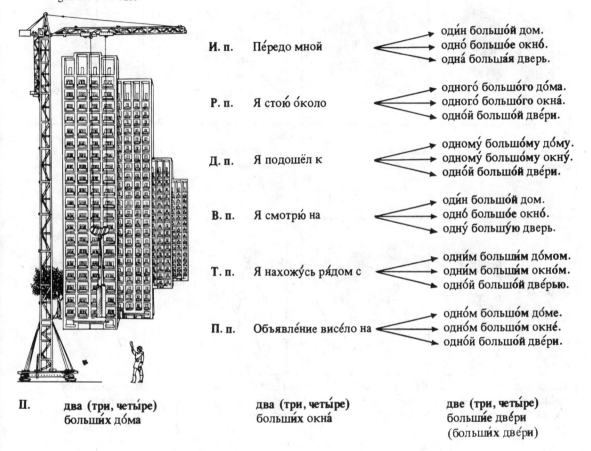

И. п.   Пе́редо мной
- оди́н большо́й дом.
- одно́ большо́е окно́.
- одна́ больша́я дверь.

Р. п.   Я стою́ о́коло
- одного́ большо́го до́ма.
- одного́ большо́го окна́.
- одно́й большо́й две́ри.

Д. п.   Я подошёл к
- одному́ большо́му до́му.
- одному́ большо́му окну́.
- одно́й большо́й две́ри.

В. п.   Я смотрю́ на
- оди́н большо́й дом.
- одно́ большо́е окно́.
- одну́ большу́ю дверь.

Т. п.   Я нахожу́сь ря́дом с
- одни́м больши́м до́мом.
- одни́м больши́м окно́м.
- одно́й большо́й две́рью.

П. п.   Объявле́ние висе́ло на
- одно́м большо́м до́ме.
- одно́м большо́м окне́.
- одно́й большо́й две́ри.

II.   два (три, четы́ре)   два (три, четы́ре)   две (три, четы́ре)
больши́х до́ма   больши́х окна́   больши́е две́ри
                                                      (больши́х две́ри)

After the numerals **два (две), три, четы́ре** in the nominative and **accusative**, the noun is used in the genitive, singular, and the adjective:
(a) in the genitive, plural, if it qualifies a masculine or neuter noun;
(b) in the nominative (or, more seldom, genitive), plural, if it qualifies a feminine noun.

III.   пять (шесть, etc.)   пять (шесть, etc.)   пять (шесть, etc.)
больши́х домо́в   больши́х о́кон   больши́х двере́й

After the numeral **пять** and **all subsequent** numerals in the nominative and accusative, the noun and the adjective ought to be in the genitive, plural, regardless of the gender of the noun.

In other cases, the numeral, the adjective and the noun agree in number and case.

THE AGREEMENT BETWEEN CARDINAL NUMERALS, ADJECTIVES AND NOUNS

IN THE NOMINATIVE, GENITIVE AND ACCUSATIVE

With inanimate nouns   **With animate nouns**

И. п.   Вот два но́вых до́ма.   Вот две но́вые да́чи.   Вот два ма́леньких ма́льчика.   Вот две ма́ленькие де́вочки.

Р. п.   Видны́ то́лько кры́ши двух но́вых домо́в.   Видны́ то́лько кры́ши двух но́вых дач.   Идёт оте́ц двух ма́леньких ма́льчиков.   Идёт мать двух ма́леньких де́вочек.

В. п.   Я ви́жу два но́вых до́ма.   Я ви́жу две но́вые да́чи.   Я ви́жу двух ма́леньких ма́льчиков.   Я ви́жу двух ма́леньких де́вочек.

В. п. = И. п.   **В. п. = Р. п.**

DECLENSION OF NUMERALS AND NOUNS

И. п.
ДВА / студéнтА / окнА
ДВЕ / студéнткИ / книгИ
ТРИ / сестрЫ́ / брáтА
ПЯТЬ / рублЕ́Й / минýт
СÉМЬДЕСЯТ ОДИ́Н / рубль
СТО СО́РОК ЧЕТЫ́РЕ / рублЯ́
ДВÉСТИ ТРИСТА ПЯТЬСО́Т
} рублЕ́Й

Р. п.
двУХ / студéнтОВ / óкон
студéнток / книг
трЁХ / сестёр / брáтьЕВ
пятИ́ / рублЕ́Й / минýт
семИ́десятИ / однОГО́ / рублЯ́
стА сорокА́ / четырЁХ / рублЕ́Й
двУХСО́Т / трЁХСО́Т / пятИСО́Т
} рублЕ́Й

Д. п.
двУМ / студéнтАМ / óкнАМ
студéнткАМ / книгАМ
трЁМ / сёстрАМ / брáтьЯМ
пятИ́ / рублЯ́М / минýтАМ
семИ́десятИ / однОМУ́ / рублЮ́
стА сорокА́ / четырЁМ / рублЯ́М
двУМСТА́М / трЁМСТА́М / пятИСТА́М
} рублЯ́М

В. п.
двУХ / студéнтОВ / студéнток
двА / óкнА
двЕ / книгИ
В. п. = И. п.
В. п. = Р. п.
В. п. = Р. п.
В. п. = И. п.
В. п. = И. п.
В. п. = И. п.
В. п. = И. п.

Т. п.
двУМЯ́ / студéнтАМИ / óкнАМИ
студéнткАМИ / книгАМИ
трЕМЯ́ / сёстрАМИ / брáтьЯМИ
пятьЮ́ / рублЯ́МИ / минýтАМИ
семьЮ́десятьЮ / однИ́М / рублЕ́М
стА сорокА́ / четырьМЯ́ / рублЯ́МИ
двУМЯСТА́МИ / трЕМЯСТА́МИ / пятьЮ́СТАМИ
} рублЯ́МИ

П. п.
о двУХ / студéнтАХ / óкнАХ
студéнткАХ / книгАХ
о трЁХ / сёстрАХ / брáтьЯХ
о пятИ́ / рублЯ́Х / минýтАХ
о семИ́десятИ / однО́М / рублÉ
о стА сорокА́ / четырЁХ / рублЯ́Х
о двУХСТА́Х / трЁХСТА́Х / пятИСТА́Х
} рублЯ́Х

COLLECTIVE NUMERALS

Speaking of a certain number of men or children as of an entity, use the **collective numerals**: дво́е, тро́е, че́тверо, пя́теро, ше́стеро, се́меро[1].

На на́шей у́лице живу́т
три дру́га:
Пе́тя в до́ме но́мер три,
Са́ша в до́ме но́мер пять
и Ко́стя в до́ме но́мер семь.

На на́шей у́лице в до́ме
но́мер де́вять живу́т **тро́е
бра́тьев**: Андре́й, Анто́н и
Алёша.

The cardinal numeral
три
О́бщее число́ ма́льчиков – 3.
Они́ живу́т не вме́сте, а в
отде́льных дома́х.

The collective numeral
тро́е
О́бщее число́ ма́льчиков то́же 3,
но они́ бра́тья и живу́т вме́сте.

The collective numerals **дво́е, тро́е, че́тверо, пя́теро**, etc. are used in the following cases only:
(a) with nouns denoting men or children;
(b) with nouns denoting a group of persons of which girls or women may be part;

За одни́м столо́м
рабо́тают **дво́е**
лабора́нтов.

У меня́ **че́тверо**
дете́й: Ко́ля, Са́ша,
Ни́на и Ната́ша.

Пя́теро друзе́й –
Андре́й, Пётр, И́горь,
О́льга и А́нна – пошли́
на экску́рсию.

ATTENTION!

After collective numerals in the nominative (**дво́е, тро́е, че́тверо**, etc.), the noun is in the genitive plural (not in the genitive singular, as after cardinal numerals *два, три, четыре*) : **дво́е ма́льчиков**, but **два ма́льчика**.

---

[1] The collective numerals **во́сьмеро, де́вятеро, де́сятеро** are very seldom used.

(c) to indicate the number of nouns with only plural forms.

одни́ очки́,
      но́жницы,
      часы́,
      су́тки

дво́е очко́в,
      но́жниц,
      часо́в,
      су́ток

тро́е очко́в,
      но́жниц,
      часо́в,
      су́ток

The cardinal numeral *оди́н* is used here in the plural form.

THE NUMERALS О́БА, О́БЕ

The category of collective nouns also includes **о́ба** (for masculine and neuter nouns) and **о́бе** (for feminine nouns).
The words **о́ба** and **о́бе** are used with all nouns, animate and inanimate of all three genders.

О́ба бра́та	о́ба окна́	о́бе сестры́
О́ба бе́рега	о́ба де́рева	о́бе у́лицы

О́ба and **о́бе** are normally used after two separate nouns or the numerals **два (две), дво́е** have been mentioned in a previous sentence.

У меня́ **дво́е** сынове́й и две до́чери.
Оба сы́на – студе́нты.
Обе до́чери – шко́льницы.

Севасто́поль и Оде́сса – краси́вые города́.
Оба го́рода располо́жены на берегу́ Чёрного мо́ря.

After the numerals **о́ба, о́бе** in the nominative, the noun is in the genitive plural.
The accusative of the numeral **о́ба** plus the inanimate noun coincides with the nominative form, while the accusative
of **о́ба** plus the animate noun coincides with the genitive.
In all other cases the numeral **о́ба** agrees with the noun.

Кто придёт сего́дня,
Анто́н и́ли О́ля?
– Они́ **о́ба** приду́т
(и он и она́).

Каки́е краси́вые пла́тья!
Како́е тебе́ нра́вится бо́льше?
– Мне **о́ба** нра́вятся
(и то и друго́е).

ORDINAL NUMERALS

FORMATION AND DECLENSION OF ORDINAL NUMERALS

Ordinal numerals indicate an object's place in the row or series of similar or identical objects, and answer the question: КОТО́РЫЙ? КОТО́РАЯ? КОТО́РОЕ? КОТО́РЫЕ?

  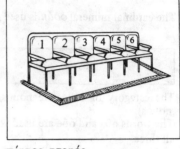

пе́рвый, второ́й,
тре́тий, четвёртый,
пя́тый, шесто́й
футболи́ст

пе́рвая, втора́я
тре́тья, четвёртая,
пя́тая, ше́стая
ло́дка

пе́рвое, второ́е,
тре́тье, четвёртое,
пя́тое, шесто́е
ме́сто

The forms and functions of ordinal numerals are similar to those of adjectives.
They are derived from the stems of respective cardinal numerals with the help of adjectival endings.

| 5- й – 30- й | пя́т(ь) + ЫЙ, -АЯ, -ОЕ, -ЫЕ
шест(ь) + О́Й, -А́Я, -ОЕ, -ЫЕ |

There are some special cases: **пе́рвый** (of *оди́н)*, **второ́й** (of *два)*, **тре́тий, -ья, -ье, -ьи** (of *три)*, **четвёртый** (of *четы́ре)*, **седьмо́й** (of *семь)*, **сороково́й** (of *со́рок)*, **со́тый** (of *сто)*, **ты́сячный** (of *ты́сяча)*, and **миллио́нный** (of *миллио́н)*.

ATTENTION!

Among ordinal numerals, in **второ́й, шесто́й, седьмо́й, восьмо́й, сороково́й** the stress is on the ending, while in all others: **пе́рвый, пя́тый**, etc. it falls on the stem.

| **50-й – 80-й**
200-й – 900-й | **Compound** ordinal numerals 50-й – 80-й and 200-й –
900-й are derived from the genitive of respective
cardinal numerals plus adjectival endings.
пятьдеся́т (И. п.) – пяти́десят(и) (Р. п.) – **пятидеся́тый**
семьсо́т – семисо́т – **семисо́тый**
две́сти – двухсо́т – **двухсо́тый** |

FORMATION OF ORDINAL NUMERALS

	СКО́ЛЬКО?	КОТО́РЫЙ?	КАКО́Й?
И. п.	пятЬ шестЬ	пя́тЫЙ шестО́Й	но́вЫЙ молодО́Й
Р. п.	пяти́десятИ	пятидеся́тОГО	но́вОГО

In the plural, ordinal numerals are used with the following nouns:

(a) plural nouns

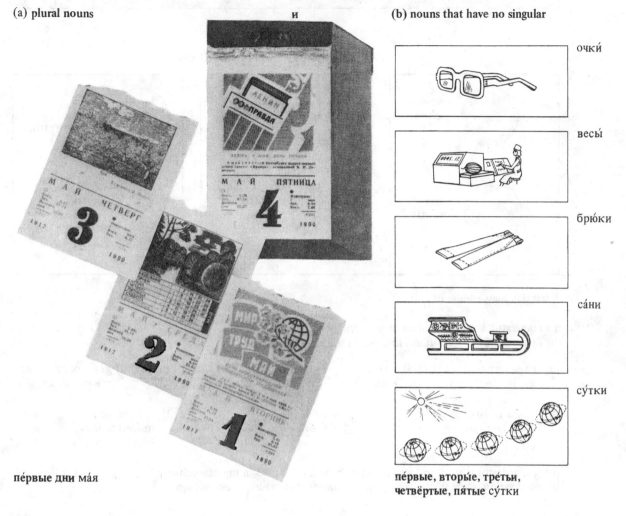

пе́рвые дни ма́я

(b) nouns that have no singular

очки́

весы́

брю́ки

са́ни

су́тки

пе́рвые, вторы́е, тре́тьи,
четвёртые, пя́тые су́тки

Like adjectives, *ordinal numerals* **agree** with nouns in gender, number and case; they **decline** like adjectives with the hard stem (кра́сный, молодо́й). The numeral **тре́тий** is an exception and declines like the adjective *ли́сий* or the interrogative pronoun *чей*.

Я уви́дел **пе́рвую**
ла́сточку.

Во **второ́й** маши́не —
на́ши друзья́.

Он сиди́т в **пе́рвом**
ряду́ на **тре́тьем** ме́сте.

In **complex** ordinal numerals, only the final word has the form of an ordinal numeral:

1984 — ты́сяча девятьсо́т во́семьдесят **четвёртый** год.

To decline such numerals, we decline the final word only:

в 1984-м году́	в ты́сяча девятьсо́т во́семьдесят четвёртом году́
23-го ма́я	два́дцать тре́тьего ма́я
1945-го го́да	ты́сяча девятьсо́т со́рок пя́того го́да

FRACTIONS

Numbers can be

WHOLE NUMBERS and FRACTIONS

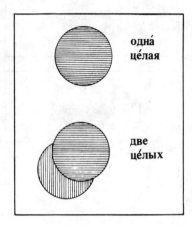

одна́ це́лая

две це́лых

одна́ пя́тая часть (1/5)

две пя́тых ча́сти (2/5)

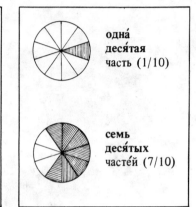

одна́ деся́тая часть (1/10)

семь деся́тых часте́й (7/10)

A fraction may consist of:

the **numerator** 3 — a cardinal numeral in the nominative;
the **denominator** 5 — an ordinal numeral in the genitive plural.

(3/5) три пя́тых	(5/8) пять восьмы́х	(9/10) [1] де́вять деся́тых	(99/100) девяно́сто де́вять со́тых
(0,5) ноль це́лых, пять деся́тых	(1,03) одна́ це́лая, три со́тых		(2, 25) две це́лых, два́дцать пять со́тых

If the numerator is equal to **1** or **2**, the feminine form is used in the denominator.
In conversation, some fractions have special names: **полови́на, треть, че́тверть**.

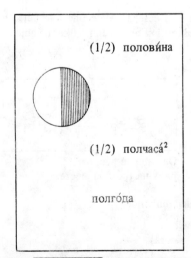

(1/2) полови́на

(1/2) полчаса́[2]

полго́да

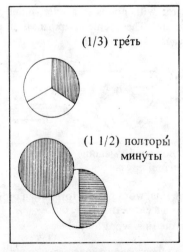

(1/3) треть

(1 1/2) полторы́ мину́ты

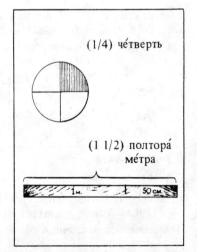

(1/4) че́тверть

(1 1/2) полтора́ ме́тра

---

[1] 9/10 (reads: де́вять деся́тых) = 0,9 (reads: ноль це́лых, де́вять деся́тых).

[2] In conversation, we often say пол for полови́на: полме́тра, полго́да.

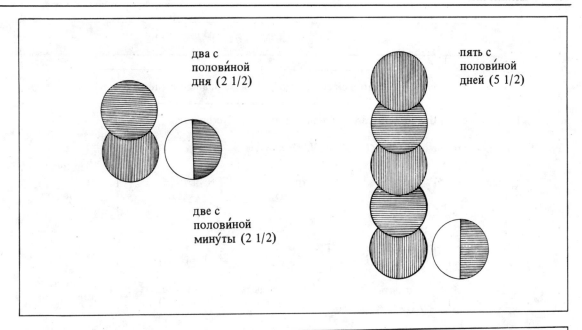

два с
полови́ной
дня (2 1/2)

пять с
полови́ной
дней (5 1/2)

две с
полови́ной
мину́ты (2 1/2)

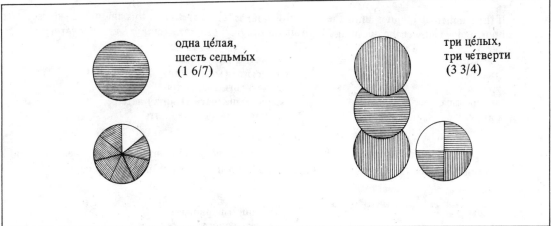

одна це́лая,
шесть седьмы́х
(1 6/7)

три це́лых,
три че́тверти
(3 3/4)

ATTENTION!

The noun after the fraction is always in the genitive singular: одна́ пя́тая до́ма, полови́на (пол-) я́блока, че́тверть арбу́за, полтора́ го́да.

DECLENSION OF FRACTIONS

In fractions, **both parts** decline: the numerator and the denominator.
The **numerator** declines like the respective cardinal numeral.
The **denominator** declines like a hard-stem adjective (кра́сный) :

$$x = \frac{2}{5} \quad \text{x ра́вен двум пя́тым;} \qquad \frac{2}{5} + x = \dots \quad \text{к двум пя́тым приба́вить} \dots$$

The word **це́лое** (число́) declines like a neuter adjective (кра́сное) .
The word **полови́на** declines like a feminine noun ending in -А (кни́га) .
The words **треть** and **че́тверть** decline like feminine nouns ending in -ь (тетра́дь) .
The word **полтора́** is used in the nominative and accusative, with the form **полу́тора** used in all other cases.

TELLING THE TIME

 | Кото́рый сейча́с час? – Сейча́с ро́вно **час** (два часа́).

I.   To tell the exact time, we use **cardinal numerals** and the adverb *ро́вно*.

The answer to the question, КОТО́РЫЙ ЧАС? may be:

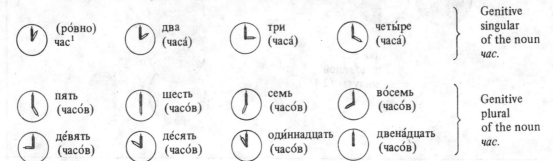

II.   If the number of minutes until the next full hour is less than thirty, this amount is subtracted from the hour, and we answer the question, *Кото́рый час?* saying: *без пяти́ (мину́т) час, без че́тверти во́семь.*

(1) час   без пяти́ (мину́т) час
два часа́   без десяти́ (мину́т) два
три часа́   без че́тверти (часа́) три
четы́ре часа́   без восемна́дцати (мину́т) четы́ре
пять часо́в   без двадцати́ (мину́т) пять

III.   The period of time between *one o'clock* and *two o'clock* is called **второ́й час** between *two* and *three*, **тре́тий**. So, when there are less than thirty minutes until the next hour, one may say:

пе́рвый час   пять мину́т пе́рвого
второ́й час   два́дцать мину́т второ́го
тре́тий час   двена́дцать мину́т тре́тьего
четвёртый час   че́тверть четвёртого
10—11 оди́ннадцатый час   де́сять мину́т оди́ннадцатого
11—12 двена́дцатый час   че́тверть двена́дцатого
12—1 пе́рвый час   полови́на (пол) пе́рвого

---

[1] Answering the question, *Кото́рый час?* the numeral **оди́н** is never used: – *Сейча́с (ро́вно) час.*

THE USE OF NOUNS

ЧАС – ЧАСЫ́

Кото́рый час?

– Час.

– Два часа́.

– Три часа́.

Ско́лько вре́мени вы занима́етесь?

– Час.

– Два часа́.

– Три часа́.

Как иду́т ва́ши часы́?

– Мои́ часы́ отстаю́т (спеша́т).

Когда́ отхо́дит по́езд?

– По́езд отхо́дит в час.
(в два часа́)
(в три часа́)

Когда́ он придёт?

– Он придёт че́рез час.
(че́рез два часа́)
(че́рез три часа́)

Здесь продаю́т часы́.

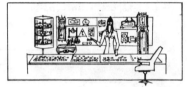

ATTENTION!

ЧАС

Час is a figure on the clock face.
Час is also a 60-minute period of time.

ЧАСЫ́

Часы́ is the plural of the word *час* (60 minutes).
Часы́ is also a noun which has no singular and which denotes a timepiece.

THE USE OF THE NOUN ГОД

I. AFTER CARDINAL NUMERALS

Ребёнку **год**.

Ка́те **два́дцать оди́н год**.

Де́вочке **два** (три, четы́ре) **го́да**.

Дя́де Са́ше **со́рок два го́да**.

Ма́льчику **шесть** (семь) **лет**.

Ба́бушке **се́мьдесят во́семь лет**.

прошёл **год** (И. п., ед. ч.)
прошло́ два, три, четы́ре **го́да** (Р. п., ед. ч.)
but: прошло́ пять, де́сять, со́рок, пятьдеся́т **лет** (Р. п., мн. ч.)

II. AFTER ORDINAL NUMERALS

exact date

Двена́дцатого апре́ля ты́сяча девятьсо́т шестьдеся́т пе́рвого го́да впервы́е в ми́ре в СССР стартова́л косми́ческий кора́бль с челове́ком на борту́. Пе́рвым космона́втом Земли́ стал Ю́рий Гага́рин.

· Ю.А. ГАГА́РИН ·

approximate time

В шестидеся́тые го́ды двадца́того ве́ка был совершён пе́рвый полёт челове́ка в ко́смос.

pages
194—291

THE
VERB

Verbs are words denoting action or state. Actions may be performed in present, past, or future, so verbs have a **category of tense.** Actions may be undertaken by one or several persons, therefore verbs have **a category of number and person. In the past tense,** Russian verbs change in **gender** and **number.**

In most languages, a certain action or state is described with the help of one verb, e. g. *to read* (Engl.), *lire* (Fr.), *lesen* (Germ.) , etc.
To describe the same action in Russian, two verbs are used, one of perfective, the other of imperfective aspect: *читáть, прочитáть*[1] . These verbs make an **aspectual pair: читáть** — imperfective aspect, **прочитáть** — perfective aspect.

VERB FORMS

ЧИТÁТЬ imperfective verb		ПРОЧИТÁТЬ perfective verb	
present tense	future (compound) tense	present tense	future (simple) tense
я читáю	я бýду читáть		я прочитáю
ты читáешь	ты бýдешь читáть		ты прочитáешь
он } читáет она	он } бýдет читáть она	N O	он } прочитáет она
мы читáем	мы бýдем читáть		мы прочитáем
вы читáете	вы бýдете читáть		вы прочитáете
они читáют	они бýдут читáть		они прочитáют

Imperfective verbs only in the **present tense,** and both **perfective** and **imperfective** verbs in the **future tense** change in the following way:
(a) in **person**(1st, 2nd and 3rd person);   (b) in **number** (singular and plural).

 RE-MEM-BER!

Imperative Mood	
Читáй! Читáйте!	Прочитáй! Прочитáйте!
Conditional Mood	
читáл бы читáла бы читáли бы	прочитáл бы прочитáла бы прочитáли бы

---
[1] The lexical meaning of the verbs is the same.

ЧИТА́ТЬ imperfective verb	ПРОЧИТА́ТЬ perfective verb
past tense	**past tense**
я ты } чита́л он	я ты } прочита́л он
я ты } чита́ла она́	я ты } прочита́ла она́
мы вы } чита́ли они́	мы вы } прочита́ли они́

In the **past tense**, **perfective** and **imperfective** verbs change:
(a) in **gender** (masculine, feminine and neuter);
(b) in **number** (singular and plural).

THE INDEFINITE VERB FORM – AN INFINITIVE

In Russian, there is an **unchanging indefinite verb form (the infinitive)** which
denotes an action or a state, but expresses **neither tense, nor person or number**.

The **infinitive** is the first, the initial form of a verb, like the nominative
for nouns, adjectives, etc. In dictionaries, all verbs are given in the infinitive.
All other verb forms derive from the infinitive.

-ТЬ after vowels	-ТИ after consonants	-ЧЬ after vowels
чита́ть	нести́	мочь
купа́ть	расти́	помо́чь
рисова́ть	идти́	бере́чь
говори́ть	вести́	лечь
отдохну́ть		(бере́чься)
купа́ться		
смея́ться		

The **infinitive** usually ends in -ТЬ, -ТИ, -ЧЬ[1] . The so-called *reflexive verbs* have the
reflexive particle -СЯ added to the infinitive if it ends in a consonant, or -СЬ, if the infinitive ends in a vowel.

---

[1] Most Russian verbs end in -ТЬ, a significantly smaller group ends in -ТИ, and very few end in -ЧЬ.

THE USE OF THE INFINITIVE

The infinitive is used:

1. To form the future indefinite
   of imperfective verbs.

   Я бу́ду   чита́ть.
   Ты бу́дешь   рисова́ть.
   Он бу́дет   игра́ть.
   Мы бу́дем   рабо́тать.

2. To denote wish, capacity,
   possibility, impossibility, intention, advice, command, permission,
   request in combination with the verbs
   хоте́ть, уме́ть, мочь, люби́ть,
   собира́ться, сове́товать, проси́ть, etc.

   Я хочу́   танцева́ть.
   Я уме́ю   рисова́ть.
   Я (не) могу́   пла́вать.
   Я люблю́   чита́ть.
   Я собира́юсь   учи́ться.
   Я сове́тую вам   отдохну́ть.
   Я прошу́ вас   занима́ться.

ATTENTION!

The infinitive is never used with the verb **знать.**

3. To denote the beginning, continuation
   and end of an action: *нача́ть,*
   *стать, продолжа́ть, переста́ть, ко́нчить,*etc.

   Я на́чал (стал)   рабо́тать.
   Ты продолжа́л   рабо́тать.
   Он переста́л   рабо́тать.
   Она́ ко́нчила   чита́ть.

4. To denote purpose after the
   verbs of motion: *идти́, ходи́ть*
   *е́хать, е́здить, пойти́, прийти́, пое́хать,*etc.

   Я иду́   обе́дать.
   Он пое́хал   отдыха́ть.
   Она́ уе́хала   учи́ться.
   Они́ пошли́   купа́ться.

5. To denote the necessity, possibility,
   impossibility or prohibition of some action,
   in combination with the words:*на́до, ну́жно,*
   необходи́мо, мо́жно, нельзя́, пора́, etc.
   in impersonal sentences.

   Ему́ на́до   рабо́тать.
   Ей необходи́мо   отдохну́ть.
   Нам мо́жно   купа́ться.
   Вам нельзя́   кури́ть.
   Им пора́   уходи́ть.

6. To describe the physical or psychological
   condition of a person, in combination with
   adverbs derived from qualitative adjectives ending
   in-О: *прия́тно, поле́зно, вре́дно,*etc.
   in impersonal sentences.

   Нам прия́тно   гуля́ть.
   Де́тям поле́зно   бе́гать.
   Вам вре́дно   кури́ть.

7. To express the impossibility of doing
   something, in the absence of an object,
   time, space, etc., in combination with the
   negative pronouns and adverbs: *не́кого,*
   *не́чего, не́куда, не́когда,*etc. in
   impersonal sentences.

   Мне не́кого   спроси́ть.
   Ему́ не́ с кем   поговори́ть.
   Им не́куда   пойти́.
   Нам не́когда   разгова́ривать.

8. To designate intention, obli-
   gation, readiness, etc. with some
   short-form adjectives: *до́лжен,*
   *обя́зан, наме́рен,*etc.

   Он до́лжен сейча́с прийти́.
   Она́ всегда́ гото́ва помо́чь.
   Я рад познако́миться с ва́ми.
   Мы гото́вы занима́ться.

THE PRESENT TENSE

We use **present tense** forms when speaking about actions that:
— are occuring at the present moment: *Сейча́с я чита́ю интере́сную кни́гу.*
— are performed constantly: *Земля́ враща́ется вокру́г Со́лнца.*
— recur again and again: *Обы́чно по вечера́м я чита́ю интере́сные кни́ги*[1].
— have started earlier and are going on at the moment of speech:
   Я живу́ в Москве́ уже́ це́лый год.
— are characteristic of a given person or object: *Со́лнце све́тит.*

Сейча́с я **чита́ю**
интере́сную кни́гу.

Обы́чно по вечера́м я **чита́ю**
интере́сные кни́ги.

Only imperfective verbs have the present tense.
In the present tense, verbs **change** in person and number, i. e. they are conjugated, receiving various endings.

According to the type of endings, all Russian verbs can be broken down into two large groups: **1st conjugation verbs** and **2nd conjugation verbs.**
Most Russian verbs belong to the 1st conjugation.
Type **I (читА́ть, гулЯ́ть)** , *Type* **II (болЕ́ть)** , *Type* **III (рисОВА́ть)** , *Type* **IV (тянУ́ть)**, verbs of the
1st conjugation and *Type* **V** verbs of the 2nd conjugation **(говорИ́ть,   учИ́ть)** make up large groups,
the so-called **productive** groups.
Yet there are also smaller groups of the 1st and 2nd conjugation verbs which have their
own peculiarities in conjugation, and these make up the so-called **non-productive groups.** They should be learnt
by heart (see pp. 202—211).

---

[1] We seldom describe to our partner any actions that occur at the moment of speech, because the partner can mostly see them for himself:
   Что ты де́лаешь сейча́с?
   – Я чита́ю газе́ту.
More frequently we talk about routine actions:
   Я встаю́ в 7 часо́в, а ложу́сь в 11.
   По вечера́м я чита́ю.
Or we say that someone can, or is able to do something:
   Карл говори́т по-ру́сски.
   А́нна хорошо́ поёт.

PRODUCTIVE CLASSES

VERB CONJUGATION IN THE PRESENT TENSE

1st conjugation — the endings: -Ю(-У), -ЕШЬ, -ЕТ, -ЕМ, -ЕТЕ, -ЮТ(-УТ)

verb type				
		Class II	Class III	Class IV
Class I				
читА́ть	гуля́ть	болЕ́ть	рисОВА́ть	отдохНУ́ть
я чита́Ю	гуля́Ю	болéЮ	рису́Ю	отдохну́
ты чита́ЕШЬ	гуля́ЕШЬ	болéЕШЬ	рису́ЕШЬ	отдохнЕ́ШЬ
он **она́** } чита́ЕТ	гуля́ЕТ	болéЕТ	рису́ЕТ	отдохнЕ́Т
мы чита́ЕМ	гуля́ЕМ	болéЕМ	рису́ЕМ	отдохнЕ́М
вы чита́ЕТЕ	гуля́ЕТЕ	болéЕТЕ	рису́ЕТЕ	отдохнЕ́ТЕ
они́ чита́ЮТ	гуля́ЮТ	болéЮТ	рису́ЮТ	отдохну́Т

Productive classes of the 1st conjugation verbs include verbs whose infinitive ends in -АТЬ, -ЯТЬ, -ЕТЬ -ОВАТЬ, -НУТЬ.

After vowels, they have the endings -Ю, -ЮТ, and after consonants, -У, -УТ. The endings -ЕШЬ, -ЕТ, -ЕТЕ, are always unstressed, the stressed ones are -Ё́ШЬ, -Ё́Т, -Ё́ТЕ.

2nd conjugation — the endings -Ю(-У), -ИШЬ, -ИТ, -ИМ, -ИТЕ, -ЯТ(-АТ).

verb type			
		Class V	
говорИ́ть	учИ́ть	любИ́ть	ходИ́ть
я говорЮ́	учУ́	люблЮ́	хожУ́
ты говорИ́ШЬ	у́чИШЬ	лю́бИШЬ	хо́дИШЬ
он **она́** } говорИ́Т	у́чИТ	лю́бИТ	хо́дИТ
мы говорИ́М	у́чИМ	лю́бИМ	хо́дИМ
вы говорИ́ТЕ	у́чИТЕ	лю́бИТЕ	хо́дИТЕ
они́ говорЯ́Т	у́чАТ	лю́бЯТ	хо́дЯТ

The productive classes of the 2nd conjugation verbs include only verbs whose infinitive ends in -ИТЬ. After vowels and soft consonants they have the endings -Ю, -ЯТ, while after Ж, Ш, Ч, Щ the endings are -У, -АТ.

In the first person singular, interchange often occurs (see pp. 199, 204).

NOTE the conjugation of verbs with the particle **-СЯ**!

1st conjugation		2nd conjugation	
стара́ться		учи́ться	
я стара́юсь	мы стара́емся	я учу́сь	мы у́чимся
ты стара́ешься	вы стара́етесь	ты у́чишься	вы у́читесь
он она́ } стара́ется	они́ стара́ются	он она́ } у́чится	они́ у́чатся
-СЯ after consonants	-СЬ after vowels		

CONSONANT INTERCHANGE IN VERB STEMS IN THE PRESENT TENSE

In the conjugation of some verbs from productive class V and non-productive groups, final stem consonants are replaced by different ones, i. e. an **interchange** of consonants occurs.
Certain consonants change places in a certain manner.

```
Г                Т
Д  ——  Ж    СТ  ——  Щ      С              К
З                СК            Х  >—  Ш    Т  >—  Ч

                                            Б — БЛ    М — МЛ
                                            В — ВЛ    П — ПЛ
```

There is a group of *1st conjugation* verbs ending in -АТЬ where interchange occurs **in all present tense forms**:
писа́ть, иска́ть, ре́зать, пря́тать, пла́кать, etc.

писа́ть	я пишу́	ты пи́шешь	он пи́шет	...	...	они́ пи́шут	**С — Ш**
ре́зать	я ре́жу	ты ре́жешь	он ре́жет	...	...	они́ ре́жут	**З — Ж**
пла́кать	я пла́чу	ты пла́чешь	он пла́чет	...	...	они́ пла́чут	**К — Ч**

In a group of *1st conjugation* verbs ending in -ЧЬ, the interchange occurs **in four present tense forms**: *бере́чь, помо́чь, течь, печь*, etc.

| мочь | я могу́ | ты мо́жешь | он мо́жет | мы мо́жем | вы мо́жете | они́ мо́гут | **Г — Ж** |
| печь | я пеку́ | ты пече́шь | он пече́т | мы пече́м | вы пече́те | они́ пеку́т | **К — Ч** |

In a certain group of *2nd conjugation* verbs, interchange occurs solely **in the 1st person singular of the present tense**:

ходи́ть	я хожу́	ты хо́дишь	он хо́дит	...	...	они́ хо́дят	**Д — Ж**
вози́ть	я вожу́	ты во́зишь	он во́зит	...	...	они́ во́зят	**З — Ж**
носи́ть	я ношу́	ты но́сишь	он но́сит	...	...	они́ но́сят	**С — Ш**
плати́ть	я плачу́	ты пла́тишь	он пла́тит	...	...	они́ пла́тят	**Т — Ч**
чи́стить	я чи́щу	ты чи́стишь	он чи́стит	...	...	они́ чи́стят	**СТ — Щ**
люби́ть	я люблю́	ты лю́бишь	он лю́бит	...	...	они́ лю́бят	**Б — БЛ**
гото́вить	я гото́влю	ты гото́вишь	он гото́вит	...	...	они́ гото́вят	**В — ВЛ**
корми́ть	я кормлю́	ты ко́рмишь	он ко́рмит	...	...	они́ ко́рмят	**М — МЛ**
терпе́ть	я терплю́	ты те́рпишь	он те́рпит	...	...	они́ те́рпят	**П — ПЛ**

PRODUCTIVE VERB CLASSES

FIRST CONJUGATION VERBS RETAINING THEIR VOWEL IN THE STEM OF THE PRESENT TENSE

Class I. The infinitive and present tense stems end in -A- *(pattern verb* **читА́ть)** or -Я- *(pattern verb* **гулЯ́ть)**

чит-А́-ТЬ
чит-А́-Ю
чит-А́-ЕШЬ ...
чит-А́-ЮТ

брос-А́-ТЬ
брос-А́-Ю
брос-А́-ЕШЬ ...
брос-А́-ЮТ

стрел-Я́-ТЬ
стрел-Я́-Ю
стрел-Я́-ЕШЬ ...
стрел-Я́-ЮТ

or

наде-ВА́-ТЬ
наде-ВА́-Ю
наде-ВА́-ЕШЬ ...
наде-ВА́-ЮТ

пока́з-ЫВА-ТЬ
пока́з-ЫВА-Ю
пока́з-ЫВА-ЕШЬ ...
пока́з-ЫВА-ЮТ

рассма́тр-ИВА-ТЬ
рассма́тр-ИВА-Ю
рассма́тр-ИВА-ЕШЬ ...
рассма́тр-ИВА-ЮТ

Class II.

бол-Е́-ТЬ
бол-Е́-Ю
бол-Е́-ЕШЬ ...
бол-Е́-ЮТ

The infinitive and present tense stems end in -E- *(pattern verb* **болЕ́ть)**

ATTENTION!

Some verbs ending in -АТЬ:
держа́ть, лежа́ть, крича́ть, молча́ть, стуча́ть, слы́шать, ды́шать, etc.
and
some verbs ending in -ЕТЬ:
смотре́ть, горе́ть, веле́ть, ви́деть, ненави́деть, оби́деть, сиде́ть, etc.

belong to the 2nd conjugation
(these are non-productive groups)

PRODUCTIVE VERB CLASS

FIRST CONJUGATION VERBS WHICH HAVE THE INTERCHANGE OF VOWELS IN THEIR PRESENT TENSE STEM

Class III

The infinitive stem ends in -ОВА, -ЕВА, the present tense stem ends in -У *(pattern verb* рисОВА́ть)
(-У-Ю, -У-ЕШЬ, -У-ЕТ, -У-ЕМ, -У-ЕТЕ, -У-ЮТ)

рис-ОВА́-ТЬ
рис-У́-Ю
рис-У́-ЕШЬ ...
рис-У́-ЮТ
but: *past tense*
рисОВА́л, -а, -и

про́б-ОВА-ТЬ
про́б-У-Ю
про́б-У-ЕШЬ ...
про́б-У-ЮТ
but: *past tense*
про́бОВАл, -а, -и

аплоди́р-ОВА-ТЬ
аплоди́р-У-Ю
аплоди́р-У-ЕШЬ ...
аплоди́р-У-ЮТ
but: *past tense*
аплоди́рОВАл, -а, -и

танц-ЕВА́-ТЬ
танц-У́-Ю
нанц-У́-ЕШЬ
танц-У́-ЮТ
but: *past tense*
танцЕВА́л, -а, -и

фотограф-И́РОВА-ТЬ
фотографи́р-У-Ю
фотографи́р-У-ЕШЬ
фотографи́р-У-ЮТ
but: *past tense*
фотографи́рОВАл, -а, -и

сигнал-ИЗИ́РОВА-ТЬ
сигнализи́р-У-Ю
сигнализи́р-У-ЕШЬ
сигнализи́р-У-ЮТ
but: *past tense*
сигнализи́рОВАл, -а, -и

 REMEMBER!

In the present tense, verbs of this group lose their infinitive suffixes -ОВА, -ЕВА, which are replaced by the suffix -У- (-Ю-). Verbs with the infinitive endings -ИРОВАТЬ, -ИЗИРОВАТЬ and -ИЗОВАТЬ are foreign loans. They mostly denote complex activity involving the use of machinery. The majority of these verbs are used as both perfective and imperfective:
радиофициру́Ю, организу́Ю these are simultaneously the present tense forms of the imperfective aspect and the future tense forms of the perfective aspect.

PRODUCTIVE VERB CLASS

FIRST CONJUGATION VERBS

Class future The infinitive stem ends in **-НУ-**, the stem of the simple future ends in **-Н-** *(perfective verbs, the pattern verb* отдохНУ́ть)

future tense

past tense

мах-НУ́-л, мах-НУ́-ла, мах-НУ́-ли
the suffix -ну- is retained

мах-НУ́-ТЬ
мах-Н-У́, мах-Н-Е́ШЬ, ...
мах-Н-У́Т

These verbs have an additional meaning of a swift single action.

сверкНУ́-ТЬ
сверк-Н-Ё́Т (молния)

NON-PRODUCTIVE GROUP

FIRST CONJUGATION VERBS WITH THE STEM ENDING IN -НУ- (VERBS OF PERFECTIVE AND IMPERFECTIVE ASPECTS)

present tense

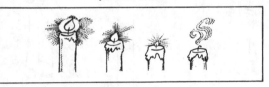

гас-НУ́-ТЬ
гас-Н-У́, гас-Н-Е́ШЬ, ...
гас-Н-У́Т

past tense

гас, га́с-л-а, га́с-л-и

the suffix -НУ- is lost

| мо́кнуть, со́хнуть, ги́бнуть | *(imperf.)* | исче́знуть, окре́пнуть, привы́кнуть, поги́бнуть | *(perf.)* |

NON-PRODUCTIVE GROUP

F1ST CONJUGATION VERBS WHICH LOSE A VOWEL IN THE PRESENT TENSE STEM

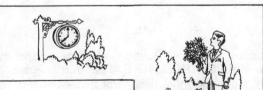

жд-АТЬ
жд-У, жд-Е́ШЬ, ... жд-У́Т
but: *past tense*
ждал, ждал-а́, жда́л-и

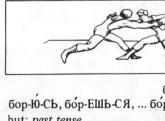

бор-О́ТЬ-СЯ
бор-Ю́-СЬ, бо́р-ЕШЬ-СЯ, ... бо́р-ЮТ-СЯ
but: *past tense*
боро́л-ся, боро́л-ась, боро́л-ись

NON-PRODUCTIVE GROUP

FIRST CONJUGATION VERBS WHOSE STEM ENDS IN A CONSONANT

неС-ТИ́
нес-у́, нес-ЁШЬ, ...
нес-У́Т

but: *past tense*
нёс, несл-а́, несл-и́

расти́
расту́, раст-ёшь, ...
раст-у́т

but: *past tense*
рос, росл-а́, росл-и́

спасти́ — спасу́, спас-ёшь
(сов. вид)

веЗ-ТИ́
вез-у́, вез-ЁШЬ, ...
вез-У́Т

but: *past tense*
вёз, везл-а́, везл-и́

ползти́
ползу́, полз-ёшь, ...
полз-у́т

лезть
ле́зу, ле́з-ешь, ...
ле́з-ут

иД-ТИ́
ид-у́, ид-ЁШЬ, ...
ид-У́Т

but: *past tense*
шёл, шл-а́, шл-и

сов. вид

войти́ — войду́, войдёшь
подойти́ — подойду́, подойдёшь
найти́ — найду́, найдёшь

веС-ТИ́
вед-у́, вед-ЁШЬ, ...
вед-У́Т

but: *past tense*
вёл, вел-а́, вел-и́

сесть *(сов. вид)*

ся́ду, ся́дешь, ...
ся́дут

but: *past tense*
сел, сел-а́, се́л-и

клаС-ТЬ
клад-у́, клад-ЁШЬ, ...
клад-У́Т

but: past tense
клал, кла́л-а, кла́л-и

упа́сть *(сов. вид)*

упаду́, упадёшь, ...
упаду́т

but: *past tense*
упа́л, упа́л-а, упа́л-и

цвеС-ТИ́
цвет-у́, цвет-ЁШЬ, ...
цвет-У́Т

but: *past tense*
цвёл, цвел-а́, цвел-и́

приобрести́ *(сов. вид)*

приобрету́, приобретёшь, ...
приобрету́т

but: *past tense*
приобрёл, приобрел-а́, приобрел-и́

NON-PRODUCTIVE GROUP

FIRST CONJUGATION VERBS WITH AN INTERCHANGE OF CONSONANTS IN THE ROOT

пиС-А́ТЬ

пиШ-У́	пи́Ш-ЕМ
пи́Ш-ЕШЬ	пи́Ш-ЕТЕ
пи́Ш-ЕТ	пи́Ш-УТ

past tense

писа́л, писа́л-а,
писа́л-и

маХ-А́ТЬ

маШ-У́	ма́Ш-ЕМ
ма́Ш-ЕШЬ	ма́Ш-ЕТЕ
ма́Ш-ЕТ	ма́Ш-УТ

past tense

маха́л, маха́л-а,
маха́л-и

пряТ-АТЬ

пряЧ-У	пря́Ч-ЕМ
пря́Ч-ЕШЬ	пря́Ч-ЕТЕ
пря́Ч-ЕТ	пря́Ч-УТ

past tense

пря́тал, пря́тал-а,
пря́тал-и

пла́К-АТЬ

плаЧ-У	пла́Ч-ЕМ
пла́Ч-ЕШЬ	пла́Ч-ЕТЕ
пла́Ч-ЕТ	пла́Ч-УТ

past tense

пла́кал, пла́кал-а,
пла́кал-и

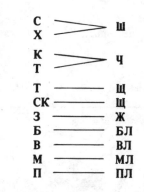

С	
Х	Ш
К	
Т	Ч
Т ———	Щ
СК ———	Щ
З ———	Ж
Б ———	БЛ
В ———	ВЛ
М ———	МЛ
П ———	ПЛ

ре́З-АТЬ

реЖ-У	ре́Ж-ЕМ
ре́Ж-ЕШЬ	ре́Ж-ЕТЕ
ре́Ж-ЕТ	ре́Ж-УТ

past tense

ре́зал, ре́зал-а,
ре́зал-и

иСК-А́ТЬ

иЩ-У́	и́Щ-ЕМ
и́Щ-ЕШЬ	и́Щ-ЕТЕ
и́Щ-ЕТ	и́Щ-УТ

past tense

иска́л, иска́л-а,
иска́л-и

скаЗ-А́ТЬ – *perf.*
  скаЖ-У́ *future tense*   *past tense* скаЗа́л

укаЗ-А́ТЬ – *perf.*
  укаЖ-У́ *future tense*   *past tense* укаЗа́л

покаЗ-А́ТЬ – *perf.*
  покаЖ-У́ *future tense*   *past tense* покаЗа́л

закаЗ-А́ТЬ – *perf.*
  закаЖ-У́ *future tense*   *past tense* закаЗа́л

откаЗ-А́ТЬ – *perf.*
  откаЖ-у́ *future tense*   *past tense* откаЗа́л

NON-PRODUCTIVE GROUP

FIRST CONJUGATION VERBS WITH THE INFINITIVE ENDING IN -ЧЬ

МОЧЬ

я	моГ-У́
ты	мо́Ж-ЕШЬ
он она́	мо́Ж-ЕТ
мы	мо́Ж-ЕМ
вы	мо́Ж-ЕТЕ
они́	мо́Г-УТ

past tense

стриЧЬ

стриГ-У́	стриЖ-ЁМ
стриЖ-ЁШЬ	стриЖ-ЁТЕ
стриЖ-ЁТ	стриГ-У́Т

past tense

стриг, стри́гла,
стри́гли

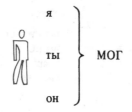

я ты он	МОГ

жеЧЬ

жГ-У	жЖ-ЁМ
жЖ-ЁШЬ	жЖ-ЁТЕ
жЖ-ЁТ	жГ-УТ

past tense

жёг, жгла,
жгли

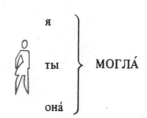

я ты она́	МОГЛА́

помо́ЧЬ – *perf.*
future tense

помоГ-У́	помо́Ж-ЕМ
помо́Ж-ЕШЬ	помо́Ж-ЕТЕ
помо́Ж-ЕТ	помо́Г-УТ

past tense

помо́г, помогла́
помогли́

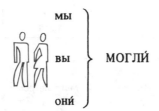

мы вы они́	МОГЛИ́

пеЧЬ

пеК-У́	печ-ЁМ
печ-ЁШЬ	печ-ЁТЕ
печ-ЁТ	пеК-У́Т

past tense

пёк, пекла́,
пекли́

NON-PRODUCTIVE GROUP

FIRST CONJUGATION VERBS WITH VARIOUS PECULIARITIES

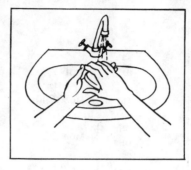

ПИТЬ

я	пЬю	мы	пЬём
ты	пЬёшь	вы	пЬёте
он	пЬёт	они	пЬют
она́			

past tense
пил, пил-а́, пи́л-и

	perf.	*future tense*
бить	разби́ть	разОбЬю́
шить	уби́ть	убЬю́
лить	приши́ть	пришЬю́

МЫТЬ

я	мО́ю	мы	мО́ем
ты	мО́ешь	вы	мО́ете
он	мО́ет	они	мО́ют
она́			

past tense
мыл, мы́л-а, мы́л-и

perf.		*future tense*
покры́ть		покрО́ю
откры́ть		открО́ю
закры́ть		закрО́ю

ПЛЫТЬ

я	плыВу́	мы	плыВём
ты	плыВёшь	вы	плыВёте
он	плыВёт	они	плыВу́т
она́			

past tense
плыл, плыл-а́, плыл-и

present tense
жить — жиВу́, жиВёшь

past tense
жил, жил-а́, жи́л-и

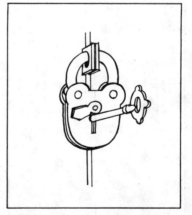

ЗВАТЬ

я	зОву́	мы	зОвём
ты	зОвёшь	вы	зОвёте
он	зОвёт	они	зОву́т
она́			

past tense
звал, звал-а́, зва́л-и

ЗАПЕРЕ́ТЬ – *сов. вид*
future tense

я	запру́	мы	запрём
ты	запрёшь	вы	запрёте
он	запрёт	они	запру́т
она́			

past tense
за́пер, заперл-а́, за́перл-и

ПЕТЬ

я	пОю́	мы	пОём
ты	пОёшь	вы	пОёте
он	пОёт	они	пОю́т
она́			

past tense
пел, пе́л-а, пе́л-и

БРАТЬ

я	бЕру́	мы	бЕрём
ты	бЕрёшь	вы	бЕрёте
он она́	бЕрёт	они́	бЕру́т

past tense
брал, брал-а́, бра́л-и

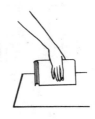

ВЗЯТЬ – *perf.*
future tense

я	вОзьму́	мы	вОзьмём
ты	вОзьмёшь	вы	вОзьмёте
он она́	вОзьмёт	они́	вОзьму́т

past tense
взял, взял-а́, взя́л-и

ДАВА́ТЬ

я	даю́	мы	даём
ты	даёшь	вы	даёте
он она́	даёт	они́	даю́т

past tense
давал, дава́л-а, дава́л-и

ДАТЬ – *perf.*
future tense

я	дам	мы	дади́м
ты	дашь	вы	дади́те
он она́	даст	они́	даду́т

past tense
дал, дал-а́, да́л-и

СОЗДАВА́ТЬ

создаю́ – *present tense*
создава́л – *past tense*

СОЗДА́ТЬ – *perf.*

созда́м – *future tense*
созда́л – *past tense*

ВСТАВА́ТЬ

я	встаю́	мы	встаём
ты	встаёшь	вы	встаёте
он она́	встаёт	они́	встаю́т

past tense
встава́л, встава́л-а, встава́л-и

ВСТАТЬ – *perf.*
future tense

я	вста́ну	мы	вста́нем
ты	вста́нешь	вы	вста́нете
он она́	вста́нет	они́	вста́нут

past tense
встал, вста́л-а, вста́л-и

УЗНАВА́ТЬ

узнаю́ – *present tense*
узнава́л – *past tense*

УЗНА́ТЬ – *perf.*

узна́ю – *future tense*
узна́л – *past tense*

ATTENTION!
Imperfective verbs with the roots **-да-, -ста-, -зна-** lose the suffix — **-ва-** in the present tense.

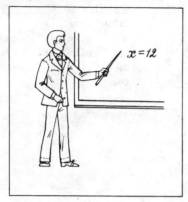

ПРИЕМ ПОСЫЛОК

ПОНЯ́ТЬ – *perf.*
future tense

я	пойМУ́	мы пойМём
ты	пойМёшь	вы пойМёте
он она́ }	пойМёт	они́ пойМУ́т

past tense

по́нял, понял -а́, по́нял -и

ПОДНЯ́ТЬ   *perf.*
future tense

я	подниМУ́	мы подниМем
ты	подниМешь	вы подниМете
он она́ }	подниМет	они́ подниМут

past tense

по́днял, поднял -а́, по́днял -и

ПОСЛА́ТЬ – *perf.*
future tense

я	поШЛю́	мы поШЛём
ты	поШЛёшь	вы поШЛёте
он она́ }	поШЛёт	они́ поШЛю́т

past tense

посла́л, посла́л -а, посла́л -и

заня́ть – займу́
приня́ть – приму́

снять – сниму́
обня́ть – обниму́

присла́ть – пришлю́
– *perf.*

Е́ХАТЬ

я	е́ду	мы	е́дем
ты	е́дешь	вы	е́дете
он она́ }	е́дет	они́	е́дут

past tense
е́хал, е́хал-а, е́хал-и

ЕСТЬ

я	ем	мы	еди́м
ты	ешь	вы	еди́те
он она́ }	ест	они́	едя́т

past tense
ел, е́ла, е́ли

БЫТЬ

я		мы	
ты	} есть	вы	} есть
он она́		они́	

future tense

я	бу́ду	мы	бу́дем
ты	бу́дешь	вы	бу́дете
он она́ }	бу́дет	они́	бу́дут

past tense

был, была́,
бы́ло, бы́ли

пробы́ть – пробу́ду
забы́ть – забу́ду

прибы́ть – прибу́ду
добы́ть – добу́ду

побы́ть – побу́ду
– *perf.*

PRODUCTIVE VERB CLASS

SECOND CONJUGATION VERBS

Class V. **The infinitive stem ends in-и** *(pattern* говори́ть**)**
(-Ю, -У, -ИШЬ, -ИТ, -ИМ, -ИТЕ, -АТ, -ЯТ)

говор-И́-ТЬ

говор-Ю́
говор-И́ШЬ, ... -Я́Т

звон-И́-ТЬ

звон-Ю́
звон-И́ШЬ, ... -Я́Т

кур-И́-ТЬ

кур-Ю́
ку́р-ИШЬ, ... -ЯТ

служ-И́-ТЬ

служ-У́
слу́ж-ИШЬ, ... -АТ

уч-И́-ТЬ

уч-У́
у́ч-ИШЬ, ... -АТ

спеш-И́-ТЬ

спеш-У́
спеш-И́ШЬ, ... -АТ

тащ-И́-ТЬ

тащ-У́
та́щ-ИШЬ, ... -АТ

Verbs ending in **-ить** may have an **interchange of consonants** in the1st person singular.

а)   **Б – БЛ, В – ВЛ, М – МЛ, П – ПЛ**

руБ-И́ТЬ	лоВ-И́ТЬ	корМ-И́ТЬ	куП-И́ТЬ
руБЛ-Ю́	ловВЛ-Ю́	корМЛ-Ю́	куПЛ-Ю́
ру́Б-ИШЬ	ло́В-ИШЬ	ко́рМ-ИШЬ	ку́П-ИШЬ
ру́Б-ИТ ...	ло́В-ИТ ...	ко́рМ-ИТ ...	ку́П-ИТ ...
ру́Б-ЯТ	ло́В-ЯТ	ко́рМ-ЯТ	ку́П-ЯТ

past tense	*past tense*	*past tense*	*past tense*
руби́л, руби́л-а, руби́л-и	лови́л, лови́л-а, лови́л-и	корми́л, корми́л-а, корми́л-и	купи́л, купи́л -а, купи́л -и

люБ-И́ТЬ	ста́В-ИТЬ	знако́М-ИТЬ
люБЛ-Ю́	ста́ВЛ-Ю́	знако́МЛ-Ю́
лю́Б-ИШЬ	ста́В-ИШЬ	знако́М-ИШЬ

доба́вить	пригото́вить	заяви́ть	
останови́ть	поздра́вить	вступи́ть	— *perf.*

б)   Д–Ж, З–Ж, С–Ш, Т–Ч, Т–Щ, СТ–Щ

хоД-И́ТЬ	груЗ-И́ТЬ	кра́С-ИТЬ
хоЖ-У́	груЖ-У́	кра́Ш-У
хо́Д-ИШЬ	гру́З-ИШЬ	кра́С-ИШЬ
хо́Д-ИТ ...	гру́З-ИТ	кра́С-ИТ
хо́Д-ЯТ	гру́З-ЯТ	кра́С-ЯТ

past tense

ходи́л, ходи́л-а,	грузи́л, грузи́л-а,	кра́сил, кра́сил-а,
ходи́л-и	грузи́л-и	кра́сил-и

воД-И́ТЬ	е́зД-ИТЬ	воЗ-И́ТЬ	гроЗ-И́ТЬ	ноС-И́ТЬ	проС-И́ТЬ
воЖ-У́	е́зЖ-У	воЖ-У́	гроЖ-У́	ноШ-У́	проШ-У́
во́Д-ИШЬ	е́зД-ИШЬ	во́З-ИШЬ	гроЗ-И́ШЬ	но́С-ИШЬ	про́с-ИШЬ

освободи́ть	спроси́ть	
проводи́ть	попроси́ть	– perf.

плаТ-И́ТЬ	защиТ-И́ТЬ *perf.*	вы́пуСТ-ИТЬ *perf.*
	future tense	*future tense*
плаЧ-У́	защиЩ-У́	вы́пуЩ-У
пла́Т-ИШЬ	защиТ-И́ШЬ	вы́пуСТ-ИШЬ
пла́Т-ИТ ...	защиТ-И́Т ...	вы́пуСТ-ИТ ...
пла́Т-ЯТ	защиТ-Я́Т	вы́пуСТ-ЯТ

past tense

плати́л, плати́л-а,	защити́л, защити́л-а,	вы́пустил, вы́пустил-а,
плати́л-и	защити́л-и	вы́пустил-и

тра́Т-ИТЬ	встре́Т-ИТЬ *perf.*	посеТ-И́ТЬ *perf.*
	future tense	*future tense*
тра́Ч-У	встре́Ч-У	посеЩ-У́
тра́Т-ИШЬ	встре́Т-ИШЬ	посеТ-И́Т

NON-PRODUCTIVE GROUPS

SECOND CONJUGATION VERBS ENDING IN -ЕТЬ AND -АТЬ

смотр-Е́ТЬ

смотр-Ю́
смо́тр-ИШЬ ...
смо́тр-ЯТ

past tense

смотре́л, смотре́л-а,
смотре́л-и

сиД-Е́ТЬ

сиЖ-У́
сиД-И́ШЬ ...
сиД-Я́Т

past tense

сиде́л, сиде́л-а,
сиде́л-и

леТ-Е́ТЬ

леЧ-У́
леТ-И́ШЬ ...
леТ-Я́Т

past tense

лете́л, лете́л-а,
лете́л-и

горе́ть   ви́деть

леж-А́ТЬ

леж-у́
леж-и́шь ...
леж-а́т

past tense
лежа́л, -а, -и

крич-А́ТЬ

крич-у́
крич-и́шь ...
крич-а́т

past tense
крича́л, -а, -и

слы́ш-А́ТЬ

слы́ш-у
слы́ш-ишь ...
слы́ш-ат

past tense
слы́шал, -а, -и

держа́ть   молча́ть   дыша́ть

VERBS WITH FEATURES OF 1ST CONJUGATION AND 2ND CONJUGATION

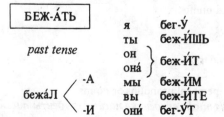

БЕЖ-А́ТЬ

past tense

бежа́Л ⟨ -А
      ⟨ -И

я	бег-у́
ты	беж-И́ШЬ
он / она́	беж-И́Т
мы	беж-И́М
вы	беж-И́ТЕ
они́	бег-У́Т

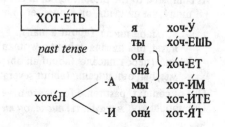

ХОТ-Е́ТЬ

past tense

хоте́Л ⟨ -А
      ⟨ -И

я	хоч-У́
ты	хо́ч-ЕШЬ
он / она́	хо́ч-ЕТ
мы	хот-И́М
вы	хот-И́ТЕ
они́	хот-Я́Т

THE PAST TENSE

We often discuss events that have already occurred, and actions that have been performed. Therefore, **past tense forms** of verbs are the ones most frequently used in conversation.

The Russian language has only one past tense form (for perfective and imperfective verbs).

Вчера́
он писа́л письмо́.

Вчера́
она́ писа́ла письмо́.

Вчера́
они́ писа́ли пи́сьма.

COMPARE: **present tense**   **past tense**
                          Сейча́с...   **Вчера́...**

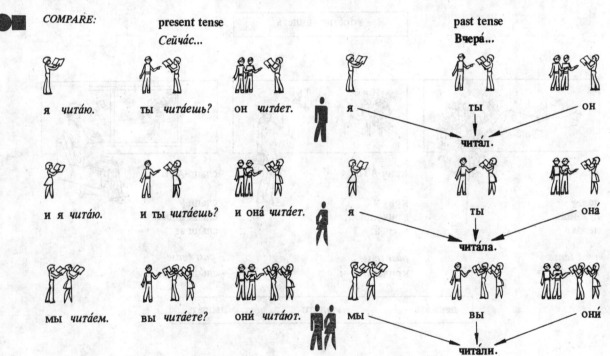

я чита́ю.   ты чита́ешь?   он чита́ет.   я   ты   он   чита́л.

и я чита́ю.   и ты чита́ешь?   и она́ чита́ет.   я   ты   она́   чита́ла.

мы чита́ем.   вы чита́ете?   они́ чита́ют.   мы   вы   они́   чита́ли.

⚠ *ATTENTION!*

As compared to the present tense, in the past tense verbs do not change in person and in number (Я пишу́, ты пи́шешь, он пи́шет, etc.) but **in gender and number:**

> я, ты, он писа́л (about a man);
> я, ты, она́ писа́ла (about a woman);
> оно́ (перо́) писа́ло (about an object of neuter gender),
> мы, вы, они́ писа́ли (about several persons).

Out of context past tense forms are never used without personal pronouns or nouns.
One should say: *я писа́л, ты писа́л, он писа́л или студе́нт писа́л, студе́нтка писа́ла, студе́нты писа́ли.*

Где ты был
ле́том, Анто́н?

— Я был на́ море.

Где ты была́
ле́том, А́нна?

— Я была́ на́ море.

Где вы бы́ли ле́том?
(Анто́н и А́нна)

— Мы бы́ли на́ море.

Что ты там де́лал?

— Я ходи́л на пляж.

Что ты там де́лала?

— Я ходи́ла на пляж.

Что вы там де́лали?

— Мы ходи́ли на пляж.

— Я пла́вал.

— Я пла́вала.

— Мы пла́вали.

— Я ката́лся на ло́дке.

— Я ката́лась на ло́дке.

— Мы ката́лись на ло́дке.

А где был Андре́й?

— Он то́же был на́ море,
ходи́л на пляж,
пла́вал и
ката́лся на ло́дке.

А где была́ Ка́тя?

— Она́ то́же была́ на́ море,
ходи́ла на пляж,
пла́вала и
ката́лась на ло́дке.

А где бы́ли Ни́на и Ви́ктор?

— Они́ то́же бы́ли на́ море,
ходи́ли на пляж,
пла́вали и
ката́лись на ло́дке.

FORMATION OF THE PAST TENSE

All verb forms in Russian are derived of two stems of a verb: the *present tense stem (or simple future tense stem),* and the *infinitive stem:*

рисова́ть < present tense stem: я рису́-Ю
              infinitive stem: я рисова́-Л

дава́ть < present tense stem: я да-Ю
           infinitive stem: я дава́-Л

PAST TENSE FORMS ARE DERIVED FROM THE INFINITIVE:

ЧИТА́(ТЬ) + Л, + ЛА, + ЛИ

| я
ты
он } | ЧИТА́Л | я
ты
она́ } | ЧИТА́ЛА | мы
вы
они́ } | ЧИТА́ЛИ |

The majority of Russian verbs whose infinitive stem ends in a vowel, form the past tense in this way.

FORMATION OF THE PAST TENSE: SPECIAL CASES

(NON-PRODUCTIVE GROUPS)

	Infinitive	Present or Future Tense		Past Tense	
а)	НЕСТИ́ ВЕЗТИ́ РАСТИ́	я НЕСУ́ я ВЕЗУ́ я РАСТУ́	он НЁС он ВЁЗ он РОС	она́ НЕСЛА́ она́ ВЕЗЛА́ она́ РОСЛА́	они́ НЕСЛИ́ они́ ВЕЗЛИ́ они́ РОСЛИ́
б)	МОЧЬ ЛЕЧЬ[1]	я МОГУ́ я ЛЯ́ГУ	он МОГ он ЛЁГ	она́ МОГЛА́ она́ ЛЕГЛА́	они́ МОГЛИ́ они́ ЛЕГЛИ́
в)	ВЕСТИ́ ЦВЕСТИ́	я ВЕДУ́	он ВЁЛ он ЦВЁЛ	она́ ВЕЛА́ она́ ЦВЕЛА́	они́ ВЕЛИ́ они́ ЦВЕЛИ́
г)	ДОСТИ́ГНУТЬ[1] МЁРЗНУТЬ	я ДОСТИ́ГНУ я МЁРЗНУ	он ДОСТИ́Г он МЁРЗ	она́ ДОСТИ́ГЛА она́ МЁРЗЛА	они́ ДОСТИ́ГЛИ они́ МЁРЗЛИ
д)	ЗАПЕРЕ́ТЬ[1]	я ЗАПРУ́	он ЗА́ПЕР	она́ ЗАПЕРЛА́	они́ ЗА́ПЕРЛИ
е)	ЕСТЬ СЕСТЬ[1] ИДТИ́	я ЕМ я СЯ́ДУ я ИДУ́	он ЕЛ он СЕЛ он ШЁЛ	она́ Е́ЛА она́ СЕ́ЛА она́ ШЛА	они́ Е́ЛИ они́ СЕ́ЛИ они́ ШЛИ

 REMEMBER special formation of past tense forms in the following verbs: есть (ел, е́ла, е́ли), сесть (сел, се́ла, се́ли) and идти́ (шёл, шла, шли).

---

[1] The verbs лечь, дости́гнуть, запере́ть and сесть are perfective;
ля́гу, дости́гну, etc. are future tense forms, not present.

THE FUTURE TENSE

There are **two forms** of the **future tense** in Russian:

compound future

is derived from imperfective vebs.
The **compound future** means that the action will happen or will be repeated.

я	бу́ду
ты	бу́дешь
он она́	бу́дет
мы	бу́дем
вы	бу́дете
они́	бу́дут

писа́ть письмо́

За́втра ве́чером я бу́ду **писа́ть** пи́сьма (но не зна́ю, ко́нчу ли их писа́ть).

Ве́чером я бу́ду **чита́ть** интере́сную кни́гу.
The **compound future** is formed of the auxiliary verb
быть in the future and the infinitive of an imperfective verb.

simple future

is derived from perfective verbs.
The **simple future** means that the action will be completed in the future and will have some result.

я	напишу́
ты	напи́шешь
он она́	напи́шет
мы	напи́шем
вы	напи́шете
они́	напи́шут

письмо́

За́втра я непреме́нно **напишу́** письмо́ и отпра́влю его́.

Сего́дня ве́чером я **прочита́ю** (с нача́ла до конца́) э́ту статью́.
The **simple future** is derived of perfective verbs in the same way as present tense forms of imperfective [1] verbs.

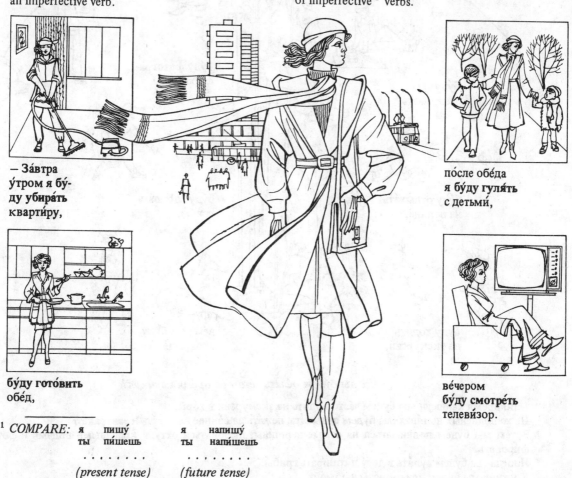

— За́втра у́тром я бу́ду убира́ть кварти́ру,

бу́ду гото́вить обе́д,

по́сле обе́да я бу́ду гуля́ть с детьми́,

ве́чером бу́ду смотре́ть телеви́зор.

---

[1] *COMPARE:*

я пишу́	я напишу́
ты пи́шешь	ты напи́шешь
. . . .	. . . .
(present tense)	*(future tense)*

THE COMPOUND FUTURE TENSE

(imperfective aspect)

**Во вре́мя кани́кул
ка́ждый день я...**

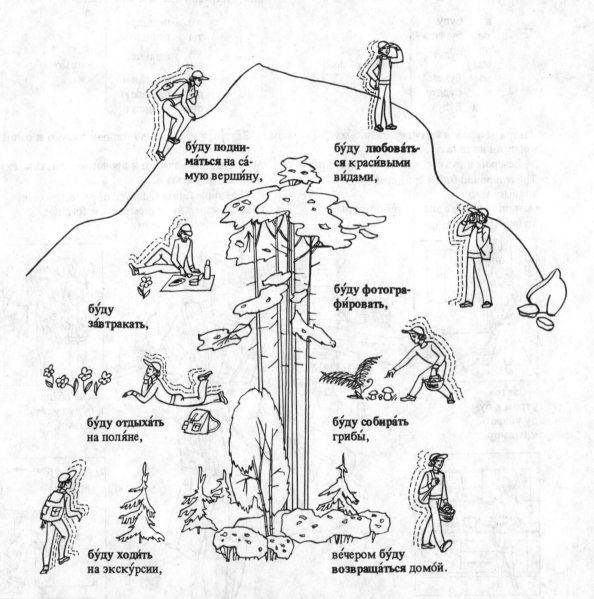

бу́ду подни-
ма́ться на са-
мую верши́ну,

бу́ду любова́ть-
ся краси́выми
ви́дами,

бу́ду
за́втракать,

бу́ду фотогра-
фи́ровать,

бу́ду отдыха́ть
на поля́не,

бу́ду собира́ть
грибы́,

бу́ду ходи́ть
на экску́рсии,

ве́чером бу́ду
возвраща́ться домо́й.

Что вы бу́дете де́лать ле́том во вре́мя кани́кул?

— Во вре́мя кани́кул мы бу́дем ча́сто ходи́ть на экску́рсии в го́ры.

На живопи́сных поля́нах мы бу́дем отдыха́ть, лежа́ть на со́лнце, загора́ть и за́втракать.

Зате́м мы бу́дем поднима́ться на са́мые верши́ны, любова́ться отту́да краси́выми ви́дами и **фотогра-
фи́ровать**.

Иногда́ мы бу́дем гуля́ть в лесу́ и собира́ть грибы́.

К у́жину мы бу́дем **возвраща́ться** домо́й.

THE SIMPLE FUTURE TENSE

(perfective aspect)

В сле́дующее воскре-
се́нье (за́втра) я...

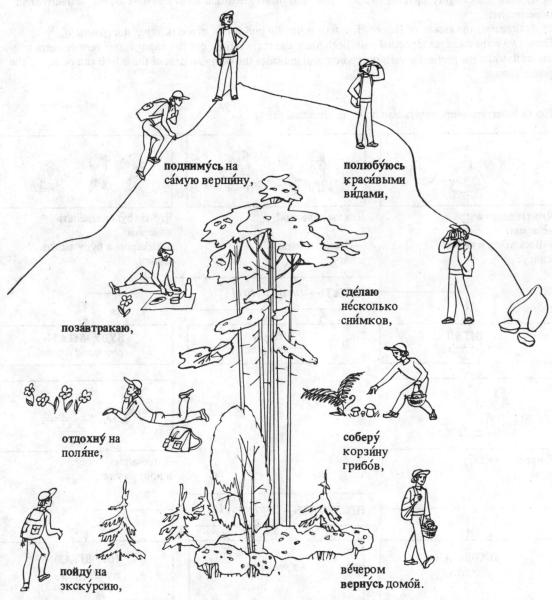

поднимусь на
са́мую верши́ну,

полюбу́юсь
краси́выми
ви́дами,

сде́лаю
не́сколько
сни́мков,

поза́втракаю,

соберу́
корзи́ну
грибо́в,

отдохну́ на
поля́не,

пойду́ на
экску́рсию,

ве́чером
верну́сь домо́й.

Как вы проведёте бу́дущее воскресе́нье?

— Послеза́втра, в воскресе́нье, мы **пойдём** на экску́рсию в го́ры.

На како́й-нибу́дь живопи́сной поля́не мы **посиди́м**, **отдохнём**, **полежи́м** немно́го на со́лнце, что́бы загоре́ть, и **поза́втракаем**.

Зате́м мы **подни́мемся** на са́мую верши́ну, **полюбу́емся** отту́да краси́выми ви́дами и **сде́лаем** не́сколько сни́мков.

На обра́тном пути́ мы **погуля́ем** в лесу́ и **соберём** корзи́ну грибо́в.

Мы **вернёмся** домо́й по́здно ве́чером.

ASPECTS OF THE VERB

 Он **стро́ит (стро́ил)** дом.   Он **постро́ил** дом.

Apart from the category of tense *(present, past* and *future)*, Russian verbs also have **aspect, perfective** and **imperfective**.

In dictionaries, the aspect of this or that verb is usually indicated: **стро́ить** *imp.,* **постро́ить** *pf.*

These two verbs make **an aspectual pair**. Both name the same action, but the *imperfective* verb **стро́ить** only names it, while the *perfective* verb **постро́ить** also indicates the completeness of the action and points to the possible result.

The verbs **чита́ть — прочита́ть** also make an aspectual pair[1].

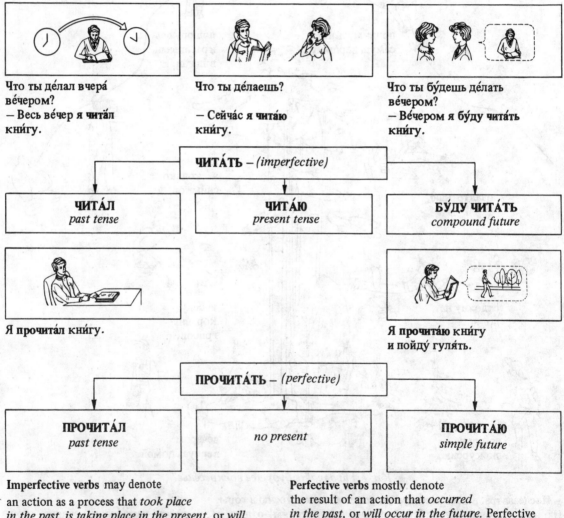

Что ты де́лал вчера́ ве́чером?
— Весь ве́чер я **чита́л** кни́гу.

Что ты де́лаешь?
— Сейча́с я **чита́ю** кни́гу.

Что ты бу́дешь де́лать ве́чером?
— Ве́чером я бу́ду **чита́ть** кни́гу.

ЧИТА́ТЬ — *(imperfective)*

| **ЧИТА́Л** *past tense* | **ЧИТА́Ю** *present tense* | **БУ́ДУ ЧИТА́ТЬ** *compound future* |

Я **прочита́л** кни́гу.

Я **прочита́ю** кни́гу и пойду́ гуля́ть.

ПРОЧИТА́ТЬ — *(perfective)*

| **ПРОЧИТА́Л** *past tense* | *no present* | **ПРОЧИТА́Ю** *simple future* |

Imperfective verbs may denote
an action as a process that *took place
in the past, is taking place in the present,* or *will
take place in the future,* therefore they may be
used in the *past, present* or *future*
tense.

Perfective verbs mostly denote
the result of an action that *occurred
in the past,* or *will occur in the future.* Perfective
verbs have no present tense, they are used
only in the *past* and *simple
future.*

---

[1] To define the aspect of a verb when both members of the aspectual pair are known, see pp. 224—226.

THE USE OF ASPECTS OF THE VERB IN THE PAST TENSE[1]

imperfective	perfective
1. Что ты де́лал вчера́ ве́чером? — Я писа́л пи́сьма. The action is named only; the speaker does not care about possible result.	
2. Ты до́лго **писа́л** пи́сьма? — Я **писа́л** пи́сьма весь ве́чер. The action continued for some time. The process is emphasized.	Ты **написа́л** пи́сьма свои́м друзья́м? — Да, я вчера́ **написа́л** пи́сьма. The result is emphasized. The action is single, not repeated.
3. Во вре́мя кани́кул я ка́ждый день **писа́л** пи́сьма свои́м друзья́м. The action was repeated many times.	
4. Я **писа́л** пи́сьма и **слу́шал** му́зыку. Когда́ я **писа́л** пи́сьма, брат **слу́шал** му́зыку. Both actions took place simultaneously.	Вчера́ я **написа́л** пи́сьма свои́м друзья́м и **отнёс** их на по́чту. Когда́ я **написа́л** пи́сьма свои́м друзья́м, я **отнёс** их на по́чту. One action which produced a result took place after another, which was also completed with a result.

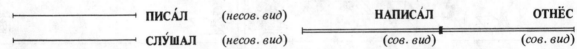

ПИСА́Л *(несов. вид)*   НАПИСА́Л *(сов. вид)*   ОТНЁС *(сов. вид)*

СЛУ́ШАЛ *(несов. вид)*

In choosing the proper aspect, it is important not only to consider the nature of an action, but also to have a clear idea of what the speaker wants to tell his interlocutor, or of what he wishes to find out from him, the way he perceives the action.

It is possible to describe a completed action using an imperfective verb, if the speaker cares for the fact of the **action** only, and not for its result.

> Что ты де́лал вчера́?
> — Я **чита́л** кни́гу (При э́том кни́га мо́жет быть прочи́тана.).

Где ты был?
Что ты де́лал?
Почему́ ты тако́й уста́лый?
— Сдава́л экза́мен.

Где ты был?
— Сдава́л экза́мен.
Сдал?
— Нет, не сдал.

Где ты был?
— Сдава́л экза́мен.
Сдал?
— Сдал.

---

[1] The use of verb aspects in the future largely coincides with the use of aspects in the past.

THE USE OF ASPECTS OF THE VERB IN THE PAST TENSE: SPECIAL CASES

imperfective   **perfective**

1. Почему́ в ко́мнате
    хо́лодно?
    — Я открыва́л окно́.
    (I opened the window a
    while ago, i. e. opened and
    then shut it).
    The result of the action
    is annulled at the moment of speech.

    — Заче́м ты откры́л
    окно́?
    (You have opened the
    window, and it is still
    open.)
    The result of the action
    is retained at the moment of speech.

PAY ATTENTION TO the verbs that can be used in this sense.

VOCABULARY

брать, дава́ть	приходи́ть, приезжа́ть	взять, дать	прийти́, прие́хать
встава́ть, ложи́ться	снима́ть, надева́ть	встать, лечь	снять, наде́ть
включа́ть, выключа́ть	подходи́ть, заходи́ть	включи́ть, вы́ключить	подойти́, зайти́
открыва́ть, закрыва́ть	уходи́ть, входи́ть	откры́ть, закры́ть	уйти́, войти́

2. Он стро́ил да́чу це́лый ме́сяц.   Он постро́ил да́чу за ме́сяц.

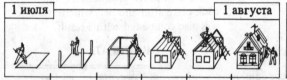

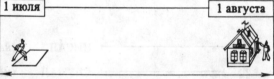

The process went on for some indefinite time.   The result is achieved within some definite time.

THE USE OF ASPECTS OF THE VERB TO MARK THE BEGINNING AND THE END OF AN ACTION

THE WAYS OF VERBAL ACTION

Each action proceeding in time can be represented in the following way:

no action   **process of action**   **no action**

initial point of action   *beginning of action*   **ПЕТЬ**   *end of action*   *final limit*

ЗАПЕ́ТЬ   СПЕ́ТЬ

perfective
The initial point of the action
indicates the absence
of action before
this moment.

imperfective
The process is the action itself,
without the indication of its
beginning or end.

perfective
The final limit of the action indicates
that the action was earlier,
but there was no action later than this
moment.

The initial point of action is denoted:
(a) by *perfective* verbs derived of imperfective
ones with the help of the prefix ЗА-: **запéть, закричáть, заговорúть**, etc. (more seldom with the help of the prefix ПО-: **полюбúть, понрáвиться**):
(b) or by means of the verbs *начинáть – начáть* or *стать* plus the infinitive of an imperfective verb: *начáть петь.*

The process of action is denoted:
by *imperfective* verbs: *петь, кричáть, говорúть, писáть, гуля́ть, купáться, дéлать*, etc. (usually these verbs have no prefixes).

The final limit of action is denoted:
(a) by *perfective* verbs derived from imperfective ones, as a rule, with the help of various prefixes: **спеть, написáть, сдéлать, вы́купаться**, etc.
(b) or using the verbs *кончáть – кóнчить* or *перестáть* plus the infinitive of an imperfective verb: *кóнчить петь.*

THE USE OF ASPECTS OF THE VERB IN THE INFINITIVE FORM

The aspect of an infinitive form often depends on the meaning of the word it qualifies.

imperfective	perfective

The infinitive form of imperfective verbs only is used:

I. after the verbs:

а) начинáть—начáть
   стать   } рабóтать
   продолжáть   } занимáться
   кончáть—кóнчить} отдыхáть

б) учи́ться—научи́ться }
   привыкáть—   } петь
   привы́кнуть   } танцевáть
   любúть—полюбúть   }

в) разучи́ться }
   отвы́кнуть   } танцевáть
   разлюбúть   }

г) уставáть—устáть   } повторя́ть
   надоедáть—надоéсть} говорúть
   запрещáться   } кури́ть

II. after the words:

порá and *нáдо, ну́жно,
мóжно* (in the meaning of *порá)*

The infinitive of perfective verbs is used in speech particularly frequently with the so-called modal words:

нáдо, ну́жно, дóлжен
and the verbs:
хотéть, мочь, просúть, совéтовать, etc.
to express the necessity, desire, possibility, intention or advice to undertake some action.

In all these cases, a single, non-repeated action is meant[1] :

нáдо сказáть...   могу́ опоздáть...
дóлжен сдéлать ...   совéтую прочитáть...
хочу́ поня́ть...   прошу́ объясни́ть...
хóчется узнáть...   собирáюсь посмотрéть...
мóжно спросúть...   разреши́те поблагода-
                         ри́ть ...

— Семь часóв!
Нáдо (порá)
вставáть!

— **Мóжно** (порá)
начинáть!

— **Нáдо** встать!

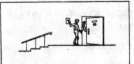

— **Мóжно** войти́?

---

[1] The imperfective infinitive with the modal words usually indicates repeated action or action as a process: *Нáдо кáждый день говорúть по-ру́сски. Совéтую бóльше читáть газéты. Он дóлжен отдыхáть.*

THE USE OF PERFECTIVE AND IMPERFECTIVE INFINITIVE IN THE NEGATIVE

The **imperfective infinitive** is used to express prohibition:

The **perfective infinitive** is used to denote physical impossibility:

Нельзя́ входи́ть.
Вход запрещён.

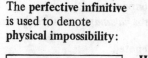

Нельзя́ войти́.
Дверь заперта́.

Гори́т кра́сный свет.
Нельзя́ переходи́ть у́лицу.

У́лицу нельзя́ перейти́.
О́чень си́льное движе́ние.

По э́той у́лице
нельзя́ проезжа́ть.
Прое́зд запрещён.

По э́той у́лице
нельзя́ прое́хать.
Она́ о́чень у́зкая.

Нельзя́ закрыва́ть окно́.
В ко́мнате ду́шно.

Чемода́н **нельзя́ закры́ть.**
В нём сли́шком
мно́го веще́й.

 After the words:

не на́до, не ну́жно,
не сле́дует, не при́нято,
не полага́ется,
не сове́тую, не хо́чется,

дово́льно,
доста́точно, хва́тит,
вре́дно — the **infinitive of imperfective verbs** is used.

THE USE OF ASPECTS OF THE VERB IN THE IMPERATIVE

The **imperative** has many meanings in Russian. Imperative forms may express a request to do something, an advice, an inducement to action, a command, a demand, an invitation.

imperfective

At the doctor's
— Три ра́за в день
принима́йте лека́р-
ство, **гуля́йте** пе́ред
сном, **ку́шайте** фру́к-
ты, о́вощи.

The speaker emphasizes that the action ought to be repeated.

perfective

In a shop
— **Скажи́те**, пожа́луй-
ста[1], у вас есть уче́б-
ник ру́сского языка́?
— **Покажи́те**, пожа́-
луйста.

The speaker is interested in the result of his words, he does not care for the process of action.

---

[1] The word **пожа́луйста** usually follows the verb: *Да́йте, пожа́луйста, ... Возьми́те, пожа́луйста, ... Заверни́те, пожа́луйста, ...*

Before the holidays

— Ле́том отдыха́йте, купа́йтесь, пла́вайте, загора́йте, собира́йте грибы́, я́годы...

To denote **prolonged** or repeated actions, imperfective verbs are used.

At home

— **Вы́три**, пожа́луйста, посу́ду.
— **Отнеси́** её в ко́мнату!
— **Поста́вь** ча́шки в шкаф!

To denote **completed single actions** we use **perfective verbs**.

Having visitors

— Входи́те, раздева́йтесь, проходи́те, пожа́луйста, в ко́мнату, сади́тесь..., ку́шайте...

Invitation is usually expressed by **imperfective verbs**.

At School

— **Войди́**! Почему́ ты опозда́л?
Зайди́ по́сле уро́ков в учи́тельскую!

Command is normally expressed by **perfective verbs**.

At the long-distance telephone exchange

— **Скажи́те**, пожа́луйста, мо́жно заказа́ть разгово́р с Оде́ссой?

— Пожа́луйста. Сейча́с соединю́. Мину́точку! **Говори́те!**

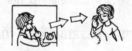

—А́нна, э́то ты? **Скажи́**, как ты живёшь? **Говори́** гро́мче, я пло́хо слы́шу.

Inducement to action at the time when the speaker's attention is centered on the action itself, is expressed by **imperfective verbs**.

THE USE OF ASPECTS OF THE VERB (NEGATIVE) IN THE IMPERATIVE

In the negative forms of the imperative **imperfective** verbs are used as a rule.

The *exception* to this rule includes the situations when the speaker is afraid that an undesirable action may occur (не забу́дь, не слома́й, не разбе́й).

— **Не разгова́ривайте!**
— **Не шуми́те!**

— **Смотри́**, не упади́!

FORMATION OF ASPECTS OF THE VERB

characteristic features of imperfective aspect	characteristic features of perfective aspect	
1. писа́ть – *absence of prefixes*	НАписа́ть – *presence of prefixes*	To determine the aspect of a verb which is a member of an aspectual pair, one should know formal features of each aspect and the ways of aspect formation.
2. перепи́сЫВАть *the suffix* **-ЫВА- (-ИВА)**	перепиcа́ть – *no suffix* **-ЫВА-**	
даВА́ть – *the suffix* **-ВА-**	дать – *no suffix* **-ВА-**	
3. решА́ть – *the suffix* **-А-**	решИ́ть – *the suffix* **-И-**	
4. кричА́ть – *the suffix* **-А-**	крикНУ́ть – *the suffix* **-НУ-**	

5. брать – *different stems* – взять

1.   ПИСА́ТЬ – НАПИСА́ТЬ

If two verbs differing from one another only in the presence or absence of a prefix, denote the same action, they form an **aspectual pair**.

Unprefixed verbs will be *imperfective,* and those with prefixes will be *perfective*[1].

For example:

буди́ть – разбуди́ть	мыть – помы́ть	ста́вить – поста́вить
вари́ть – свари́ть	обе́дать – пообе́дать	стро́ить – постро́ить
де́лать – сде́лать	писа́ть – написа́ть	учи́ть – обучи́ть
есть – съесть	рисова́ть – нарисова́ть	чита́ть – прочита́ть

In prefixed, or perfective verbs, the stress falls on the same syllable as in non-prefixed ones: (писа́ть – написа́ть) excepting verbs with the prefix ВЫ-, which is always stressed (учи́ть – вы́учить).

2.   ПИСА́ТЬ – ПЕРЕПИСА́ТЬ – ПЕРЕПИ́СЫВАТЬ

If the prefix introduces some additional meaning into the verb, the verb does not form an aspectual pair with the original, non-prefixed verb.

Переписа́ть – *to write once more*   Подписа́ть – *to sign one's name under the text*

When an action should be represented as a process, or as a recurrent action, a prefixed verb receives the suffix -ЫВА- (-ИВА-), which is an indication of the imperfective aspect. Two such prefixed verbs form an aspectual pair:

писа́ть – написа́ть	переписа́ть – перепи́сывать	подписа́ть – подпи́сывать
original verb, imperfective	derivative verb perfective	derivative verb imperfective

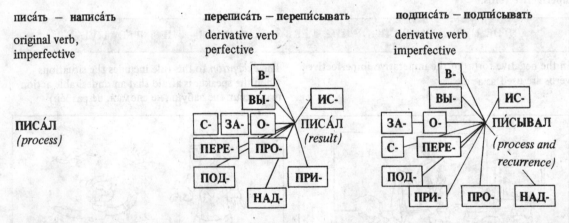

ПИСА́Л *(process)*   ПИСА́Л *(result)*   ПИ́СЫВАЛ *(process and recurrence)*

In an aspectual pair where the verbs differ from one another only in an absence or presence of the suffix -ВА-, the verb comprising this suffix is always perfective:

дава́ть – дать	надева́ть – наде́ть
встава́ть – встать	узнава́ть – узна́ть

---

[1] The only exception is the pair: покупа́ть (imp.) – купи́ть (pf.).

3.   РЕША́ТЬ – РЕШИ́ТЬ

If the verbs forming an aspectual pair differ only in their suffixes (-А- (-Я-), -И-), the one with the suffix -И- will be perfective, while the one with the suffix -А- imperfective[1].

изуча́ть – изучи́ть
объясня́ть – объясни́ть

отвеча́ть – отве́тить
побежда́ть – победи́ть

реша́ть – *imperfective*

— Вчера́ весь ве́чер я **реша́л** зада́чи.
(past tense)

— Не меша́й мне, пожа́луйста, я за́нят: я **реша́ю** зада́чи.
(present tense)

— Сейча́с я отдыха́ю, а ве́чером **бу́ду реша́ть** зада́чи.
(compound future)

реши́ть – *perfective*

— Наконе́ц я **реши́л** зада́чу!
(past tense)

(no present)

— Я ско́ро **решу́** эту зада́чу и пойду́ гуля́ть.
(simple future)

4.   КРИЧА́ТЬ – КРИ́КНУТЬ

If the verbs forming an aspectual pair differ only in suffixes -А- and -НУ-, the verb with the suffix -А- will be imperfective, and the one with the suffix -НУ- perfective[2].

The verb with the suffix -А- denotes:
(a) **prolonged action:**

Ребёнок **кричи́т.**

The verb with the suffix -НУ- denotes:
(a) **quick single action:**

Де́вочка испуга́лась и **кри́кнула**: „Ой!"

 VOCABULARY

крича́ть – кри́кнуть – **кри́кнул**
маха́ть – махну́ть – **махну́л**

пры́гать – пры́гнуть – **пры́гнул**

The suffix -НУ- is retained in the past tense.

(b) **prolonged action:**

Южа́нин с с трудо́м **привыка́л** к моско́вскому кли́мату. Ему́ бы́ло хо́лодно. Он ка́шлял.

(b) **completed action:** Че́рез год он уже́ **привы́к** к моско́вскому кли́мату. Ему́ уже́ не хо́лодно. Он ката́ется на лы́жах.

VOCABULARY

исчеза́ть – исче́знуть – **исче́з**
погиба́ть – поги́бнуть – **поги́б**

привыка́ть – привы́кнуть – **привы́к**

The suffix -НУ- disappears in the past tense.

---

[1] The suffix -А- (-Я-) is stressed in these imperfective verbs. There is often an interchange of consonants.
[2] In these imperfective verbs, the stress falls usually on the suffix -А-, while in their perfective counterparts the stress shifts to the previous syllable.

5.   БРАТЬ – ВЗЯТЬ

Some aspectual pairs consist of different verbs altogether. They should be learnt by heart:

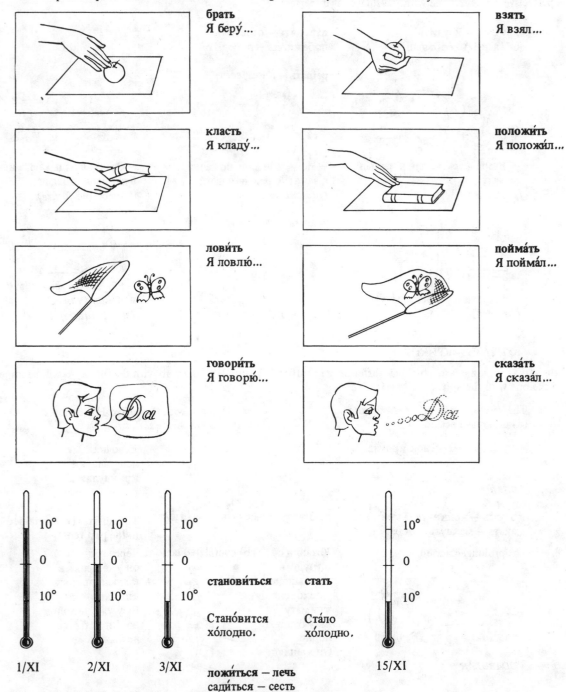

брать
Я беру́...

взять
Я взял...

класть
Я кладу́...

положи́ть
Я положи́л...

лови́ть
Я ловлю́...

пойма́ть
Я пойма́л...

говори́ть
Я говорю́...

сказа́ть
Я сказа́л...

станови́ться   стать

Стано́вится   Ста́ло
хо́лодно.   хо́лодно.

1/XI   2/XI   3/XI   15/XI

ложи́ться — лечь
сади́ться — сесть

Many verbs have **no aspectual counterpart:**
идти́, е́хать, пойти́, пое́хать, жить, име́ть, знать, etc.
Some verbs (mostly foreign loans) can double as **perfective** and **imperfective:** электрифици́ровать,
телеграфи́ровать, etc.

PREFIXES WITH TEMPORAL MEANING

There are prefixes in Russian which, being added to many verbs, define the action in time, i. e. have **temporal meaning**. They point to the beginning of action (ЗА-), its short duration (ПО-), or the fact that a certain period of time was completely taken up by some action (ПРО-).

prefix ПО-

prefix ПРО-

— Я **покурил** пять минут.

Он **полежал** полчаса, немного отдохнул и пошёл на работу.

Я хотел **поговорить** с другом несколько минут,

 but

— Я **прожил** в Москве три года.

Он тяжело болел. **Пролежал** целый месяц в больнице.

когда мы встретились, мы **проговорили** всю ночь.

The prefix ПО- shows that the action lasted (will last) for a short time.

The prefix ПРО- shows that a certain period of time was (will be) taken up with the action.

The prefix ЗА- added to verbs denoting sound and light phenomena and some verbs of motion, indicates the beginning of action:

он **за**говорил	— он начал говорить
она **за**кричала	— она начала кричать
глаза **за**блестели	— глаза начали блестеть
они **за**бегали	— они начали бегать

ATTENTION!

Every time the prefix imparts temporal meaning to a verb, the verb becomes perfective. This perfective verb can have no imperfective counterpart.

NOTE the additional meanings imparted by some prefixes, as shown by the verbs **положи́ть, ре́зать, бить**.

ПОЛОЖИ́ТЬ

ПОложи́ть
кни́гу
на стол

ОТложи́ть
одну́ кни́гу
в сто́рону

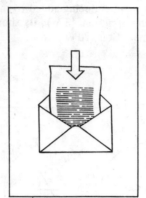

Вложи́ть
письмо́
в конве́рт

ПРИложи́ть
к анке́те
фотока́рточку

ВЫложить
фру́кты
из корзи́ны
на стол

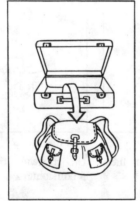

ПЕРЕложи́ть
ве́щи
из чемода́на
в рюкза́к

Уложи́ть
ве́щи
в чемода́н

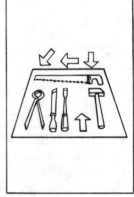

РАЗложи́ть
инструме́нты
на столе́

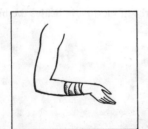

НАложи́ть
повя́зку

Сложи́ть
уче́бники
и тетра́ди

ПРОложи́ть
доро́гу че́рез
лес

ЗАложи́ть
закла́дкой
слова́рь

РЕ́ЗАТЬ

ПОре́зать
па́лец

ПЕРЕре́зать
ле́нту

ОТре́зать
кусо́к хле́ба

НАре́зать
сыр

Сре́зать
кисть виногра́да

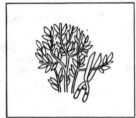

ПОДре́зать
кусты́

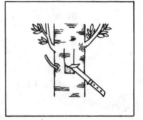

НАДре́зать
кору́ де́рева

РАЗре́зать
арбу́з на ча́сти

ПРОре́зать
пе́тли

ВЫрезать
из бума́ги фигу́ру

ИЗре́зать
лист бума́ги

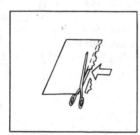

ОБре́зать
края́

БИ́ТЬ

РАЗби́ть
ча́шку

Уби́ть
комара́

ПРИби́ть
табли́чку
к стене́

Сбить
я́блоки
с де́рева

THE VERBS
ЛОЖИ́ТЬСЯ – ЛЕЧЬ – ЛЕЖА́ТЬ, САДИ́ТЬСЯ – СЕСТЬ – СИДЕ́ТЬ, ВСТАВА́ТЬ – ВСТАТЬ – СТОЯ́ТЬ

Some groups of Russian verbs present certain difficulties.

	КУДА́?		ГДЕ?
	imperfective	perfective	imperfective

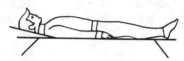

ложи́ться

я ложу́сь...
они́ ложа́тся
(present tense)

лечь

я ля́гу
(future)
я лёг
(past tense)

лежа́ть

я лежу́...
они́ лежа́т
(present tense)

сади́ться

я сажу́сь...
они́ садя́тся
(present tense)

сесть

я ся́ду
(future)
я сел
(past tense)

сиде́ть

я сижу́...
они́ сидя́т
(present tense)

встава́ть

я встаю́...
они́ встаю́т
(present tense)

встать

я вста́ну
(future)
я встал
(past tense)

стоя́ть

я стою́...
они́ стоя́т
(present tense)

Imperfective verbs

denote the agent's movement
with the view of taking up
(a) horizontal,
(b) sitting,
(c) vertical
position.

Perfective verbs

denote the result of the
agent's movement to take up
(a) horizontal,
(b) sitting,
(c) vertical
position.

Imperfective verbs

denote the stable
(a) horizontal,
(b) sitting,
(c) vertical
position of the agent in
a certain place.

THE VERBS
СТА́ВИТЬ – ПОСТА́ВИТЬ – СТОЯ́ТЬ

КТО от ЧТО **СТОИ́Т**?

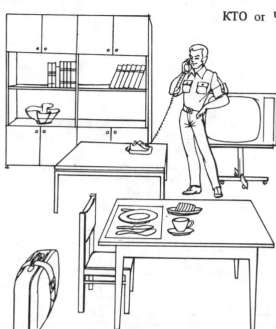

1. Man (on his feet).

2. Everything that has legs:
   стол, стул, шкаф, телеви́зор, etc.

3. Crockery put down so
   that something can be put
   there or poured in.

4. Everything whose smaller surface
   comes into contact with the floor,
   the table, the ground, etc.: *чемода́н на полу́,*
   кни́га на по́лке, телефо́н на столе́,
   etc.

Everything that **СТОИ́Т** one can **ПОСТА́ВИТЬ**.

КУДА́?   **ГДЕ?**

— **Поста́вь**
ва́зу
на стол!

Та́ня ста́вит
ва́зу
на стол.

Она́ поста́вила
ва́зу
на стол.

Ва́за
стои́т
на столе́.

Мы **ста́вим** в ко́мнату   ⎫
Мы **поста́вили** в ко́мнату ⎬ ме́бель: шкаф, дива́н, крова́ть,
                             ⎭   стол, сту́лья.

Мы **поста́вили** на стол ла́мпу, телефо́н, магнитофо́н.
К обе́ду мы **ста́вим** на стол посу́ду: таре́лки, ча́шки, стака́ны.

THE VERBS КЛАСТЬ – ПОЛОЖИ́ТЬ – ЛЕЖА́ТЬ

?

КТО or ЧТО ЛЕЖИ́Т?

1. A man (in bed, on the sofa).

2. A mattress, blanket, coverlet and pillow (on the bed).

3. Everything whose larger surface comes into contact with the floor, the table, the ground, etc.:
   кни́ги, тетра́ди, карандаши́, рези́нка, нож, ло́жка, ви́лка – на столе́; ковёр – на полу́.

That which *лежи́т* one can **положи́ть**.

| – Положи́ кни́гу на стол! | И́горь кладёт кни́гу на стол. | Он положи́л кни́гу на стол. | Кни́га лежи́т на столе́. |

THE VERBS ВЕ́ШАТЬ – ПОВЕ́СИТЬ – ВИСЕ́ТЬ

?

ЧТО ВИСИ́Т?

1. Ла́мпа (на стене́).
2. Занаве́ски (на окне́).
3. Пальто́ (на ве́шалке в шкафу́).
4. Бельё (когда́ су́шится).
5. Я́блоки (на де́реве).
6. Каче́ли (на столба́х).

That which *виси́т* one can **пове́сить**.

| – Пове́сь пальто́ на ве́шалку! | И́горь ве́шает пальто́ на ве́шалку. | Он пове́сил пальто́ на ве́шалку. | Пальто́ виси́т на ве́шалке. |

COMPARE:

КУДА́?		ГДЕ?
imperfective	perfective	imperfective

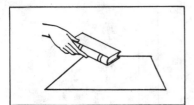

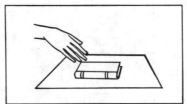

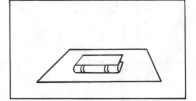

класть	**положи́ть**	**лежа́ть**
я кладу́...	я положу́...	кни́га лежи́т
они кладу́т...	*(future)*	*(present tense)*
(present tense)	я положи́л...	
	(past tense)	

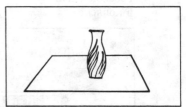

ста́вить	**поста́вить**	**стоя́ть**
я ста́влю...	я поста́влю...	ва́за стои́т
(present tense)	*(future)*	*(present tense)*
	я поста́вил...	
	(past tense)	

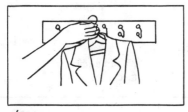

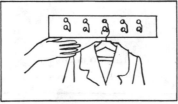

ве́шать	**пове́сить**	**висе́ть**
я ве́шаю...	я пове́шу...	пальто́ виси́т
(present tense)	*(future)*	*(present tense)*
	я пове́сил...	
	(past tense)	

Imperfective verbs	**Perfective verbs**	**Imperfective verbs**
denote motion imparted to the object so that it took up a certain position in space.	denote the result of motion imparted to an object so that it took up a certain position.	denote the object's certain position in space.

The same things can be found in different positions, i. e. one and the same thing

(a)   **стои́т** or **лежи́т**:

На по́лке **стои́т**
кни́га.

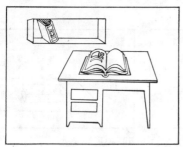

На столе́ **стои́т**
ма́сло.

Посреди́ поля́ны **стои́т**
(растёт) берёза.

На столе́ **лежи́т**
кни́га.

В холоди́льнике **лежи́т**
ма́сло.

На поля́не **лежи́т** сру́б-
ленное де́рево.

Ребёнок **лежи́т**
в коля́ске.

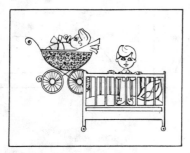

Каранда́ш **лежи́т**
на столе́.

Чемода́н **лежи́т**
на по́лке.

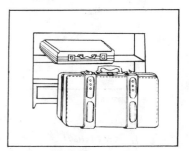

Ребёнок **стои́т**
в крова́тке.

Каранда́ш **стои́т**
в стака́не.

Чемода́н **стои́т**
на полу́.

(b)   **виси́т** or **лежи́т**:

Пла́тье **виси́т**
в шкафу́.

Я́блоко **виси́т**
на де́реве.

Ковёр **виси́т**
на стене́.

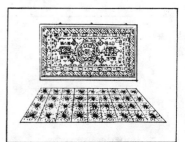

Пла́тье **лежи́т**
в чемода́не.

Я́блоко **лежи́т**
на таре́лке.

Ковёр **лежи́т**
на полу́.

— Поставь ⟩ кни́гу ⟨ на по́лку!
— Положи́ ⟩ кни́гу ⟨ на стол!

— Поставь ⟩ чемода́н ⟨ на́ пол!
— Положи́ ⟩ чемода́н ⟨ на по́лку!

— Пове́сь ⟩ пла́тье ⟨ на ве́шалку!
— Положи́ ⟩ пла́тье ⟨ в чемода́н!

— Пове́сь ⟩ ковёр ⟨ на́ стену!
— Положи́ ⟩ ковёр ⟨ на́ пол!

Он ста́вит / кладёт ⟩ кни́гу ⟨ на по́лку. / на стол.

Он поста́вил / положи́л ⟩ чемода́н ⟨ на́ пол. / на по́лку.

Она́ пове́сила / положи́ла ⟩ пла́тье ⟨ на ве́шалку. / в чемода́н.

Она́ пове́сила / положи́ла ⟩ ковёр ⟨ на́ стену. / на́ пол.

You may say:

VERBS OF MOTION

Defining the mode of motion, mind the following particulars:
(a) whether the direction is indicated or not;
(b) whether the motion is in one direction, or in several.

In Russian, it is possible to single out a special group of verbs, the so-called **verbs of motion**. There are 14 pairs of them, each pair denoting one method of motion. All these verbs are imperfective.

unidirectional movement (movement in a certain direction), *pattern* идти́	**non-directed movement, or movement in various directions**, *pattern* ходи́ть
To denote movement in a certain direction, the following verbs may be used:	To denote non-directed movement or movement in different directions, the following verbs may be used:

VOCABULARY

ИДТИ́	*The agent moves.*	ХОДИ́ТЬ	
Е́ХАТЬ		Е́ЗДИТЬ	
БЕЖА́ТЬ		Бе́ГАТЬ	
ПЛЫТЬ		ПЛА́ВАТЬ	
ЛЕТЕ́ТЬ		ЛЕТА́ТЬ	
БРЕСТИ́		БРОДИ́ТЬ	
ПОЛЗТИ́		ПО́ЛЗАТЬ	
ЛЕЗТЬ		ЛА́ЗИТЬ	

НЕСТИ́	*The agent moves with the object.*	НОСИ́ТЬ	
ВЕСТИ́		ВОДИ́ТЬ	
ВЕЗТИ́		ВОЗИ́ТЬ	
ТАЩИ́ТЬ		ТАСКА́ТЬ	
КАТИ́ТЬ		КАТА́ТЬ	
ГНАТЬ		ГОНЯ́ТЬ	

| MOTION IN A CERTAIN DIRECTION | | MOTION IN DIFFERENT DIRECTIONS, THERE AND BACK, MANY TIMES |

ИДТИ

я иду	мы идём
ты идёшь	вы идёте
он	они идут
она } идёт	

шёл, шла, шли
буду идти

Locomotion on foot.

ХОДИТЬ

я хожу	мы ходим
ты ходишь	вы ходите
он	они ходят
она } ходит	

ходил, -а, -и
буду ходить

ЕХАТЬ

я еду	мы едем
ты едешь	вы едете
он	они едут
она } едет	

ехал, -а, -и
буду ехать

Locomotion by some kind of vehicle.

ЕЗДИТЬ

я езжу	мы ездим
ты ездишь	вы ездите
он	они ездят
она } ездит	

ездил, -а, -и,
буду ездить

БЕЖАТЬ

я бегу	мы бежим
ты бежишь	вы бежите
он	они бегут
она } бежит	

бежал, -а, -и
буду бежать

Accelerated locomotion on foot.

БЕГАТЬ

я бегаю	мы бегаем
ты бегаешь	вы бегаете
он	они бегают
она } бегает	

бегал, -а, -и
буду бегать

ПЛЫТЬ

я плыву	мы плывём
ты плывёшь	вы плывёте
он	они плывут
она } плывёт	

плыл, -а, -и
буду плыть

Movement in the water.

ПЛАВАТЬ

я плаваю	мы плаваем
ты плаваешь	вы плаваете
он	они плавают
она } плавает	

плавал, -а, -и
буду плавать

ЛЕТЕТЬ

я лечу	мы летим
ты летишь	вы летите
он	они летят
она } летит	

летел, -а, -и
буду лететь

Movement in the air.

ЛЕТАТЬ

я летаю	мы летаем
ты летаешь	вы летаете
он	они летают
она } летает	

летал, -а, -и
буду летать

| MOTION IN A CERTAIN DIRECTION | | | MOTION IN DIFFERENT DIRECTIONS, THERE AND BACK, MANY TIMES |

ИДТИ́ and НЕСТИ́

я	несу́	мы	несём
ты	несёшь	вы	несёте
он она́	несёт	они́	несу́т

нёс, несла́, -и́
бу́ду нести́

Removal of a stationary object without a mode of transport (in one's hands, on one's back, etc.).

ХОДИ́ТЬ and НОСИ́ТЬ

я	ношу́	мы	но́сим
ты	но́сишь	вы	но́сите
он она́	но́сит	они́	но́сят

носи́л, -а, -и
бу́ду носи́ть

ИДТИ́ and ВЕСТИ́

я	веду́	мы	ведём
ты	ведёшь	вы	ведёте
он она́	ведёт	они́	веду́т

вёл, -а́, -и́
бу́ду вести́

Removal of a walking object without a mode of transport.

ХОДИ́ТЬ and ВОДИ́ТЬ

я	вожу́	мы	во́дим
ты	во́дишь	вы	во́дите
он она́	во́дит	они́	во́дят

води́л, -а, -и
бу́ду води́ть

ИДТИ́ and ВЕЗТИ́

я	везу́	мы	везём
ты	везёшь	вы	везёте
он она́	везёт	они́	везу́т

вёз, везла́, -и́
бу́ду везти́

Removal of an object with the help of a mode of transport (the agent goes on foot).

ХОДИ́ТЬ and ВОЗИ́ТЬ

я	вожу́	мы	во́зим
ты	во́зишь	вы	во́зите
он она́	во́зит	они	во́зят

вози́л, -а, -и
бу́ду вози́ть

Е́ХАТЬ and ВЕЗТИ́

я	везу́	мы	везём
ты	везёшь	вы	везёте
он она́	везёт	они́	везу́т

вёз, везла́, -и́
бу́ду везти́

Removal of an object with the help of some mode of transport (the agent rides).

Е́ЗДИТЬ and ВОЗИ́ТЬ

я	вожу́	мы	во́зим
ты	во́зишь	вы	во́зите
он она́	во́зит	они́	во́зят

вози́л, -а, -и
бу́ду вози́ть

ТАЩИ́ТЬ

я	тащу́	мы	та́щим
ты	та́щишь	вы	та́щите
он она́	та́щит	они́	та́щат

тащи́л, -а, -и
бу́ду тащи́ть

The agent moves the object with difficulty without the help of a mode of transport.

ТАСКА́ТЬ

я	таска́ю	мы	таска́ем
ты	таска́ешь	вы	таска́ете
он она́	таска́ет	они́	таска́ют

таска́л, -а, -и
бу́ду таска́ть

КАТИ́ТЬ

я	качу́	мы	ка́тим
ты	ка́тишь	вы	ка́тите
он она́ }	ка́тит	они́	ка́тят

кати́л, -а, -и
бу́ду кати́ть

*Setting a round
object
in motion.*

КАТА́ТЬ [1]

я	ката́ю	мы	ката́ем
ты	ката́ешь	вы	ката́ете
он она́ }	ката́ет	они́	ката́ют

ката́л, -а, -и
бу́ду ката́ть

THE USE OF VERBS OF MOTION

The verbs of unidirectional motion *(pattern verb
идти́)* ИДТИ́, Е́ХАТЬ, БЕЖА́ТЬ, ЛЕТЕ́ТЬ,
НЕСТИ́, ВЕСТИ́, ВЕЗТИ́, etc.

are used:

1. If at the moment of speech the motion is
observed to go on in one direction only:
По у́лице **идёт** челове́к, он
несёт чемода́н и **ведёт**
за́ руку ребёнка.

2. If asking a question
about the movement at
the moment it is being
carried out: — Куда́ вы **е́дете?**
(question addressed to a fellow-passenger on a train)

3. Talking of habitual movements in one
direction:
Я ка́ждый день на рабо́ту **иду́** пешко́м, а обра́тно
е́ду на авто́бусе.

4. In the case of a concrete instruction, command
or advice to make a move in a certain direc-
tion:
— **Иди́те** сюда́!
— **Неси́те** сюда́ ве́щи!
— **Беги́** домо́й!

The verbs of non-directed or variously directid
motion *(pattern verb:* ходи́ть)
ХОДИ́ТЬ, Е́ЗДИТЬ, БЕ́ГАТЬ, ЛЕТА́ТЬ,
НОСИ́ТЬ, ВОДИ́ТЬ, ВОЗИ́ТЬ, etc.

are used

1. If at the moment of speech the motion
is observed to go on in different directions:
Над мо́рем **лета́ют** ча́йки.
По бе́регу **бе́гают** де́ти.

2. Asking a question about someone's
routine movements:
— Куда́ вы обы́чно **е́здите** отдыха́ть?
(question which can be put to anyone, under any
circumstances)

3. Speaking about somebody's habitual
movements in different directions:
Мать **хо́дит** ка́ждое у́тро на рабо́ту и **во́дит** до́чку
в де́тский сад. (there and back) or about
unidirectional movement that was realised in two
directions: Я вчера́ **ходи́л** в теа́тр. (there and back)

4.. Speaking of ability, skill, of some
usual means of locomotion:
Он хорошо́ **пла́вает** (**бе́гает, ката́ется** на конька́х).

Using verbs of motion in a figurative meaning, we say:

Вре́мя лети́т.
Го́ды бегу́т.
Зима́ идёт.
Шёл 1945-й год.
Мои́ часы́ иду́т (не иду́т).

In such cases, only verbs from group I *(pattern verb* идти́) can be used, because
time moves in one direction only.

Дым (из трубы́) идёт (вверх).
Ту́чи плыву́т по́ небу (because the wind blows in one direction).
Ло́дка лети́т вниз по тече́нию (because the river current goes in one direction).

---

[1] Can be used also in place of the verb **вози́ть,** when the movement is done for pleasure or amusement: *Оте́ц ката́ет сы́на
на са́нках, на велосипе́де.*

VERBS OF MOTION: GROUP I AND II

Looking out of the window, I see:

По у́лице идёт
мать и ведёт за́
руку дочь.

По у́лице е́дет
на велосипе́де
оте́ц и везёт ма́-
ленького сы́на.

По реке́ плывёт
парохо́д.
По бе́регу бежи́т
ма́льчик.
Пти́цы летя́т на юг.

In the morning, often, every day (there and back):

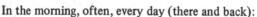

Мать хо́дит на
рабо́ту и во́дит
дочь в де́тский
сад.

Оте́ц е́здит на
рабо́ту и во́зит
ма́ленького сы́на
в я́сли.

На озе́ре пла́вают
ле́беди.
Над водо́й лета́ют
ча́йки.
По бе́регу бе́гают
де́ти.

Куда́ вы е́дете?
— Я е́ду в Оде́ссу.
(conversation in a train)

Куда́ вы е́здите отдыха́ть?
— Обы́чно я е́зжу на́ море.
(talk between visitor and guest)

ИДТИ́ – ХОДИ́ТЬ

ВЕСТИ́ – ВОДИ́ТЬ

Е́ХАТЬ – Е́ЗДИТЬ

Куда́ вы
(сейча́с) идёте?

— Я иду́ на
конце́рт в кон-
сервато́рию.

Куда́ вы веде́-
те ребёнка?

— Я веду́ его́
на приём к врачу́.

Куда́ вы е́дете?

— Мы е́дем отды-
ха́ть на Во́лгу.

Куда́ вы
ходи́ли вче-
ра́?

— Я ходи́ла на
конце́рт в кон-
сервато́рию.

    (Я была́ на кон-
це́рте.)

— Я звони́ла вам вче-
ра́ в 5 часо́в.

— Я в э́то вре́мя
води́ла ребёнка к
врачу́.

    (Я была́ у врача́.)

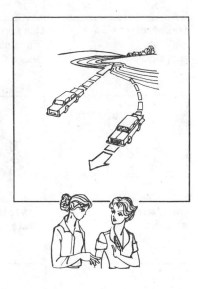

— Как вы хорошо́
вы́глядите!

— Мы е́здили от-
дыха́ть на Во́л-
гу.

    (Мы бы́ли на
Во́лге.)

VERBS OF MOTION. THEIR MEANING

MOTION IN A CERTAIN DIRECTION	REPEATED MOTION THERE AND BACK	MOVEMENTS IN VARIOUS DIRECTIONS	ABILITY, USUAL MEANS OF LOCOMOTION
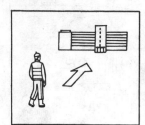	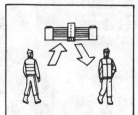		
Он идёт на работу.	Ка́ждый день он хо́дит на рабо́ту.	Она́ хо́дит по магази́нам.	Ребёнок уже́ хо́дит.

Она́ ведёт ребёнка к врачу́.	Она́ во́дит ребёнка ка́ждый день в парк.	Она́ во́дит ребёнка по алле́ям па́рка.	Он хорошо́ во́дит маши́ну.

Он бежи́т в шко́лу.	По утра́м сын бе́гает за хле́бом.	Де́ти бе́гают по́ двору.	Оле́ни бы́стро бе́гают.

Они́ е́дут на юг.	Ка́ждый год они́ е́здят на юг.	Он е́здит на велосипе́де по́ двору.	Он хорошо́ е́здит верхо́м.

MOTION IN A CERTAIN DIRECTION	REPEATED MOTION THERE AND BACK	MOVEMENTS IN VARIOUS DIRECTIONS	ABILITY, USUAL MEANS OF LOCOMOTION
	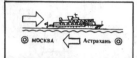		
Ло́дка плывёт к бе́регу.	Теплохо́д пла́вает по маршру́ту Москва́ – Астрахань.	Ле́беди пла́вают по о́зеру.	Ры́бы пла́вают.

Пти́цы летя́т на юг.	Самолёт лета́ет по маршру́ту Москва́ – Алма́-Ата́.	Ча́йки лета́ют над мо́рем.	Пти́цы, пчёлы и ба́бочки лета́ют.

Она́ несёт домо́й поку́пки.	На заня́тия он но́сит с собо́й слова́рь.	Он всегда́ но́сит с собо́й зонт.	Кенгуру́ но́сит детёнышей в су́мке на животе́.

Дед Моро́з везёт де́тям пода́рки.	Мать ча́сто во́зит сы́на в парк.	Сестра́ во́зит бра́та в коля́ске.	На слона́х во́зят гру́зы.

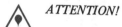 **ATTENTION!** *MIND* the use of the verb **КАТА́ТЬСЯ** (for pleasure)!

Он ката́ется

на маши́не,	на велосипе́де,	на лы́жах,	на конька́х,
			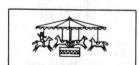
на са́нках,	на ло́дке,	на ло́шади,	на карусе́ли.

THE VERB *ИДТИ*

PRESENT TENSE

Куда́ ты идёшь?
— В шко́лу.

Отку́да ты идёшь?
— Из шко́лы.

PRESENT TENSE

По како́й у́лице
мы идём?
— По Тверско́й.

— Смотри́,
наш авто́бус
идёт!

INFINITIVE

— Уже́ 10 часо́в. Нам
пора́ идти́ домо́й.

— Мне за́втра (на́до)
идти́ на экза́мен, а я
ещё полови́ны
не вы́учил.

IMPERATIVE

— Иди́те
пить
чай!

— Идём в кино́,
у меня́
есть биле́т!

PAST TENSE

FUTURE TENSE

Я встре́тил своего́ дру́га, когда́...

шёл в теа́тр
(on the way to the theatre).

ходи́л в теа́тр
(on the way to the theatre,
at the theatre, or
on the way back).

— Я уста́ла. До́лго
ещё мы бу́дем идти́
(до́лго ещё нам на́до
идти́)?

— Когда́ бу́дешь
идти́ ми́мо по́чты,
опусти́ э́то письмо́.

● ■ *COMPARE:*   ● ■ *COMPARE:*

КУДА́?

в шко́лу

на заня́тия

к врачу́

Я иду́ ...

куда́?
отку́да?

с како́й
це́лью?
за чем?

к кому́?
от кого́?

ОТКУ́ДА?

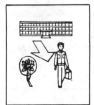

из шко́лы

с заня́тий

от врача́

КУДА́?

в го́род

на Ура́л

к друзья́м

Я е́ду ...

куда́?
отку́да?

с како́й
це́лью?
за чем?

к кому́?
от кого́?

ОТКУ́ДА?

из го́рода

с Ура́ла

от друзе́й

С како́й це́лью?

купа́ться

купи́ть газе́ту

За чем?

за хле́бом

С како́й це́лью?

учи́ться

на прогу́лку

За чем?

за поку́пками

Где он идёт?

по
доро́ге

че́рез
парк

вдоль
огра́ды

На чём он е́дет?

на
маши́не

на
ло́шади

на
мотоци́кле

SOME VERBS OF MOTION USED IN THE FIGURATIVE MEANING

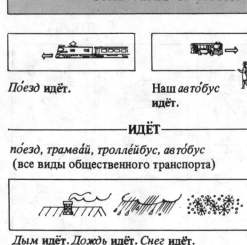

По́езд идёт.

Наш *авто́бус* идёт.

`Како́й *фильм* идёт сего́дня?

О чём у вас идёт *разгово́р*?

ИДЁТ

по́езд, трамва́й, тролле́йбус, авто́бус
(все виды общественного транспорта)

ИДЁТ

*фильм, спекта́кль, матч, собра́ние,
заседа́ние, разгово́р, спор*

Дым идёт. Дождь идёт. Снег идёт.

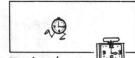

*Часы́ иду́т.
Вре́мя идёт.*

— Тебе́ идёт
это *пла́тье.*

Го́ды летя́т. 1950 1970 1980

Она́ но́сит
*тёмные
очки́.*

Он но́сит
бо́роду.

ВЕСТИ́

*разгово́р, спор,
перепи́ску, войну́,
заня́тия, собра́ние,
хозя́йство, наблюде́ния*

Он ведёт *маши́-
ну.*

Они́ веду́т *наблю-
де́ния.*

— Ты пло́хо *себя́
ве́дешь!*

VERBS OF MOTION WITH PREFIXES

Verbs of motion with **prefixes conveying spatial relations** denote motion in a certain direction.

ПРИ-   **У-**   **В-**   **ВЫ-**   **ПРО-**   **ПЕРЕ-**   **ЗА-**

ПОД-   **ОТ-**   **ОБО-**   **С-**   **ВЗ-**   **ДО-**   **РАЗ-**   **С-**
                                                        (...-ся)   (...-ся)

Verbs of *unidirectional* motion *(pattern verb*
идти́*)* form *perfective* verbs with a prefix
added.

Verbs denoting movements in *various* directions
(pattern verb **ходи́ть***)* remain *imperfective*[1]
with a prefix added.

---

[1] Verbs *with non-spatial* prefixes are an exception.

These verbs make an *aspectual pair*.

приходи́ть — прийти́,
выходи́ть — вы́йти и т. д.

Prefixed verbs of the same *pattern* as идти́, like all perfective verbs, have only two tenses: *past* and *simple future*.

Prefixed verbs of the same *pattern* as ходи́ть, like all imperfective verbs, have three tenses: *present, past* and *future*.

Вчера́ он **вы́шел** из до́ма в 8 часо́в.

Обы́чно *я* **выхожу́** из до́ма в 8 часо́в.

Рабо́тая на заво́де, я всегда́ **выходи́л** из до́ма в 6 часо́в.

За́втра он **вы́йдет** из до́ма в 7 часо́в.

Тепе́рь, поступи́в на другу́ю рабо́ту, я бу́ду **выходи́ть** из до́ма в 7 часо́в.

VERBS OF MOTION WITH PREFIXES INDICATING SPATIAL RELATIONS

prefixes	prepositions		
при- у-	*в* *на* *к*	*из* *с* *от*	Я **пришёл** *в* теа́тр (*из* теа́тра). *на* конце́рт (*с* конце́рта). *к* дру́гу (*от* дру́га).
в- вы-	*в* *из*	*на, в*	Я **вошёл** *в* дом. Я **вы́шел** *из* до́ма. Я **вы́шел** *на* у́лицу. Я **вы́шел** *в* коридо́р.
про-	*че́рез* *ми́мо*	*над* *под*	Я **прошёл** *че́рез* парк. Я **прошёл** *под* мосто́м. Я **прошёл** *ми́мо* до́ма.
пере-	*че́рез* *на, в*		Я **перешёл** (*че́рез*) у́лицу. Я **перешёл** *на* другу́ю сто́рону. Я **перешёл** *в* другу́ю аудито́рию.
за-	*в, на* *к* *за*		Я **зашёл** *в* магази́н (*на* по́чту). Я **зашёл** *к* дру́гу. Я **зашёл** *за* хле́бом.
под- от-	*к* *от* *в, на*		Я **подошёл** *к* окну́. Я **отошёл** *от* окна́. Я **отнёс** кни́ги *в* библиоте́ку.
обо-	*вокру́г*		Я **обошёл** *вокру́г* о́зера (о́зеро).
с- вз-	*с, на* *на*		Я **сошёл** *с* ле́стницы. Я **слез** *с* де́рева *на* зе́млю. Я **взбежа́л** *на* пя́тый эта́ж.
до-	*до*		Я **дошёл** *до* до́ма (*за* полчаса́).

Sometimes the verb's prefix is the same as the preposition used in the phrase. In other cases, this or that preposition requires the use of a specific prefix.

SPECIAL ATTENTION SHOULD BE PAID to prefixes with opposite meanings: **ПРИ- ≠ У-, В- ≠ ВЫ-,
ПОД- ≠ ОТ-, С- ≠ ВЗ-** .

---

[1] Verbs *with non-spatial prefixes* are an exception.

THE VERB *ИДТИ* WITH PREFIXES

Антóн реши́л пойти́ в музе́й.

Он вы́шел из дóма
в 10 часóв,

пошёл по
у́лице,

— Антóна нет,
он ушёл в 10 часóв.

в два часá
он пришёл домóй.

перешёл
че́рез мост,

вошёл
в зал,

прошёл
че́рез парк,

дошёл до музе́я
за полчасá,

подошёл к
па́мятнику,

зашёл
в кафе́,

ИДТИ

обошёл вокру́г
па́мятника,

THE VERB *ÉXATЬ* WITH PREFIXES

Антóн реши́л поéхать к дру́гу.

Он **вы́ехал из** до́ма в 6 часо́в,

поéхал по доро́ге,

проéхал че́рез центр,

— Антóна нет, он **уéхал.**

— Наконéц ты **приéхал!**

ÉХАТЬ

доéхал до па́мятника,

объéхал вокру́г па́мятника,

отъéхал от па́мятника и поéхал да́льше,

въéхал во двор.

подъéхал к воро́там.

съéхал с горы́,

переéхал че́рез мост,

THE VERB *ВЕСТИ́* WITH PREFIXES

Сего́дня тепло́. Мать
вы́вела Анто́на гуля́ть.

К у́жину мать
привела́ Анто́на домо́й.

подвела́ его́ к
кле́тке с медве́дями.

привела́ его́
в зоопа́рк,

ВЕСТИ́

— Как жаль, что
Анто́на **увели́**!

Мать **повела́** его́ в
парк,

перевела́ Анто́на
че́рез у́лицу,

провела́ его́
че́рез пло́щадь,

THE VERB *ЛЕТЕ́ТЬ* WITH PREFIXES

— Улете́ла на́ша пти́чка!

Пти́ца вы́летела из кле́тки,

полете́ла к ле́су,

подлете́ла к ба́шне,

облете́ла вокру́г ба́шни,

— Прилете́ла на́ша пти́чка!

отлете́ла от ба́шни,

влете́ла в ко́мнату.

ЛЕТЕ́ТЬ

взлете́ла (се́ла) на де́рево,

долете́ла до знако́мого окна́,

пролете́ла над го́родом,

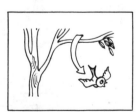

слете́ла с де́рева,

THE VERBS *ИДТИ, ХОДИТЬ* WITH PREFIXES

Анто́н выхо́дит из ко́мнаты,

вы́шел из ко́мнаты.

Анто́н вхо́дит в ко́мнату,

вошёл в ко́мнату.

Анто́н прохо́дит че́рез лес,

прошёл че́рез лес.

Анто́н перехо́дит че́рез доро́гу,

перешёл че́рез доро́гу.

Анто́н ухо́дит из до́ма,

ушёл из до́ма,

пришёл домо́й.

Анто́н захо́дит за дру́гом,

зашёл за дру́гом (и они́ пошли́ вме́сте).

Анто́н отхо́дит от па́мятника,

отошёл от па́мятника,

подхо́дит к па́мятнику,

подошёл к па́мятнику,

обхо́дит вокру́г па́мятника.

обошёл вокру́г па́мятника,

Анто́н встре́тился с дру́гом. Они́ поговори́ли и тепе́рь **расхо́дятся.**

Друзья́ поговори́ли **и разошли́сь.**

Анто́н **дошёл** до до́му за час.

THE VERBS *ÉХАТЬ* AND *ÉЗДИТЬ* (... *ЕЗЖÁТЬ*.) WITH PREFIXES

Пётр **уезжáет** из дóма,

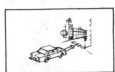

уéхал из дóма.

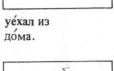

Пётр **выезжáет** на ýлицу,

вýехал на ýлицу,

переезжáет через дорóгу,

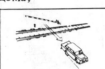

переéхал через дорóгу,

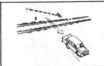

заезжáет за дрýгом,

заéхал за дрýгом (и они́ поéхали вмéсте),

проезжáет через лес,

проéхал через лес,

подъезжáет к óзеру,

подъéхал к óзеру,

объезжáет вокрýг óзера,

объéхал вокрýг óзера.

Пётр **въезжáет** в гарáж,

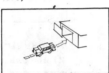

въéхал в гарáж.

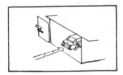

Пётр **приéхал** домóй.

Пётр **доéхал** до дóма бы́стро.

Учёные **съезжáются** на конгрéсс.

Они́ **съéхались** на конгрéсс.

Через два дня учёные **разъезжáются** по домáм.

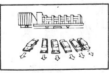

Через два дня они́ **разъéхались** по домáм.

Он **съéздил** в дерéвню и вернýлся.

Он **поéздил** недéлю по странé.

Он **поéхал** по шоссé к аэродрóму.

 ATTENTION!

Prefixed verbs derive from the verbal stem **-ЕЗЖÁТЬ**.

— **Поезжáй** лýчше на парохóде.

Я **éзжу**, ты **éздишь**, он **éздит**, мы **éздим**, они́ **éздят** – conjugation II
Я **уезжáю**, ты **уезжáешь**, он **уезжáет**, мы **уезжáем**, вы **уезжáете**, они́ **уезжáют** – conjugation I

THE VERBS *ИДТИ* AND *ВЕСТИ*, *ХОДИТЬ* AND *ВОДИТЬ* WITH PREFIXES

Анто́н (выхо́дит и) выво́дит соба́ку во двор,

(вы́шел и) вы́вел соба́ку во двор,

(ухо́дит и) уво́дит соба́ку из до́ма,

(ушёл и) увёл соба́ку из до́ма,

(перехо́дит и) перево́дит соба́ку че́рез у́лицу,

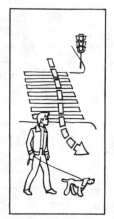 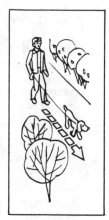  

(перешёл и) перевёл соба́ку че́рез у́лицу,

(прохо́дит и) прово́дит соба́ку че́рез парк,

(прошёл и) провёл соба́ку че́рез парк,

(пришёл к дру́гу и) привёл с собо́й соба́ку.

ATTENTION!

Mind the correlation of verbs within the same sentence:

выхо́дит и выво́дит   вы́шел и вы́вел

ухо́дит и уво́дит   ушёл и увёл

If the first verb in a phrase belongs to Group II **(вы)**ходи́ть, the next verb of motion ought to belong to the same group **(вы)**води́ть.

THE USE OF PREFIXED VERBS OF MOTION: SPECIAL CASES

A prefixed verb of Group II *(pattern verb* **ходи́ть***)* may denote:

1. Process of motion.   **2. Repeated movement in one direction.**

Когда́ я
проходи́л ми́мо
кио́ска, я купи́л
газе́ту.

Ка́ждый день он
прихо́дит на рабо́-
ту в 9 часо́в.

Ка́ждый день он
ухо́дит с рабо́ты
в 6 часо́в.

3. Singular movement there and back (in the past tense only).

— Меня́ никто́ не
спра́шивал?
— **Заходи́л** в 5 часо́в
Ивано́в. Но я не зна́ла,
когда́ ты вернёшься.
Он подожда́л немно́го
и ушёл.

— В 6 часо́в **приезжа́ли**
Петро́вы. Они́ посиде́ли
о́коло ча́са и уе́хали.

— Меня́ никто́ не
спра́шивал по теле-
фо́ну? Ты всё вре́мя
была́ до́ма?
— Нет, я **уходи́ла**
на 2 часа́ (а пото́м
верну́лась). Мо́-
жет быть, в э́то
вре́мя кто́-нибудь
и звони́л.

ATTENTION!
В э́ту ко́мнату кто́-то **входи́л** (дверь откры́та).
Кто́-то сюда́ **приходи́л** и оста́вил здесь запи́ску.

входи́л = вошёл и вы́шел

приходи́л = пришёл и ушёл

COMPARE:

ПОЙДУ́

— Я пойду́ в библиоте́ку
занима́ться (и бу́ду
там до́лго).

СХОЖУ́ (и ско́ро
верну́сь)

— Я схожу́ в библиоте́ку
за кни́гой (и ско́ро
верну́сь).

ПОЕ́ДУ

— О́сенью я пое́ду в Моск-
ву́ учи́ться.

СЪЕ́ЗЖУ

Москва

— Снача́ла я съезжу́
на не́сколько дней
к роди́телям в дере́вню,
а пото́м пое́ду в Москву́.

ПОБЕГУ́

— Уже́ семь часо́в.
Я побегу́ на уро́к,
а то опозда́ю.

СБЕ́ГАЮ

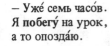

— Подожди́ меня́ немно́го.
Я сбе́гаю за хле́бом и
сра́зу же верну́сь.

 COMPARE:

ИДУ́, Е́ДУ, ЛЕЧУ́
(в са́мом бли́зком
бу́дущем)

Куда́ ты?
— Иду́ к подру́ге
за кни́гой.

ПОЙДУ́, ПОЕ́ДУ, ПОЛЕЧУ́
(в бо́лее отдалённом
бу́дущем)

Что ты бу́дешь де́лать в
сле́дующее воскресе́нье?
— Пойду́ в го́сти к подру́-
ге на день рожде́ния.

Куда́ ты собира́ешься?
— Е́ду в командиро́вку.

— Э́тим ле́том я пое́ду
на мо́ре.
А ты?
— А я в го́ры.

Куда́ ты?
— Лечу́ в Москву́.

Ты пое́дешь по́ездом?
— Нет, я полечу́. Так быст-
ре́е.

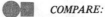

COMPARE:

| ПРИШЁЛ, ПРИНЁС, ПРИВЁЛ (and still here) | ПРИХОДИ́Л, ПРИНОСИ́Л, ПРИВОДИ́Л (and gone) |

— Полчаса́ тому́ наза́д пришёл Ко́стя, принёс тебе́ кни́гу и привёл с собо́й соба́ку. Он ждёт тебя́ в ко́мнате.

— Полчаса́ наза́д приходи́л Ко́стя, приводи́л свою́ соба́ку и принёс тебе́ кни́гу.

— Ко́стя ушёл и увёл соба́ку, а кни́гу оста́вил тебе́.

— Полчаса́ тому́ наза́д приходи́л Ко́стя. Он принёс тебе́ кни́гу и привёл свою́ соба́ку.

— Ко́стя ушёл, а кни́гу и соба́ку оста́вил тебе́.

— Полчаса́ тому́ наза́д приходи́л Ко́стя, приводи́л соба́ку и приноси́л тебе́ кни́гу.

но тебя́ не́ было до́ма, и он ушёл, унёс свою́ кни́гу и увёл соба́ку.

УЛЕТЯ́Т

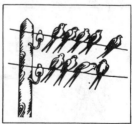

Ско́ро пти́цы улетя́т на юг.

УЛЕТА́ЮТ

Ка́ждую о́сень пти́цы улета́ют (улета́ли, бу́дут улета́ть) на юг.

УЛЕТЕ́ЛИ

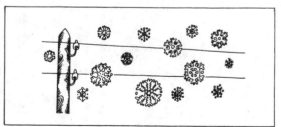

Пти́цы уже́ улете́ли на юг.

VERBS OF MOTION WITH PREFIXES INDICATING NON-SPATIAL RELATIONS

ПО-, ПРО-, С-

ATTENTION!

All verbs with **non-spatial prefixes** are *perfective*. For instance, **пойти́** is *perfective* and **походи́ть** is *imperfective*.

I. The prefix ПО- with Group I verbs of motion *(pattern verb* **идти́***)* indicates:
(a) the **start** of motion, or **start** of a new stage of motion:

| Анто́н **пошёл** в кино́. | Оле́г **пое́хал** в Москву́. | Снача́ла он шёл ме́дленно, | а пото́м **побежа́л**. |

(b) an **intention** to do something:

 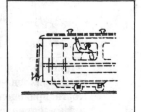  

| Я хочу́ **пойти́** в кино́. | Оле́га при́няли в институ́т. О́сенью он **пое́дет** в Москву́. | Что там случи́лось? **Побегу́** посмотрю́! | Ско́ро кани́кулы. Мы **поплывём** на ло́дке по Во́лге. |

The prefix ПО- with Group II verbs of motion *(pattern verb* **ходи́ть***)* points out that the movements are **limited** in time:

| Анто́н **походи́л** полчаса́ по па́рку и пошёл домо́й. | Пётр две неде́ли **пое́здил** по стране́ и верну́лся. | Де́ти немно́го **побе́гали** по́ дво́ру и пошли́ домо́й. |

ATTENTION!

Verbs of motion with the prefix ПО- are always perfective.

II. The prefix ПРО- with Group II verbs of motion *(pattern verb* **ходи́ть***)* shows that a certain **period** of time was completely taken up with movement[1]

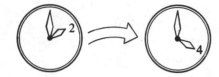

III. The prefix C- with Group II verbs of motion *(pattern verb* **ходи́ть***)* points to single brief movement **there and back**.[1]

Два часа́ она́ проходи́ла по магази́нам.

Она́ сходи́ла за хле́бом.

The prefixes ПРО- and C- are also used as Prefixes Indicating Non-spatial Relations.

Вчера́, когда́ я проходи́ла *(не-сов. вид)* ми́мо теа́тра, я уви́-дела большу́ю афи́шу.

Когда́ я возвраща́лся домо́й, пожило́й челове́к ме́дленно сходи́л *(несов. вид)* с ле́стницы.

---

[1] In this case, the verbs form an aspectual pair:
проходи́ть – пройти́ (ми́мо, че́рез...)
сходи́ть – сойти́ (с...)

**THE
MOOD**

| INDICATIVE | IMPERATIVE | CONDITIONAL |

Шко́льник у́чит
(учи́л, бу́дет учи́ть)
уро́ки.

The sentence deals with some
action that *is occurring at the
moment,* or *has occurred,* or *will
occur later on.*

— Иди́, учи́ уро́ки!

The sentence conveys a *command*
or expresses a *request* to do
something.

— Я бы учи́л уро́ки, е́сли бы
у меня́ был уче́бник.

The sentence points out that
the action *did not occur,*
but it *might have occurred*
if certain conditions have
been observed.

The verbs are used in
present
past   } tense.
and future

The verbs are used
in the imperative
mood forms.

The verbs are used in past
tense forms, plus the conjunction ЕСЛИ and the
particle БЫ.

THE IMPERATIVE MOOD

The **imperative mood** is used to express command, inducement, request and advice.

I. Addressing a command or request to one or several persons, use the verb in the *imperative*. The imperative has only the form of the **2nd person singular and plural**.

— Де́ти, откро́йте кни́ги!

— Ка́тя, чита́й да́льше!

— Помоги́те мне!

— Посмотри́те э́тот фильм.

Forms of the imperative are derived from the present tense stem of imperfective verbs

or

the simple future of perfective verbs.
The ending -TE is added in the plural.

— Рису́й!
— Рису́йте!

(1) If the stem ends in a vowel, the letter Й is added (+ -TE):

чита́ть — чита́-ю: чита́Й, чита́ЙТЕ!
рабо́тать — рабо́та-ю: рабо́таЙ! рабо́таЙТЕ!
рисова́ть — рису́-ю: рису́Й! рису́ЙТЕ!

— Смотри́!
— Смотри́те!

(2) If the stem ends in a consonant and the stress falls on the ending in the 1st person singular (present or simple future), the letter И is added (+ -TE).

смотре́ть — смотр-ю́: смотрИ́! смотрИ́ТЕ!
писа́ть — пиш-у́: пишИ́! пишИ́ТЕ!
ходи́ть — хож-у́: ходИ́! ходИ́ТЕ!

— Поста́вь на стол!

$AC^2 + BC^2 = AB^2$

— Запо́мните
э́ту фо́рмулу!

(3) If the stem ends in a consonant and the stress falls on the stem in the 1st person singular (present or simple future), the soft sign -Ь (+ -ТЕ) is added to the stem:

вста́ть — вста́н-у: встанЬ!   встанЬТЕ!
поста́вить — поста́в-лю: поста́вЬ! поста́вЬТЕ!

If in the same situation the verb stem ends in two consonants, И is added instead of the soft sign: -И (+ -ТЕ):

(за) по́мнить — (за) по́мню: (за) по́мнИ!   (за) по́мнИТЕ!

(4) Some verbs form the imperative in a special way:

ДАВА́ТЬ

я даю́
дава́й!
дава́йте!

ВСТАВА́ТЬ

я встаю́
встава́й!
встава́йте!

ПИТЬ

я пью
пей!
пе́йте!

ЕСТЬ

я ем
ешь!
е́шьте!

Verbs with the reflexive particle -СЯ retain this particle in the imperative: as -СЯ after consonants, and as -СЬ after vowels.

РАЗДЕВА́ТЬСЯ

я раздева́юсь
раздева́йся!
раздвева́йтесь!

УЧИ́ТЬСЯ

я учу́сь
учи́сь!
учи́тесь!

УМЫ́ТЬСЯ

я умо́юсь
умо́йся!
умо́йтесь!

ОДЕ́ТЬСЯ

я оде́нусь
оде́нься!
оде́ньтесь!

II.   Inviting one or several persons to do something together with the speaker, use the imperative of the verb
дава́ть – ДАВА́Й! ДАВА́ЙТЕ!
plus:

the infinitive of
imperfective verbs
or →
perfective verbs in the 1st
person plural (future tense).

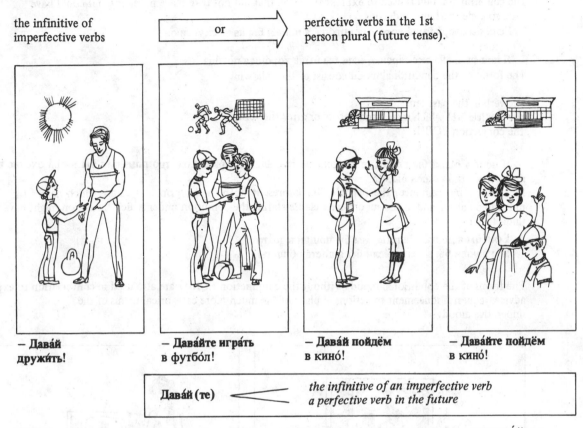

— Дава́й
дружи́ть!

— Дава́йте игра́ть
в футбо́л!

— Дава́й пойдём
в кино́!

— Дава́йте пойдём
в кино́!

Дава́й (те) ⟨ *the infinitive of an imperfective verb*
a perfective verb in the future

III.   When a command or permission is addressed to some third person, use the word ПУСТЬ or ПУСКА́Й[1] plus
the 3rd person singular in the present or future.

— Пусть Андре́й реши́т
зада́чу!

— Пусть Ка́тя откро́ет
окно́!

IV.   Appeals and congratulations are expressed using the particle ДА[2].

Да здра́вствует мир во всём ми́ре!

---

[1] Is used in conversation.
[2] Is used in journalistic writings.

THE CONDITIONAL MOOD

The **conditional mood** is used to express an action that did not take place in reality, but could have done so under certain conditions.

Если бы вчера́ была́ хоро́шая пого́да, я пошёл бы на экску́рсию.

or:

Я пошёл бы на экску́рсию, е́сли бы была́ хоро́шая пого́да.

The forms of the conditional mood consist of the following:

1. the verb in the past tense,
2. the particle БЫ which may stand before or after the verb,
3. the conjuction ЕСЛИ.

Я пошёл бы, я бы пошёл, я бы охо́тно пошёл, я вчера́ бы охо́тно пошёл, я бы вчера́ охо́тно пошёл, я вчера́ охо́тно пошёл бы, etc.

In a compound sentence, the particle БЫ is present both in the principal clause which names the unrealised action, and in the subordinate clause stating the condition under which the action might have been undertaken.

Е́сли бы я доста́л биле́ты, мы бы пошли́ в теа́тр.

Мы пошли́ бы в теа́тр, е́сли бы я доста́л биле́ты.

The forms of the conditional mood (without the conjunction ЕСЛИ) are also used in conversation to express advice, request, inducement to action, in place of the much more categorical forms of the imperative mood:

— Така́я хоро́шая пого́да.
А ты всё сиди́шь до́ма. **Пошёл бы** на экску́рсию (*instead of:* Пойди́ (иди́) на экску́рсию).

— Не надое́ло тебе́ смотре́ть телеви́зор? **Лу́чше бы почита́л** интере́сную кни́гу (*instead of:* Почита́й интере́сную кни́гу).

The conditional mood is also used to express one's dream, or wish[1] :

— Пое́хать бы мне в Москву́!
— Стать бы тебе́ моряко́м!

---

[1] The verb in this case should be in the infinitive.

Разговор в субботу

Что ты бу́дешь де́лать за́втра?

— Е́сли бу́дет хоро́шая пого́да, то ...

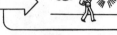

— Е́сли бу́дет хоро́шая пого́да,

... я пойду́ на экску́рсию

и́ли пое́ду в парк культу́ры.

Разговор в понеде́льник

Что ты де́лал вчера́?

— Е́сли бы была́ хоро́шая пого́да, то ...

— Е́сли бы была́ хоро́шая пого́да,

... я бы пошёл на экску́рсию

и́ли пое́хал бы в парк культу́ры.

— Но пого́да была́ плоха́я.

У́тром я пошёл в музе́й,

а пото́м был (сиде́л) до́ма.

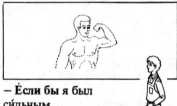

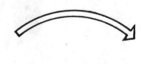

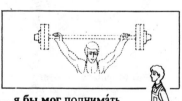

— Е́сли бы я был си́льным,

... я бы мог поднима́ть больши́е тя́жести.

— Е́сли бы мы вы́шли и́з дому на 5 мину́т ра́ньше,

... то мы не опозда́ли бы на по́езд.

THE
VOICE

In Russian, verbs may be **transitive** or **intransitive**.

Я сплю.

Я ем я́блоко.

Action of the subject *(Я)*
does not pass on to an object.

The agent's action *(Я)* passes
on to the object *(я́блоко)*.

The relationship between the subject and the object determines the voice of transitive verbs.

ACTIVE VOICE
(активная форма)

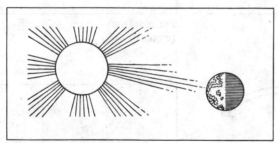

Со́лнцЕ освеща́ет Зе́млЮ.

The subject *(со́лнце)* performs an action directed
at the object *(земля́)*.

The predicate is the transitive verb
(освеща́ет что?).

The object *(земля́)* of the action
(освеща́ет) is in the accusative.

PASSIVE VOICE
(пассивная форма)

ЗемлЯ́ освеща́етСЯ Со́лнцЕМ.

The subject *(земля́)* [1] does not perform an action,
it experiences the action performed
by the object *(со́лнце)*.

The predicate is the perfective verb with the
particle -СЯ, derived from the
transitive verb *(освеща́ет – освеща́ется)*.

The object *(со́лнце)* which is in
fact the agent *(освеща́ет)* is in
the instrumental.

---

[1] Here the word **земля́,** judging by its role and its place in the sentence, is a subject.

The **active voice** is used when the speaker is mainly interested in the subject, i. e. the person or thing (here *со́лнце)* whose action affects the direct object.

The **passive voice** is used when the speaker is interested first of all in the object, i. e. the person or thing at which an action is directed (here *земля́)*, which experiences, so to speak someone's action.

The direct object here is a noun in the accusative without prepositions.

The agent is expressed by the noun in the instrumental without prepositions.

The *active voice* is used much more often that the *passive* voice especially in spoken Russian.

The *passive voice* is mainly used in bookish style.

FORMATION OF THE PASSIVE VOICE

ATTENTION!

Only **transitive verbs** of both aspects are capable of forming the passive voice.
Imperfective verbs form the passive voice with the help of the reflexive particle -СЯ.
Imperfective verbs in the passive voice, as in the active one, have three tenses: present, past and future.

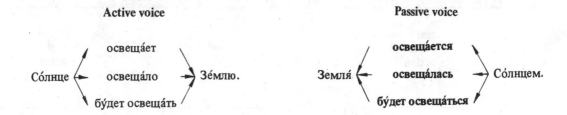

Perfective verbs in the passive voice have three forms. The passive voice indicates the result of some action,

(1) which occurred in the past *(был сдан);*
(2) which occurred in the past, but whose result is in evidence at the moment of speech *(сдан);*
(3) which will occur in the future *(бу́дет сдан).*

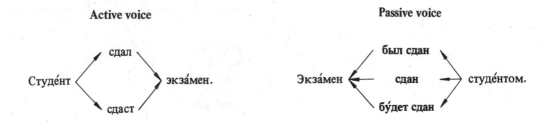

The passive voice of **perfective** verbs is formed with the help of the short-form passive participle plus the auxiliary verb БЫТЬ in the past or future.

ATTENTION!

Perfective verbs do not form passive voice forms ending in -СЯ.

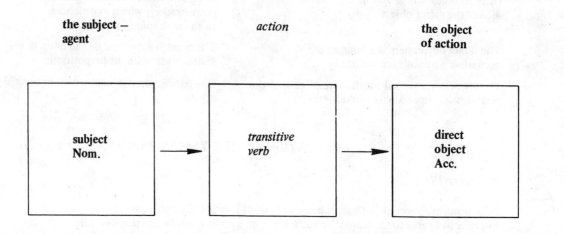

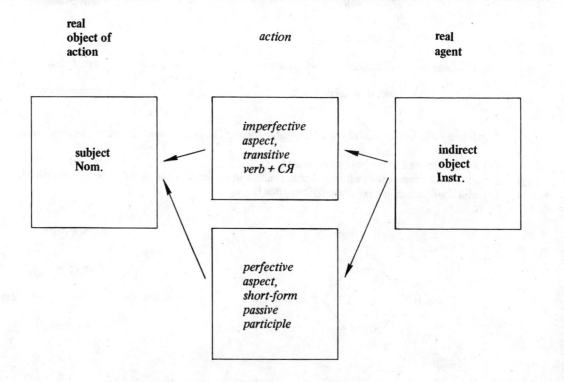

ATTENTION!

The use of an object in the instrumental is in many cases unnecessary.

COMPARE:

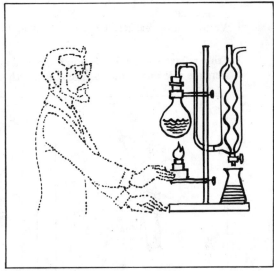

active voice

В нашей лаборато́рии
учёный прово́дит экспе-
риме́нты.

passive voice

В нашей лаборато́рии
учёным прово́дятся экспе-
риме́нты.

In similar cases the speaker is interested
in the fact of the experiment,
and not in the person who does it.

Therefore, they often say:

В нашей лаборато́рии **прово́дят**
эксперименты.

В нашей лаборато́рии **прово́дятся**
эксперименты.

These constructions are typical for scientific or journalistic writings.

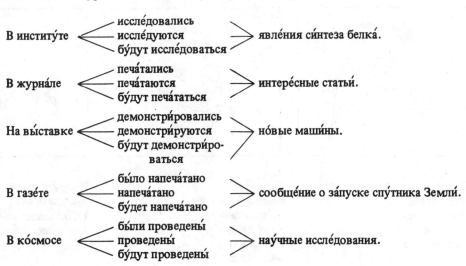

В институ́те ← иссле́довались / иссле́дуются / бу́дут иссле́доваться → явле́ния си́нтеза белка́.

В журна́ле ← печа́тались / печа́таются / бу́дут печа́таться → интере́сные статьи́.

На вы́ставке ← демонстри́ровались / демонстри́руются / бу́дут демонстри́ро- ваться → но́вые маши́ны.

В газе́те ← бы́ло напеча́тано / напеча́тано / бу́дет напеча́тано → сообще́ние о за́пуске спу́тника Земли́.

В ко́смосе ← бы́ли проведены́ / проведены́ / бу́дут проведены́ → нау́чные иссле́дования.

VERBS WITH THE REFLEXIVE PARTICLE -СЯ

There are many Russian verbs with the **reflexive particle -СЯ** (-СЬ) which is a contraction of an old form of the reflexive pronoun СЕБЯ.

All these verbs are intransitive, i. e. they are never followed by an accusative noun or pronoun without preposition.

Verbs with the particle -СЯ can be broken into the following groups:

1. **Truly reflexive verbs.** The action is directed at the agent, (i. e. it reflects on the subject).
Here the meaning of the particle -СЯ exactly mirrors the pronoun себя.

   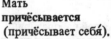

Ма́льчик
одева́ется
(одева́ет себя́).

Де́вочка
умыва́ется
(умыва́ет себя́).

Мать
причёсывается
(причёсывает себя́).

VOCABULARY

купа́ться	бри́ться	защища́ться
мы́ться	вытира́ться	одева́ться
умыва́ться	причёсываться	пря́таться

2. **Reciprocal-reflexive verbs.** One action is being done by two or several persons together, with each person being the agent and at the same time the object of action.

Подру́ги
встреча́ются
(Ка́тя встреча́ет А́ню, А́ня встреча́ет Ка́тю).

Подру́ги
обнима́ются
(Ка́тя обнима́ет А́ню, А́ня обнима́ет Ка́тю).

Подру́ги перепи́сываются
(Ка́тя пи́шет А́не, А́ня пи́шет Ка́те).

VOCABULARY

встреча́ться	перепи́сываться	проща́ться
здоро́ваться	мири́ться	расстава́ться
знако́миться	ссо́риться	боро́ться
обнима́ться	руга́ться	соревнова́ться и др.

ATTENTION!

Some verbs with the meaning of reciprocity do not have the particle -СЯ:

дружи́ть ——— *с кем?*
разгова́ривать —

бесе́довать ——— *с кем?*
спо́рить —

To express reciprocity, the phrase *друг дру́га* may be used:

знать
люби́ть
ненави́деть — *друг дру́га*
уважа́ть

доверя́ть
помога́ть
меша́ть — *друг дру́гу*
писа́ть

3. **Generally reflexive verbs** where the particle -СЯ, while making the verb intransitive, does not change its principal meaning. These verbs denote:

(a) **various changes in motion, condition or state:**

Ка́тя шла по у́лице и останови́лась пе́ред витри́ной.

Вдруг она́ услы́шала: „Ка́тя!" — и оберну́лась.

О́бе подру́ги обра́довались встре́че.

VOCABULARY

дви́гаться	возвраща́ться	ослабля́ться
опуска́ться	нагиба́ться	сокраща́ться
приземля́ться	обора́чиваться	увели́чиваться
поднима́ться	огля́дываться	уменьша́ться
спуска́ться	остана́вливаться	уси́ливаться и др.

The following verbs are used only with regard to living beings:

VOCABULARY

весели́ться	беспоко́иться	возмуща́ться
огорча́ться	волнова́ться	восхища́ться
ра́доваться	трево́житься	интересова́ться
смуща́ться	удивля́ться	серди́ться и др.

(b) the beginning, continuation and end of an event or action:

Ле́кция **начина́ется** в 7 часо́в.

Демонстра́ция мод **продолжа́ется** уже́ 5 часо́в.

Фильм **ко́нчился** в 9 часо́в.

(c) permanent characteristic of an object.

Ка́ктус **ко́лется**.

Де́рево **гнётся**.

— Осторо́жно, собáка **куса́ется**.

  COMPARE:

transitive verbs		verbs with the particle -СЯ	

Мать **одева́ет** сы́на.

Ка́тя **обнима́ет** подру́гу.

Сын **одева́ется**.

Подру́ги **обнима́ются**.

— **Спусти́** мне верёвку.

Ребёнок **ра́дует** мать.

Альпини́ст **спусти́лся** вниз.

Ребёнок **ра́дуется**.

Профе́ссор **на́чал** ле́кцию ро́вно в де́вять часо́в.

Оле́г **возвраща́ет** кни́гу в библиоте́ку.

Ле́кция **начала́сь** ро́вно в де́вять часо́в.

Оле́г **возвраща́ется** домо́й.

4. Verbs that are never used without -СЯ:

Он ве́село
смеётся.

Он **бои́тся**
е́хать вниз.

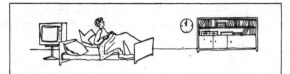

— В 11 часо́в я **ложу́сь**
спать.

VOCABULARY

смея́ться	боя́ться	горди́ться
станови́ться	наде́яться	ложи́ться
появля́ться	стара́ться	любова́ться
улыба́ться	стреми́ться	нужда́ться
явля́ться	труди́ться	остава́ться

ATTENTION!

Кварти́ра **состои́т** из трёх ко́мнат.	Ми́тинг **состои́тся** в воскресе́нье.

5. Impersonal verbs denoting condition that does not depend on any person:

VOCABULARY

случа́ется	ду́мается	нездоро́вится	не спи́тся
смерка́ется	хо́чется	не рабо́тается	не сиди́тся

personal form of a verb   **impersonal form of a verb**

— Я не хочу́ есть
суп. Хочу́ торт.

— Я ещё не сплю.
Я смотрю́ теле-
ви́зор.

— Мне не хо́чется
есть. Мне что́-то
нездоро́вится.

— Мне не спи́тся,
хотя́ уже́ час но́-
чи.

6. Imperfective verbs with passive meaning:

Экспериме́нт **прово́дится** изве́стным учёным.
Па́мятник **охраня́ется** госуда́рством.

With the view of classifying a person or an object, referring them to a certain group or category, we say:

Ива́н	студе́нт.
Москва́	— столи́ца Росси́и.

In modern Russian the auxiliary verb БЫТЬ is not used in the present tense[1].
This is particularly true of spoken Russian.
In formal, bookish style, the verb ЯВЛЯ́ТЬСЯ is used in similar situations.

COMPARE:

Профе́ссор Соколо́в — хоро́ший врач.

Профе́ссор Соколо́в явля́ется лу́чшим специали́стом по серде́чно-сосу́дистым заболева́ниям.

The verb явля́ться is used as an auxiliary verb only in the **present tense**, because in the *past* and *future* tense, the corresponding forms of the verb *быть* are used *(был, бу́дет)*.
The noun denoting the category or group to which the person or object in question belongs, is as a rule in the *instrumental* if it follows the link verb *быть* (in the past or future).

past tense	present tense	future tense
Ива́н был студе́нтом.	Ива́н студе́нт.	Ива́н бу́дет студе́нтом.
А́нна была́ студе́нткой.	А́нна студе́нтка.	А́нна бу́дет студе́нткой.
Они́ бы́ли студе́нтами.	Они́ студе́нты.	Они́ бу́дут студе́нтами.

To denote gradual becoming, the verbs станови́ться — стать, де́латься — сде́латься are used in all three tenses.

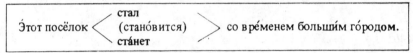

Э́тот посёлок ⟨ стал / (стано́вится) / ста́нет ⟩ со вре́менем больши́м го́родом.

THE VERB БЫТЬ: OTHER CASES OF USE

I.   The verb БЫТЬ in the past and future is also used in sentences where the predicate is expressed by an adjective (short-form and full-form), participle (short-form), or adverb.

past tense	present tense	future tense
Журна́л был интере́сный.	Журна́л интере́сный.	Журна́л бу́дет интере́сный.
Кни́га была́ интере́сная.	Кни́га интере́сная.	Кни́га бу́дет интере́сная.
Расска́зы бы́ли интере́сные.	Расска́зы интере́сные.	Расска́зы бу́дут интере́сные.
Сын был похо́ж на отца́.	Сын похо́ж на отца́.	Сын бу́дет похо́ж на отца́.
Брат был вы́ше сестры́.	Брат вы́ше сестры́.	Брат бу́дет вы́ше сестры́.
Вчера́ он был за́нят.	Сего́дня он за́нят.	За́втра он бу́дет за́нят.
Сын до́лжен был ⎫ зани- Дочь должна́ была́ ⎬ ма́ться. Де́ти должны́ бы́ли ⎭	Сын до́лжен ⎫ зани- Дочь должна́ ⎬ ма́ться. Де́ти должны́ ⎭	Сын до́лжен ⎫ бу́дет за- Дочь должна́ ⎬ нима́ться. Де́ти должны́ бу́дут занима́ться.
Вчера́ бы́ло хо́лодно.	Сего́дня хо́лодно.	За́втра бу́дет хо́лодно.
На у́лице бы́ло хо́лодно.	На у́лице хо́лодно.	На у́лице бу́дет хо́лодно.
Ма́льчику ⎫ Де́вочке ⎬ бы́ло хо́лодно. Де́тям ⎭	Ма́льчику ⎫ Де́вочке ⎬ хо́лодно. Де́тям ⎭	Ма́льчику ⎫ Де́вочке ⎬ бу́дет хо́лодно. Де́тям ⎭
Больно́му ну́жно бы́ло лежа́ть.	Больно́му ну́жно лежа́ть.	Больно́му ну́жно бу́дет лежа́ть.

---

[1] The verb *быть* — есть — in the 3rd person singular of the present tense is only used in this function in the bookish, formal style, e. g.: *Пряма́я ли́ния есть кратча́йшее расстоя́ние ме́жду двумя́ то́чками.*

II. The verb БЫТЬ in the past and future is used to indicate the whereabouts of a person or an object.

past tense	present tense	future tense
вчера́ (у́тром)	*сего́дня (сейча́с)*	*за́втра (ве́чером)*
Оте́ц был ⎫ до́ма Мать была́ ⎬ (на рабо́те). Роди́тели бы́ли ⎭	Оте́ц ⎫ до́ма Мать ⎬ (на рабо́те). Роди́тели ⎭	Оте́ц ⎫ бу́дет ⎫ до́ма Мать ⎬ ⎬ (на рабо́те). Роди́тели ⎭ бу́дут ⎭

If a person or object are ostensibly absent, the sentence used ought to be impersonal:

Отца́ ⎫ не́ было Ма́тери ⎬ до́ма[1]. Роди́телей ⎭	Отца́ ⎫ нет Ма́тери ⎬ до́ма. Роди́телей ⎭	Отца́ ⎫ не бу́дет Ма́тери ⎬ до́ма. Роди́телей ⎭

ATTENTION!

The verb БЫТЬ in the past tense can be used in the meaning *ходи́л, е́здил куда́-либо.*

> Где ты была́ вчера́? — Я была́ в теа́тре. = — Я ходи́ла в теа́тр.

THE USE OF THE VERB *ЕСТЬ*

To denote possession, Russian has a special construction with the verb ЕСТЬ, which corresponds to similar constructions in European languages: Ich habe *(Germ.);* I have *(Engl.);* J'ai *(Fr.),* etc.

Вчера́...		Сего́дня...			За́втра...		
у меня́	*был* журна́л.	у меня́ ⎫		⎧ журна́л.	у меня́ ⎫	*бу́дет*	⎧ газе́та.
у тебя́	*была́* газе́та.	у тебя́ ⎬	есть	⎨ газе́та.	у тебя́ ⎬		⎨ журна́л.
у него́	*бы́ло* письмо́.	у него́ ⎪		⎪ письмо́.	у него́ ⎪		⎪ письмо́.
у них	*бы́ли* газе́ты.	у них ⎭		⎩ газе́ты.	у них ⎭	*бу́дут*	⎩ газе́ты.

ATTENTION!

The verb **име́ть**, commonly used in many languages, is preserved in modern Russian in set phrases mainly: **име́ть пра́во, име́ть основа́ние, име́ть си́лу, име́ть в виду́** and some others.

The verb **есть** is used only in finding out or asserting the availability of something.

Somebody owns something:	*In a certain place:*	*At some specified time:*
У тебя́ есть уче́бник?	Здесь есть остано́вка авто́буса?	Сего́дня есть спекта́кль?
— Да, есть.	— Да, есть.	— Да, есть.

COMPARE:

У тебя́ *хоро́ший* уче́бник?	Здесь *авто́бусная* остано́вка?	Сего́дня *бале́тный* спекта́кль?
— Да, *хоро́ший.*	— Да, *авто́бусная.*	— Да, *бале́тный.*
— Нет, плохо́й.	— Нет, тролле́йбусная.	— Нет, о́перный.

In the past and future tense, corresponding constructions with the verb *быть* are used.
When the object or person is obviously absent, the genitive case is used.
The sentence then becomes impersonal.

— У меня́ нет (не́ было, не бу́дет) уче́бникА.	— Здесь нет (не́ было, не бу́дет) остано́вкИ.	— Сего́дня нет (не́ было, не бу́дет) спекта́клЯ.

---

[1] *COMPARE:* **Оте́ц давно́ не́ был до́ма.** (Он уже́ не́сколько ме́сяцев нахо́дится в командиро́вке) – the sentence is not impersonal.

THE VERB IN INDEFINITE IMPERSONAL SENTENCES

Side by side with personal and impersonal sentences, there are so-called **indefinite personal sentences** in Russian.

These last sentences are used when the speaker's attention is centered on the action performed by some persons unknown. The agent is either unknown or unimportant to the speaker.

personal sentence   **indefinite personal sentence**

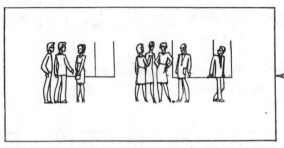

В коридо́ре **разгова́ривают** студе́нты.

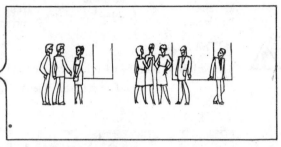

В коридо́ре **разгова́ривают.**

— Метеоро́логи **говоря́т**, что бу́дет жа́ркое ле́то.

— **Говоря́т**, что бу́дет жа́ркое ле́то.

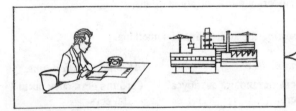

Корреспонде́нт „Пра́вды" Ивано́в **пи́шет**, что строи́тельство заво́да бу́дет зако́нчено досро́чно.

В газе́те „Пра́вда" **пи́шут**, что строи́тельство заво́да бу́дет зако́нчено досро́чно.

In the indefinite personal sentence, the **verbal predicate** is in the **3rd person, plural**.

There is no subject.

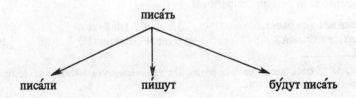

THE VERB IN IMPERSONAL SENTENCES

There are sentences in Russian where the subject is not only absent, but has no place at all. Such sentences are called **impersonal**.

In impersonal sentences, the predicate can be expressed by:

(a) a **special impersonal verb** which, unlike other verbs, has only one form in all tenses, that of the **3rd person singular:**

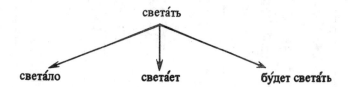

светáть

светáло   светáет   бýдет светáть

(b) an **impersonal verb form, a predicative adverb** or a **short-form passive participle**.

Impersonal sentences are used to express:

I.   **Natural phenomena.**

(a)

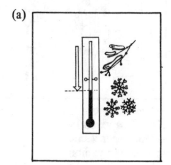

Холодáет.
Похолодáло.
Подморóзило.

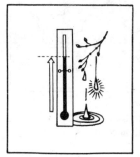

Потеплéло.
Тáет.

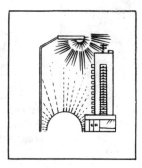

Смеркáется.
Вечерéет.
Темнéет.
Стемнéло.

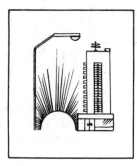

Светáет.
Рассвелó.

(b)

На ýлице хóлодно.

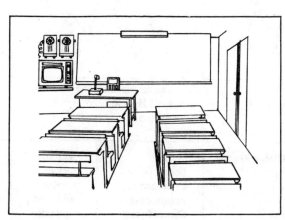

В клáссе пýсто.

Сегóдня жáрко.

II.   Different physical states of man, with the help of the following words:
хо́лодно, бо́льно, тру́дно, прия́тно, ску́чно, ве́село, тяжело́, хорошо́, удо́бно, неудо́бно; пора́, жаль, ви́дно, слы́шно, etc.

In these sentences, the noun or pronoun denoting the person who experiences a certain state (the logical subject) usually stands in the dative.

— Закро́й окно́.
Мне ста́ло хо́лодно!

— Не бо́йся!
Тебе́ не бу́дет
бо́льно!

Старику́ тру́дно
поднима́ться по
ле́стнице.

— Мне о́чень прия́тно
бы́ло с ва́ми по-
знако́миться.

Вам не ску́чно?
— Нет, что вы!
Мне о́чень ве́село.

— Уже́ по́здно.
Нам пора́ уходи́ть.
— Мне о́чень жаль,
что вы уже́ ухо́дите.

— Позво́льте я вам
помогу́! Вам тяжело́
нести́ чемода́н.

— Како́й высо́кий че-
лове́к! Нам ничего́
не ви́дно.

— Ти́ше! Нам ниче-
го́ не слы́шно.

Мне (тебе́, ему́, ей)	—	жа́рко.	
Нам (вам, им)	бы́ло, бу́дет	ску́чно.	
Ему́	стано́вится	ве́село.	
Ей	ста́ло, ста́нет	хо́лодно.	
Друзья́м	бы́ло, бу́дет	прия́тно	встреча́ться.

Man's state independent of his will can be expressed with the help of reflexive verbs: *хо́чется, не спи́тся, нездоро́вится, ка́жется,* etc.

— Ему́ нездоро́-
вится.

— Жа́рко. Хо́чется
пить. Дай воды́!

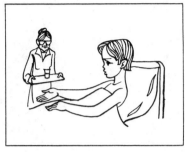

— Ду́шно.
Мне не спи́тся.

III. Necessity, possibility, impossibility, inavoidability are expressed with the help of:
(a) adverbs: *на́до, ну́жно, необходи́мо, мо́жно, нельзя́, не́куда, не́когда, не́где;*
(b) verbs: *сле́дует, прихо́дится, придётся, сто́ит.*

Мне (тебе́, ему́)	на́до	побри́ться.
Нам (вам, им)	не́когда	разгова́ривать.
Больно́му	нельзя́ бы́ло, (—), бу́дет	встава́ть.
Студе́нтам	прихо́дится	мно́го занима́ться.
Ему́	не́куда	пойти́.

IV. The **absence of person** or **object** in sentences with the words: *нет, не́ бы́ло, не бу́дет.* Here the noun or pronoun denoting the absent person or thing stands in the genitive.

— Ка́ти нет до́ма
и (её) до ве́чера
не бу́дет (до́ма).

— У него́ нет
маши́ны.

— Давно́ не́ бы́ло
тако́го дождя́!

COMPARE:

Personal sentences

У меня́ < есть / был / бу́дет > журна́л.

Здесь < есть / была́ / бу́дет > остано́вка.

Сего́дня < (есть) / (идёт) / был / бу́дет > дождь.

Impersonal sentences

У меня́ < нет / не́ бы́ло / не бу́дет > журна́ла.

Здесь < нет / не́ бы́ло / не бу́дет > остано́вки.

Сего́дня < нет / не́ бы́ло / не бу́дет > дождя́.

ATTENTION! *MIND* the difference between
personal sentences with the verb **МОЧЬ**
and impersonal sentences with the adverbs **МО́ЖНО** and **НЕЛЬЗЯ́**:

— **Мы мо́жем** войти́.
Дверь откры́та.

The verb **мочь** means the
physical ability to do an
action.

— **Мо́жно нам** войти́?
— Мо́жно, мо́жно, мы
ждём вас, входи́те!

The adverb **мо́жно**
means a permission
to do an action.

— **Я не могу́** войти́.
Дверь заперта́.

Не могу́ означает физическую не-
возможность совершить действие[1].

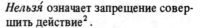

— **Мо́жно войти́?**
— Нет, пока́ **входи́ть
нельзя́**, подожди́те!

Нельзя́ означает запрещение совершить действие[2].

— **Я могу́** переплы́ть ре́ку. А ты?
— **Я не могу́**. Я не уме́ю пла́вать.
Но зато́ я уме́ю ката́ться на конь-
ка́х.

— Два ме́сяца **вам нельзя́** бу́дет
занима́ться спо́ртом. Че́рез два
ме́сяца **вам мо́жно** бу́дет пла́вать,
а че́рез три ме́сяца **мо́жно** бу́дет
ката́ться на конька́х.

---

[1] Here the perfective verb is used.
[2] Here the imperfective verb is used.

ATTENTION! *MIND* the difference between
personal sentences with the verb ХОТЕ́ТЬ
and impersonal sentences with the verb ХО́ЧЕТСЯ

Почему́ ты не спишь?
— Я хочу́ обяза́тельно
зако́нчить всю рабо́ту
сего́дня ве́чером.

А ра́зве тебе́
не хо́чется спать?
— Спать мне,
коне́чно, хо́чется,
но мне на́до
зако́нчить рабо́ту.

The personal verb **хоте́ть**
denotes a person's
specific wish.

The impersonal verb **хо́чется**
denotes a condition independent of human will.

Я хочу́ {
пойти́...

узна́ть...

спроси́ть...

купи́ть...
}

Мне хо́чется {
есть.

пить.

спать.

отдохну́ть.
}

**Мне хо́чется
Я хочу́** {
поблагодари́ть...

посове́товаться...

познако́миться...

призна́ться...
}

Я хочу́ узна́ть,
где нахо́дится
кни́жный магази́н
„Прогре́сс".
— Около ста́нции
метро́ „Парк куль-
ту́ры".

Мне о́чень
хо́чется пить,
а тебе́?
— Мне то́же.

THE PARTICIPLE

To express a certain quality,
or property of an object, we use
adjectives:　большо́й (рома́н),
маленький (расска́з),
интере́сная (кни́га)

To express some temporary quality, some property of an object linked with a certain action, we use participles:

спя́щий
ма́льчик

игра́ющий
ма́льчик

ма́льчик,
чита́ющий
кни́гу

ма́льчик,
реша́ющий
зада́чи

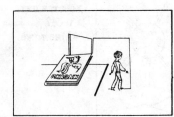

Ма́льчик,
прочита́вший
кни́гу, оста́вил
её на столе́ и
ушёл.

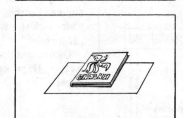

Кни́га,
прочи́танная
ма́льчиком,
лежи́т на столе́.

In a Russian sentence, the **participle** usually **stands after** the noun it qualifies, **agreeing** with it in gender, number and case:

Ма́льчик, **чита́ющий кни́гу**, сиди́т за столо́м.
Я ви́дел **ма́льчика, чита́ющего** кни́гу.

The participle is most often used in a phrase, with other related words, which together form the **participial construction**. Following the noun it qualifies, the participial construction is separated by commas on both sides:

..., **чита́ющий кни́гу**; ..., **прочита́вший кни́гу**; ..., **прочи́танная ма́льчиком**

Participles are derived from verbs. They combine the characteristic features of

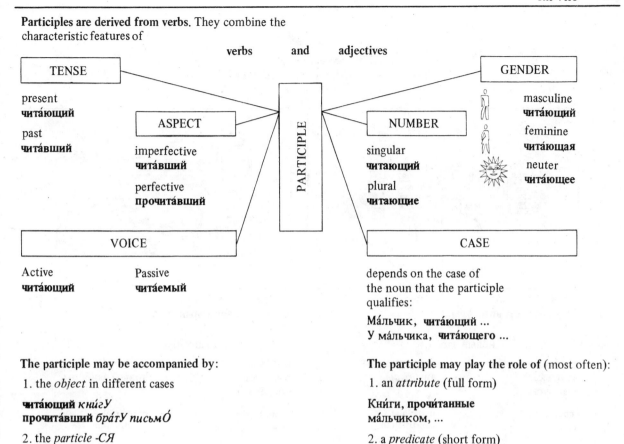

verbs   and   adjectives

TENSE

present
чита́ющий

past
чита́вший

ASPECT

imperfective
чита́вший

perfective
прочита́вший

PARTICIPLE

GENDER

masculine
чита́ющий

feminine
чита́ющая

neuter
чита́ющее

NUMBER

singular
читающий

plural
читающие

VOICE

Active
чита́ющий

Passive
чита́емый

CASE

depends on the case of the noun that the participle qualifies:

Ма́льчик, **чита́ющий** ...
У ма́льчика, **чита́ющего** ...

The participle may be accompanied by:

1. the *object* in different cases

чита́ющий *кни́гУ*
прочита́вший *бра́тУ письмО́*

2. the *particle -СЯ*

занима́ющийся

The participle may play the role of (most often):

1. an *attribute* (full form)

Кни́ги, **прочи́танные**
ма́льчиком, ...

2. a *predicate* (short form)

Кни́ги бы́ли **прочи́таны** ма́льчиком.

Participles are also known as **verbal adjectives**.
The participle is a form that contains information about the tense, aspect, voice, gender, number and case.
The participle is capable of fulfilling various functions in a sentence: it may be a subject, an attribute, a predicate, etc.
The participle helps one to express one's thoughts exactly and concisely. That is why participles are widely used in scientific literature, and comparatively seldom in other styles of speech.

Sometimes participles stand before the nouns they qualify, then they agree with these nouns like adjectives:

лю́бящая мать
уважа́емый все́ми профе́ссор
решённая зада́ча
пригото́вленный во́время обе́д

Participles may sometimes be used as nouns:

Ра́неного привезли́ в го́спиталь.
Опери́рованный ско́ро вы́здоровел.
Мой **люби́мый!**
Наш **заве́дующий** приезжа́ет за́втра.

THE DECLENSION OF PARTICIPLES

Active participles (of the past and present tense) **decline** like adjectives whose stem ends in Ж, Ч, Ш, Щ.
Passive participles decline like adjectives whose stem ends in a hard consonant.

active participles　　　　　　　　　　　　　　　　　　**passive participles**

present tense
The verb **выпуска́ть**
imperfective

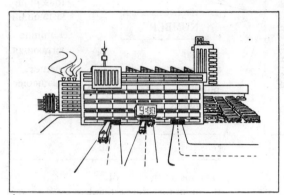

Э́то но́вый заво́д.　　　　　　　　　　　　　　　　Э́то автобусы.
Он выпуска́ет автобусы.　　　　　　　　　　　Их выпуска́ет но́вый заво́д.

Э́то но́вый заво́д,　　　　　　　　　　　　　Э́то автобусы,

| кото́рый выпуска́ет автобусы. | = | **выпуска́ющий** автобусы. | кото́рые выпуска́ет но́вый заво́д. | = | **выпуска́емые** но́вым заво́дом. |

subordinate
clause

participial
construction

subordinate
clause

participial
construction

past tense
The verb **вы́пустить**
perfective

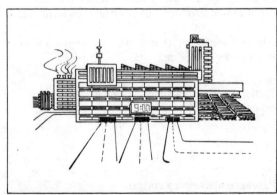
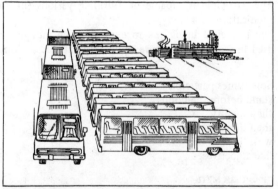

Э́то но́вый заво́д.　　　　　　　　　　　　　　　Э́то автобусы.
Он вы́пустил мно́го автобусов.　　　　　Их вы́пустил но́вый заво́д.

Э́то но́вый заво́д,　　　　　　　　　　　　　Э́то автобусы,

| кото́рый вы́пустил мно́го автобусов. | = | **вы́пустивший** мно́го автобусов. | кото́рые вы́пустил но́вый заво́д. | = | **вы́пущенные** но́вым заво́дом. |

subordinate
clause

participial
construction

subordinate
clause

participial
construction

FORMATION OF PARTICIPLES

active participles			passive participles		
Present tense					
I Conjugation Verbs		Participles	I Conjugation Verbs		Participles
		-УЩ-			**-ЕМ-**
писа́ть 3rd pers.pl.	пи́ш-ут	пи́шущий, -ая, -ее, -ие	чита́ть 1st pers.pl.	чита́-ем	чита́емый, -ая, -ое, -ые
		-ЮЩ-			
чита́ть 3rd pers.pl.	чита́-ют	чита́ющий, -ая, -ее, -ие	посыла́ть 1st pers.pl.	посыла́-ем	посыла́емый, -ая, -ое, -ые
II Conjugation Verbs		Participles	II Conjugation Verbs		Participles
		-АЩ-			**-ИМ-**
крича́ть 3rd pers.pl.	крич-а́т	крича́щий, -ая, -ее, -ие	люби́ть 1st pers.pl.	лю́б-им	люби́мый, -ая, -ое, -ые
		-ЯЩ-			
говори́ть 3rd pers.pl.	говор-я́т	говоря́щий, -ая, -ее, -ие	ви́деть 1st pers.pl.	ви́д-им	ви́димый, -ая, -ое, -ые
Past tense					
Verbs whose past tense stem ends in a vowel		Participles	Verbs whose past tense stem ends in a vowel (except И)		Participles
		-ВШ-			**-НН-**
чита́ть	чита́-л	чита́вший, -ая, -ее, -ие	прочита́ть	прочита́-л	прочи́танный, -ая, -ое, -ые
говори́ть	говори́-л	говори́вший, -ая, -ее, -ие	оби́деть	оби́де-л	оби́женный, -ая, -ое, -ые
					-Т-
			взять	взя-л	взя́тый, -ая, -ое, -ые
Verbs whose past tense stem ends in a consonant		Participles	Verbs whose past tense stem ends in -И- or a consonant		Participles
		-Ш-			**-ЕНН-**
нести́	нёс	нёсший, -ая, -ее, -ие	изучи́ть	изучи́-л	изу́ченный, -ая, -ое, -ые
везти́	вёз	вёзший, -ая, -ее, -ие	возврати́ть	возврати́-л	возвращённый, -ая, -ое, -ые
привы́к- нуть	привы́к	привы́кший, -ая, -ее, -ие	принести́	принёс	принесённый, -ая, -ое, -ые

Derived from imperfective verbs only

Derived from transitive imperfective verbs only

Derived from perfective and imperfective verbs

Derived from transitive perfective verbs

THE USE OF PARTICIPLES

Это учёный.
Учёный
прово́дит иссле́-
дование.
Он сиди́т за столо́м.

Учёный,
проводя́щий иссле́дование,
сиди́т за столо́м.

Это по́вар.
По́вар
гото́вит обе́д.
Он стои́т у
плиты́.

По́вар,
гото́вящий обе́д,
стои́т у плиты́.

Это студе́нты.
Студе́нты
реша́ют зада́чи.
Они́ сидя́т за сто-
ло́м.

Студе́нты,
реша́ющие зада́чи,
сидя́т за столо́м.

Учёный
провёл иссле́дование.
Он дово́лен.

Учёный,
прове́дший иссле́дование,
дово́лен.

По́вар
пригото́вил обе́д.
Он дово́лен.

По́вар,
пригото́вивший обе́д,
дово́лен.

Студе́нты
реши́ли зада́чи.
Они́ иду́т игра́ть
в волейбо́л.

Студе́нты,
реши́вшие зада́чи,
иду́т игра́ть в волейбо́л.

Вот результа́т иссле́-
дования.
Это иссле́дование
провёл учёный.

Иссле́дование,
прове́дённое учёным,
дало́ хоро́шие резуль-
та́ты.

Вот обе́д.
Этот обе́д
пригото́вил по́вар.

Обе́д,
пригото́вленный по́варом,
стои́т на столе́.

Вот зада́чи. Эти
зада́чи
реши́ли студе́нты.

Зада́чи,
решённые студе́нтами,
бы́ли о́чень тру́дными.

THE AGREEMENT BETWEEN PARTICIPLES AND NOUNS

И. п.

Учёный, **проводя́щИЙ** иссле́дование, сиди́т за столо́м.

Мать, **гото́вящАЯ** обе́д, стои́т у стола́.

Студе́нты, **реша́ющИЕ** зада́чи, сидя́т за столо́м.

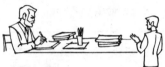 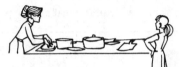 

Р. п.

Я наблюда́ю за рабо́той учёного, проводя́щего иссле́дование.

Дочь наблюда́ет за рабо́той ма́тери, гото́вящей обе́д.

Я наблюда́ю за рабо́той студе́нтов, реша́ющих зада́чи.

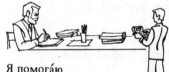 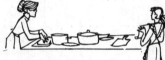 

Д. п.

Я помога́ю учёному, проводя́щему иссле́дование.

Дочь помога́ет ма́тери, гото́вящей обе́д.

Я помога́ю студе́нтам, реша́ющим зада́чи.

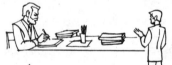 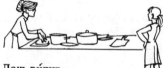 

В. п.

Я ви́жу учёного, проводя́щего иссле́дование.

Дочь ви́дит мать, гото́вящую обе́д.

Я ви́жу студе́нтов, реша́ющих зада́чи.

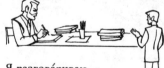  

Т. п.

Я разгова́риваю с учёным, проводя́щим иссле́дование.

Дочь разгова́рива-ет с ма́терью, гото́вящей обе́д.

Я разгова́риваю со студе́нтами, реша́ющими зада́чи.

 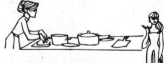 

П. п.

Я рассказа́л вам об учёном, проводя́щем иссле́дование.

Я рассказа́ла вам о ма́тери, гото́вящей обе́д.

Я рассказа́л вам о студе́нтах, реша́ющих зада́чи.

THE VERBAL ADVERB

Look at the pictures. What are the people in the pictures doing?

Ребя́та иду́т по у́лице.
Они́ разма́хивают порт-
фе́лями, ве́село разго-
ва́ривают и смею́тся.

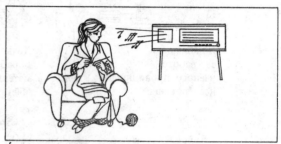

А́нна сиди́т у себя́ до́ма в
кре́сле, слу́шает му́зыку и
вя́жет сви́тер.

In these examples, the same persons (ребя́та, А́нна) are simultaneously doing several actions, all equally important from the speaker's point of view.
But let's imagine that the speaker considers one of these actions to be more important than the rest. In this case he will say:

Разма́хивая портфе́лями, ве́село
разгова́ривая и смея́сь (actions of
secondary importance) ребя́та
иду́т по у́лице (principal action).

Си́дя вечера́ми до́ма и **слу́шая**
му́зыку (actions of secondary importance)
А́нна *вя́жет* сви́тер (principal action).

The principal action is expressed by the *verb*.
Actions of secondary importance are expressed by the **verbal adverb**.
All these actions occur simultaneously, and go on for some indefinite time, therefore the **verbs** and the **verbal adverbs** are imperfective.

PERFECTIVE VERBAL ADVERBS

Я написа́л письмо́.

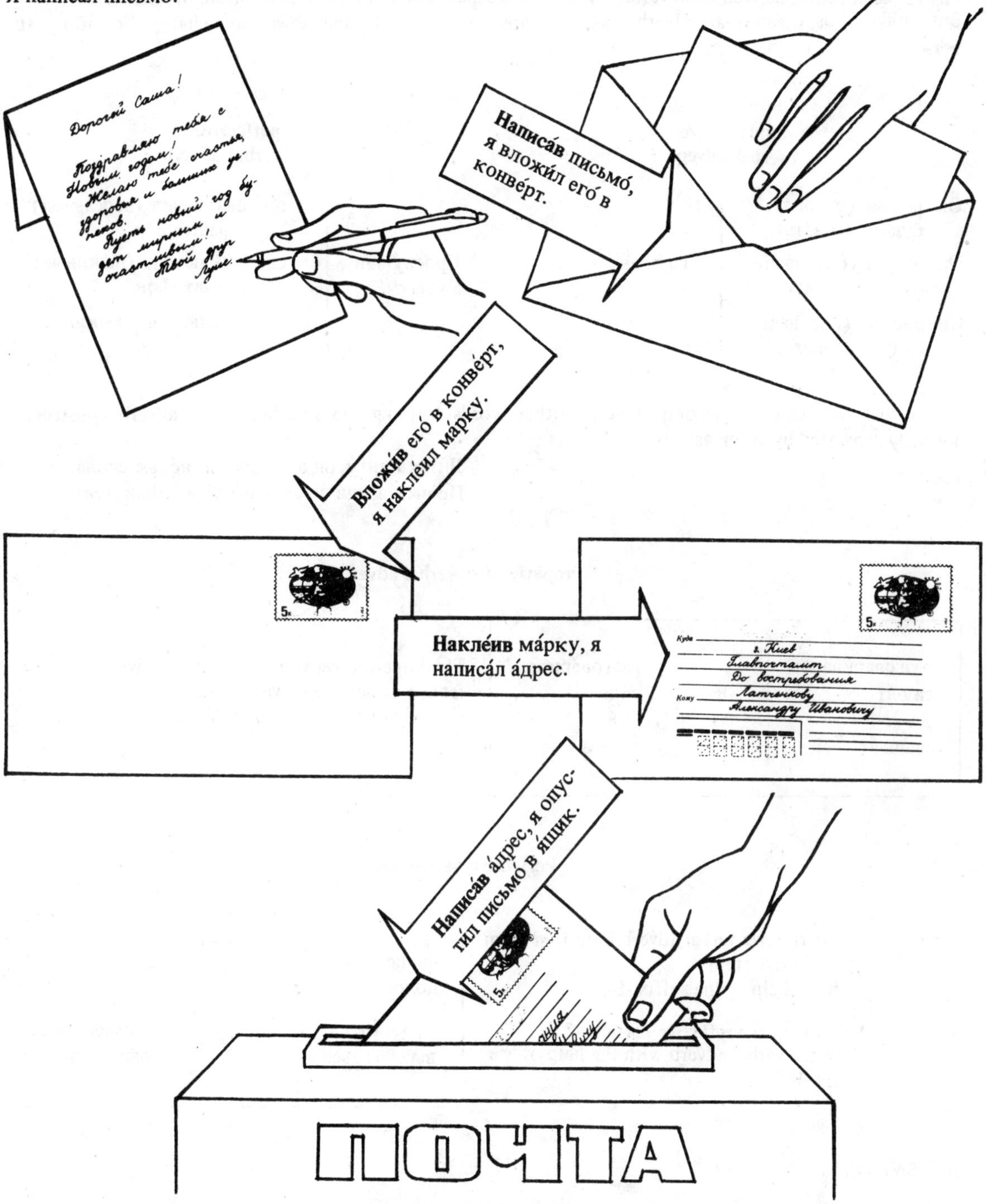

Дорого́й Са́ша!

Поздравля́ю тебя́ с Но́вым го́дом! Жела́ю тебе́ сча́стья, здоро́вья и больши́х успе́хов.
Пусть но́вый год бу́дет ми́рным и счастли́вым!
Твой друг
Лу́ша.

Написа́в письмо́, я вложи́л его́ в конве́рт.

Вложи́в его́ в конве́рт, я накле́ил ма́рку.

Накле́ив ма́рку, я написа́л а́дрес.

Куда́   в Ки́ев
Главпочта́мт
До востре́бования
Кому́   Ла́тчикову
Алекса́ндру Ива́новичу

Написа́в а́дрес, я опус- ти́л письмо́ в я́щик.

ПОЧТА

In these sentences, one and the same person does two actions: the principal one is expressed by the *verb* in the past tense, and the secondary by the **verbal adverb**.

Yet the secondary action is not simultaneous with the principal one: it took place (and was over) before the principal action began, and that is why the secondary action is expressed by **perfective verbal adverb** (the actions are consecutively performed by the same person).

FORMATION AND USE OF THE VERBAL ADVERB

The verbal adverb is derived from verbs, retaining the aspect and the government of the original verb. But, unlike verbs, the verbal adverb **has no category of tense** and **does not change according to person, gender or number.**

imperfective verbal adverb		perfective verbal adverb	
Он рису́ет (рисова́л, бу́дет рисова́ть),			он вы́ключил (вы́ключит) магнитофо́н.
Она́ рису́ет (рисова́ла, бу́дет рисова́ть),	слу́шая му́зыку.	Прослу́шав му́зыку,	она́ вы́ключила (вы́ключит) магнитофо́н.
Они́ рису́ют (рисова́ли, бу́дут рисова́ть),			они́ вы́ключили (вы́ключат) магнитофо́н.

The verbal adverbs often accompanied by other words, forming the so-called **verbal adverb construction**, normally separated by commas:

Чита́я кни́гу, он выпи́сывал но́вые слова́.
Прочита́в кни́гу, он отнёс её в библиоте́ку.

Imperfective verbal adverb

разгова́рива-ют			разгова́ривая
сид-я́т	-Я		си́дя
ид-у́т	(-А)		идя́
слы́ш-ат			слы́ша

The imperfective verbal adverb is derived from a present tense verb stem with the help of the suffix -Я- (-А-[1]).

Perfective verbal adverb

The perfective verbal adverb is derived from the infinitive stem with the help of the suffix -В-.

написа́-ть положи́-ть	-В	написа́в положи́в
засмея́-ться вы́купа-ться	-ВШИ+СЬ	засмея́вшись вы́купавшись

Verbs with the reflexive particle -СЯ form the verbal adverb with the help of the suffix -ВШИ-.

ATTENTION!

In modern Russian, the verbal adverb of certain perfective verbs ends in -Я:
придя́, уйдя́, подойдя́, — *как идя́.*

___
[1] The suffix -А- is used after the consonants Ш, Щ, Ж, Ч.

ATTENTION!

The action expressed by the verb and that expressed by the verbal adverb both refer to the same person or object.

If the actions occur simultaneously, or consecutively, but by different agents, we use complex sentences with the conjunction **когда́**, **как то́лько**, etc.

In these cases, **it is not possible** to use verbal adverbs.

Когда́ *я шёл* домо́й, *свети́ло со́лнце.*

Идя́ домо́й, **свети́ло** со́лнце.

Как то́лько *я вы́шел* и́з дому, *пошёл дождь.*

Вы́йдя и́з дому, пошёл дождь.

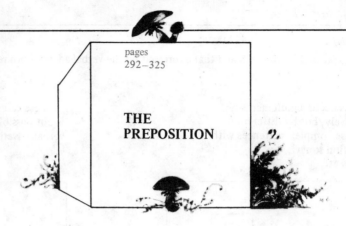

pages
292—325

THE PREPOSITION

The **preposition** is an auxiliary (connective) part of speech, indicative of various relationships between the words in a sentence.

From the point of view of their usage, Russian prepositions can be classified as:

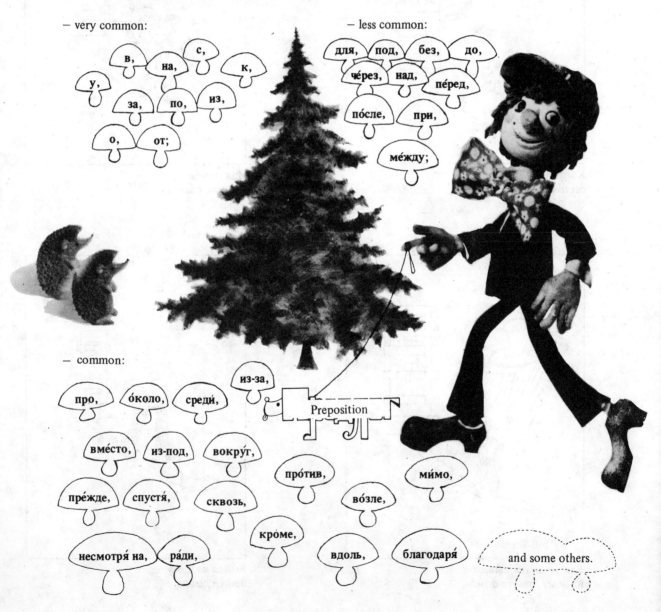

— very common:

в, на, с,
у, к,
за, по, из,
о, от;

— less common:

для, под, без, до,
че́рез, над, пе́ред,
по́сле, при,
ме́жду;

— common:

из-за,
про, о́коло, среди́,
вме́сто, из-под, вокру́г,
про́тив, ми́мо,
пре́жде, спустя́, сквозь, во́зле,
кро́ме,
несмотря́ на, ра́ди, вдоль, благодаря́   and some others.

Preposition

PREPOSITIONS EXPRESSING
SPATIAL RELATIONS

Using **prepositions, which express spatial relations** it is possible to indicate the *place* where an object is, or an action is carried out, the *direction* of action or movement, the *starting point* of motion.

I.

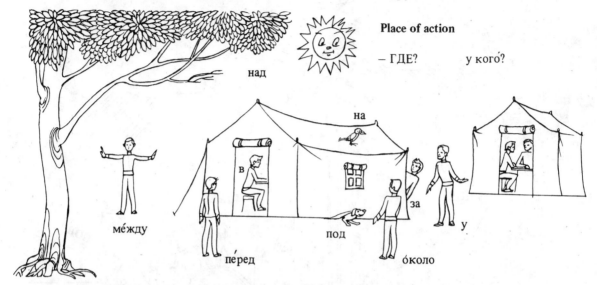

над

Place of action

– ГДЕ?   у кого́?

на

в

за

у

ме́жду

под

пе́ред

о́коло

The **whereabouts** of a person or an object, or the **place** of action is designated by a phrase that consists of a preposition with spatial meaning and a noun (in an oblique case) denoting the place.

быть находи́ться	*где?*	в го́роде, **в** лесу́, **на** у́лице, **на** собра́нии	with the prepositional
		напро́тив до́ма, посреди́ пло́щади, о́коло до́ма, у до́ма	with the genitive
		пе́ред до́мом, **за** до́мом под столо́м, **над** столо́м. ме́жду до́мом и у́лицей	with the instrumental
	у кого́?	у врача́, у дру́га	with the genitive

VOCABULARY   The Use of Prepositions after the Verbs:

быть находи́ться	стоя́ть лежа́ть	сиде́ть висе́ть	жить рабо́тать	и др.

идти́	*где?*	по у́лице, **по́** морю	with the dative
		ми́мо до́ма, **вдоль** реки́	with the genitive
дви́гаться		**че́рез** парк, **сквозь** ту́чи	with the accusative

VOCABULARY   The Use of Prepositions after the Verbs:

идти́ ходи́ть	е́хать е́здить	плыть пла́вать	дви́гаться проходи́ть	и др.

THE MAIN SPATIAL MEANINGS OF SOME PREPOSITIONS

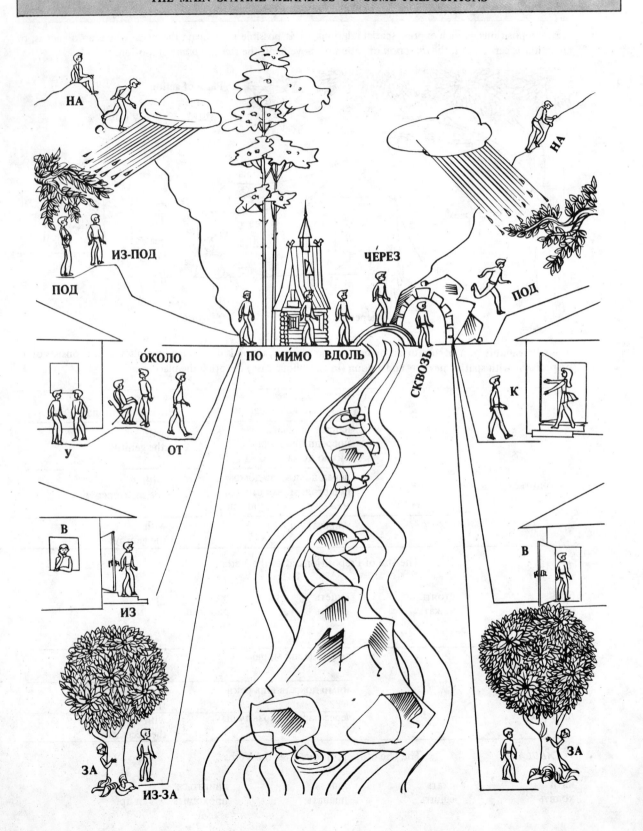

II.   **Direction of movement – КУДА́?**   к кому́?

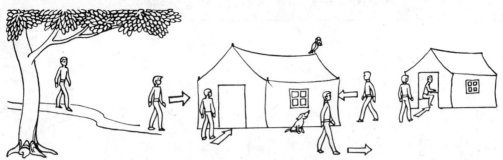

The **direction of movement** or **action** is denoted by a phrase consisting of a spatial preposition plus a noun (in the appropriate case) which designates the aim of a movement.

идти́	*куда́?*	в го́род, **в** лес **на** у́лицу, **на** собра́ние **под** Москву́, **за** грани́цу	with the accusative
е́хать		к бе́регу, к до́му	with the dative
	к кому́?	**к** врачу́, **к** дру́гу	

VOCABULARY   The Use of Prepositions after the Verbs:

идти́ е́хать	лете́ть плыть	нести́ пойти́	прийти́ уе́хать	положи́ть поста́вить и др[1] .

III.   **Starting point of motion   – ОТКУ́ДА?**   от кого́?

The **starting point of motion** is designated by a phrase consisting of a spatial preposition with a noun in the genitive, naming the starting point.

идти́ возвраща́ться	*отку́да?*	**из** го́рода, **из** ле́са **с** у́лицы, **с** собра́ния **из-под** Москвы́ **из-за** грани́цы	with the genitive
	от кого́?	**от** врача́, **от** дру́га	

VOCABULARY   The Use of Prepositions after the Verbs:

возвраща́ться верну́ться	е́хать идти́	приезжа́ть прие́хать	уходи́ть уйти́ и др.

---

[1] Only with verbs denoting motion.

PREPOSITIONS EXPRESSING TEMPORAL RELATIONS

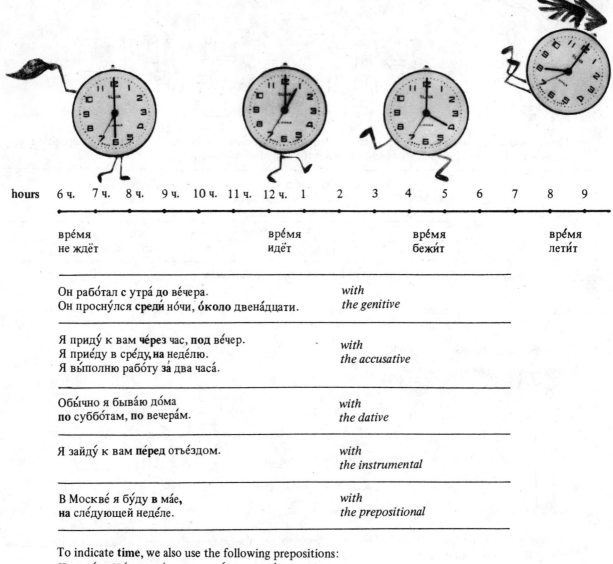

| hours | 6 ч.   7 ч.   8 ч.   9 ч.   10 ч.   11 ч.   12 ч.   1   2   3   4   5   6   7   8   9 |

вре́мя не ждёт	вре́мя идёт	вре́мя бежи́т	вре́мя лети́т

Он рабо́тал **с** утра́ **до** ве́чера. Он просну́лся **среди́** но́чи, **о́коло** двена́дцати.	*with* *the genitive*
Я приду́ к вам **че́рез** час, **под** ве́чер. Я прие́ду в сре́ду, **на** неде́лю. Я вы́полню рабо́ту **за** два часа́.	*with* *the accusative*
Обы́чно я быва́ю до́ма **по** суббо́там, **по** вечера́м.	*with* *the dative*
Я зайду́ к вам **пе́ред** отъе́здом.	*with* *the instrumental*
В Москве́ я бу́ду **в** ма́е, **на** сле́дующей неде́ле.	*with* *the prepositional*

To indicate **time**, we also use the following prepositions:

Накану́не Но́вого го́да я поздра́вил друзе́й.
По́сле рабо́ты я пошёл в кино́.
В тече́ние ме́сяца он был
бо́лен.

    with
    the genitive

Sometimes two prepositions may be required to point out the time:

За день **до** отъе́зда он пришёл попроща́ться.
Че́рез час **по́сле** оконча́ния заня́тий мы пошли́
в кино́.

    with
    the accusative
    and
    the genitive

Inquiring about the time of some action or event, we ask the question КОГДА́?

Когда́ он прие́хал? *Когда́* вы бу́дете до́ма?
Когда́ она́ уезжа́ет? *Когда́* мы уви́димся?

THE USE OF THE PREPOSITIONS *В* AND *НА*

 КОГДА́?

If the answer to the question *когда́?* mentions

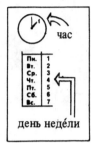

час

ме́сяц

неде́ля

год

1947
1948
1949
1950
1951
1952
1953
1954

XX
век

the use of the following
prepositions
is indicated

В,

В and **НА**[1]

⬇

⬇

with the accusative

with the prepositional

Он придёт
{
в час (в 2 часа́) .
в (бу́дущую) сре́ду.
в э́тот понеде́льник.
в э́тот день.
(час, день неде́ли)
}

Он прие́дет
{
на э́той неде́ле.
в ма́е, в э́том ме́сяце.
в бу́дущем году́.
в 1985   году́.
(неде́ля, ме́сяц, год)
}

If the answer to the question *когда́?* gives
the year or the century (epoch)

descriptively

the preposition **В**
is used

as a date

⬇

⬇

with the accusative

with the prepositional

Э́то бы́ло
{
в эпо́ху феодали́зма.
в тру́дный год.
в год оконча́ния войны́.
в век освое́ния ко́смоса.
}

Он роди́лся
{
в ты́сяча девятьсо́т
со́рок пя́том году́.
в э́том году́.
в двадца́том ве́ке.
}

 ATTENTION!

Giving the exact date, no preposition is necessary.

Когда́ он на́чал занима́ться?
— **Пе́рвого сентября́**.

---

[1] The preposition НА is used only with the word *неде́ля*.

THE USE OF THE PREPOSITIONS *ДО, ЗА... ДО, ПЕ́РЕД, ВО ВРЕ́МЯ, ЧЕ́РЕЗ... ПО́СЛЕ*

КОГДА́?

до грозы́

пе́ред грозо́й (за пять мину́т до грозы́)

во вре́мя грозы́

по́сле грозы́ (че́рез пять мину́т по́сле грозы́)

До грозы́ мы гуля́ли в па́рке.

За не́сколько мину́т до грозы́ мы подошли́ к бесе́дке.

Во вре́мя грозы́ мы сиде́ли в бесе́дке.

Че́рез пять мину́т по́сле грозы́ мы вы́шли из бесе́дки.

По́сле грозы́ мы ещё до́лго гуля́ли в па́рке.

If in the answer to the question *когда?* the time of the action or event is related to some other action or event, the following prepositions are used:

ЗА ... ДО ...

Нача́ло спекта́кля в 7 часо́в.

Пу́блика собира́ется в теа́тре **за** 10 мину́т до нача́ла спекта́кля.

ЧЕ́РЕЗ ... ПО́СЛЕ ...

Нача́ло спекта́кля в 7 часо́в.

А́нна опозда́ла. Она́ пришла́ **че́рез** 10 мину́т по́сле нача́ла спекта́кля.

ЗА
with the accusative

ДО
with the genitive

ЧЕ́РЕЗ
with the accusative

ПО́СЛЕ
with the genitive

THE USE OF THE PREPOSITIONS *ЧЕ́РЕЗ* AND *ПО́СЛЕ*

КОГДА́?

Когда́
ты пришёл?

— Я пришёл
час **тому́ наза́д**
(в двена́дцать
часо́в).

ЧЕ́РЕЗ
with the accusative
is used only with
nouns denoting time:
секу́нда, мину́та, час, день, неде́ля,
ме́сяц, год.

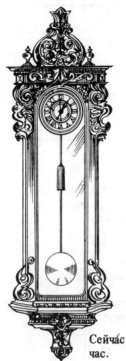

Когда́
ты уйдёшь?

— Я уйду́
че́рез час
(в два часа́).

ПО́СЛЕ
with the genitive
is used with nouns
denoting action or state:
за́втрак, обе́д, сон, о́тдых, заня́тие,
уро́к, купа́ние, пое́здка и т. д.

че́рез
час

че́рез
день

че́рез
год

Сейча́с
час.

по́сле
за́втрака

по́сле
уро́ков

TIME LIMITS OF ACTION

С КАКО́ГО ВРЕ́МЕНИ?

с восьми́

с понеде́льника

С
with the genitive

СКО́ЛЬКО ВРЕ́МЕНИ?

Мы занима́лись
два часа́.

Они́ рабо́тали
5 дней.

ДО КАКО́ГО ВРЕ́МЕНИ?

до десяти́

до суббо́ты
(в суббо́ту они́ уже́
не рабо́тали)

ДО
with the genitive

1.VI. – 27.VIII

С
with the genitive

Ско́лько вре́мени вы бу́дете в Москве́?
— Мы бу́дем там с пе́рвого ию́ня по два́дцать
седьмо́е а́вгуста (два́дцать седьмо́го ещё
бу́дем в Москве́).

ПО
with the accusative

THE USE OF PREPOSITIONS *НАКАНУ́НЕ, ЗА, ПРИ, ПО, К*

КОГДА́?

Накану́не
(за день до ...)
пра́здника де́ти
украша́ют ёлку.

За у́жином
(во вре́мя
у́жина) друзья́
ве́село разгова́ривали.

При Петре́ Пе́рвом
был постро́ен го́-
род на Неве́.

НАКАНУ́НЕ
with
the genitive

ЗА
with
the instrumental

ПРИ
with
the prepositional

Они́ уви́делись
накану́не Но́вого
го́да.
(накану́не отъе́зда,
накану́не экза́мена)

Они́ встре́тились
за у́жином.
(за за́втраком,
за обе́дом)

Они́ рабо́тали
при све́те ла́м-
пы.

REGULAR, HABITUAL ACTION

(ПО ДНЯМ НЕДЕЛИ or ЧАСТЯМ СУТОК)

ПО
with the dative
(plural)

по суббо́там	по утра́м
по понеде́льникам	по вечера́м
по воскресе́ньям	по ноча́м

ATTENTION!

По утра́м,
по вечера́м,
но:
по *це́лым* **дня́м.**

Мы занима́емся му́зыкой
по сре́дам и
пя́тницам.

Мы смо́трим телеви́зор
по вечера́м.

THE DEADLINE

К КАКО́МУ СРО́КУ?

Приходи́те к трём часа́м (не по́зже трёх часо́в).

К
with the dative

ко́нчить ⎫
сде́лать ⎬ рабо́ту к концу́ го́да
вы́полнить ⎭

Он прие́хал к пра́зднику.

**time of the
coming action**

**time
spent in performing
an action**

НА КАКО́Й СРОК?

— Здра́вствуйте!
Я прие́хал к вам
отдыха́ть **на ме́сяц.**

СКО́ЛЬКО ВРЕ́МЕНИ?

— Це́лый ме́сяц
я отдыха́л.

ЗА КАКО́Й СРОК?

— До свида́ния. Спаси́бо!
За э́тот ме́сяц я хорошо́
отдохну́л.

Я даю́ вам э́ту
кни́гу **на неде́лю.**

— Всю неде́лю
я чита́л э́ту
кни́гу.

— **За** неде́лю я прочита́л
э́ту кни́гу.

Приходи́те ко мне
на полчаса́.

Мы бу́дем разгова́ривать
полчаса́.

За полчаса́ мы с ва́ми
успе́ем поговори́ть.

НА
with the accusative

без предло́га

the accusative

ЗА
with the accusative

VOCABULARY

прийти́ ⎫
уйти́ ⎪
зайти́ ⎬ *на*
останови́ться ⎪ *полчаса́*
взять журна́л ⎪
дать кни́гу ⎭

написа́ть письмо́ ⎫
перевести́ статью́ ⎪
осмотре́ть вы́ставку ⎬ *за*
сде́лать рабо́ту ⎪ *два часа́*
вы́учить роль ⎪
отдохну́ть ⎭

ATTENTION!
план *на* неде́лю, *на* ме́сяц,
на́ год

отчёт *за* неде́лю, *за* ме́сяц,
за́ год

PREPOSITIONS EXPRESSING CAUSAL RELATIONS

ПОЧЕМУ́?

To express **causal relations,** we use the prepositions: **из-за, благодаря́, от.**

Из-за отсу́тствия ве́тра
ло́дка останови́лась.

Из-за дождя́ мы весь день
просиде́ли до́ма.

Благодаря́ хоро́шему ве́тру
ло́дка плыла́ бы́стро.

Благодаря́ теплу́ и весе́нним
дождя́м ра́но зацвели́ сады́.

БЛАГОДАРЯ́

with the dative
is used to
denote the cause
that had brought about
desirable results, i. e.
the causes of favourable
action.

ИЗ-ЗА

with the genitive
is used to indicate
the cause of certain negative
results, i.e. the causes of
undesirable action.

ОТ

with the genitive
is used to express
the cause, with a few
verbs only:

дрожа́ть
от
хо́лода

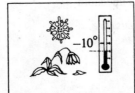

погиба́ть
от
хо́лода

*дрожа́ть, пла́кать, смея́ться,
заболе́ть, поги́бнуть, умере́ть.*
(the reason for involuntary action
or the cause of destruction, death or
disease).

PREPOSITIONS EXPRESSING PURPOSE

Он пошёл в апте́ку за лека́рствами (что́бы купи́ть лека́рства).

ЗА
with
the instrumental

Он прие́хал для уча́стия в соревнова́ниях (чтобы приня́ть уча́стие в соревнова́ниях).

ДЛЯ
with
the genitive

PREPOSITIONS EXPRESSING QUALITATIVE CHARACTERISTICS

The questions *како́й? кака́я? како́е? каки́е?* can be answered not only with adjectives but also by using a noun with a preposition.

кни́га **о** Москве́

конве́рт **с** ма́ркой и конве́рт **без** ма́рки

встре́ча **по** баскетбо́лу

практи́ческие заня́тия **по** хи́мии

The question *как?* can be answered using an adverb or a noun with a preposition.

слу́шать **с** интере́сом

слу́шать **без** интере́са

е́хать **со** ско́ростью 100 км в час

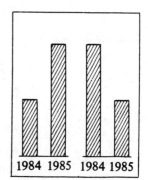

увели́чить ... **на** 50%   сократи́ть... **в** два ра́за

PREPOSITIONS AND CASES

Nouns, adjectives, numerals, pronouns and participles are always **in an oblique case** when used **with prepositions.** The choice of preposition and case mainly depends on the verb (on the principal word[1]).

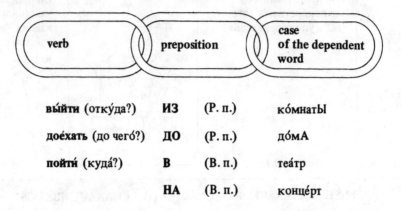

вы́йти (отку́да?)	ИЗ	(Р. п.)	ко́мнатЫ
дое́хать (до чего́?)	ДО	(Р. п.)	до́мА
пойти́ (куда́?)	В	(В. п.)	теа́тр
	НА	(В. п.)	конце́рт

REMEMBER!

The majority of prepositions require the subsequent use of a definite case, e. g.

ИЗ, ИЗ-ЗА, ИЗ-ПОД, ОТ, ДО, ДЛЯ	— родительного падежа
К, БЛАГОДАРЯ́, НАВСТРЕ́ЧУ	— дательного падежа
ЧЕ́РЕЗ, СКВОЗЬ, ПРО	— винительного падежа
ПЕ́РЕД, НАД	— творительного падежа
ПРИ, О	— предложного падежа

After some prepositions, words may stand in either of two cases, depending on what they are meant to denote (e.g., *place* or *direction of motion):*

    after НА and В — in the **Prep.** (place) or **Acc.** (direction of motion)

    after ЗА and ПОД — in the **Instr.** (place) or **Acc.** (direction of motion)

There are instances when the same preposition may have different meanings and require different cases to follow:

    упа́сть с де́рева   — **Gen.** (starting point of motion on the surface)

    рабо́тать с двух часо́в — **Gen.** (starting point of action in time)

    гуля́ть с бра́том — **Instr.** (joint action)

    идти́ по у́лице — **Dat.** (motion on the surface)

    купа́ться по утра́м — **Dat.** (the time of habitual. repeated action)

    дать по́ две тетра́ди — **Acc.** (with the numeral *два)*

    отдыха́ть по пе́рвое сентября́ — **Acc.** (deadline), etc.

---

[1] Apart from the verb, the principal word may be the *verbal noun, adjective* or *adverb.*

ATTENTION!

For the use of **cases** after **prepositions**, see the following pages:

Prepositions used *with the genitive,* pp. 91—93.

Prepositions used *with the dative,* pp. 64, 65.

Prepositions used *with the accusative,* pp. 55—57.

Prepositions used *with the instrumental,* pp. 73—75.

Prepositions used *with the prepositional,* pp. 40—44.

Prepositions used with two cases:
prepositional and *accusative,* pp. 57, 306— 309,
instrumental and *accusative,* pp. 74, 75, 310—313,
genitive and *instrumental,* pp. 76, 316, 317.

For typical mistakes in the use of **prepositions**, see p. 325.

POLYSEMY OF PREPOSITIONS

Different meanings expressed with the help of prepositions are shown on pp. 306—324.
In the big black square in the centre of each page, you will see the most common, main meaning of the preposition, which usually relates to position or direction and clockwise around the square, the remaining meanings are shown in a certain sequence (from simple to more complex ones and from the most concrete to more abstract meanings).

Some prepositions are allotted facing pages, each page devoted to one case. For instance:

В with the *prepositional* and *accusative* (see pp. 306, 307).

НА with the *prepositional* and *accusative* (see pp. 308, 309).

ЗА with the *instrumental* and *accusative* (see pp. 310, 311).

ПОД with the *instrumental* and *accusative* (see pp. 312, 313).

С with the *genitive* and *instrumental* (see pp. 316, 317).

Or *different prepositions,* which are either close in meaning, or require the same case to follow. For example:

ИЗ-ЗА and **ИЗ-ПОД** with the *genitive*
ЧЕ́РЕЗ and **СКВОЗЬ** with the *accusative*   } (see p. 324).

ОТ and **ИЗ** with the *genitive* (see pp. 318, 319).

У and **О́КОЛО** with the *genitive* (see pp. 320, 321).

К and **ПО** with the *dative* (see pp. 322, 323).

ПЕ́РЕД and **МЕ́ЖДУ** with the *instrumental* (see pp. 314, 315).

THE PREPOSITION *В* WITH THE ACCUSATIVE CASE

— Приходи́те
в
суббо́ту
ро́вно в час.

Они́ игра́ют
в
ша́хматы.

Спортсме́н
ме́тит
в
цель.

Он
стреля́ет
в
цель.

Он
попа́л
в
цель.

биле́т
в
теа́тр

Он звони́т
в
Спра́вочное
бюро́.

Вода́ превра-
ща́ется
в
пар.

Он вхо́дит
в
ко́мнату.

Она́ налива́-
ет чай
в
ча́шку.

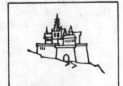

— Э́тот за́мок
был постро́ен
в
эпо́ху сред-
невеко́вья.

Студе́нты
в
дни кани́кул
ката́лись
на лы́жах.

Журна́л ,,Ру́сский
язы́к за рубежо́м''
выхо́дит 6 раз
в
год.

Заня́тия на-
чина́ются
в
9 часо́в.

Он смо́трит
в
бино́кль.

THE PREPOSITION *В* WITH THE PREPOSITIONAL CASE

Зи́мние
кани́кулы
бу́дут
в январе́.

Наш де́душка
в де́тстве,
в мо́лодости,
в ста́рости.

Они́ у́чатся
в
пя́том
кла́ссе.

Они́ гуля́ют
в
па́рке.

Кни́ги стоя́т
в
шкафу́.

Де́ти сидя́т
в
ко́мнате.

Она́ е́дет
в
ваго́не.

де́вушка
в
ле́тнем
пла́тье

Все уча́ствуют
в
сбо́ре вино-
гра́да.

Он роди́лся
в
ию́ле.

Она́ прие́хала
в
середи́не ма́я.

Они́
в
восто́рге
от спекта́кля.

THE PREPOSITION *НА* WITH THE ACCUSATIVE CASE

Он получи́л
о́тпуск
на
ме́сяц.

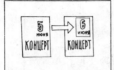

Конце́рт
перенесён
на
за́втра.

Он смо́трит
на
карти́ну.

Они́ иду́т
на
рабо́ту.

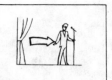

Арти́ст
вы́шел
на
сце́ну.

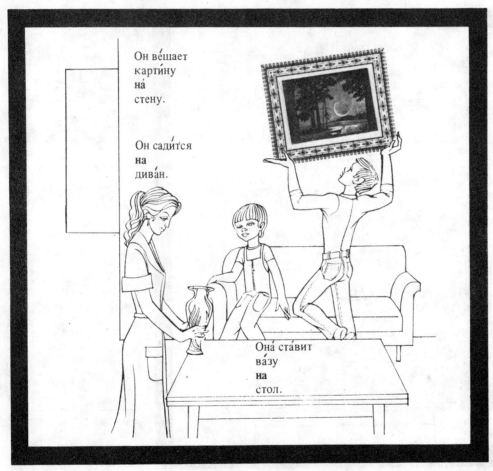

Он ве́шает
карти́ну
на́
сте́ну.

Он сади́тся
на
дива́н.

Она́ ста́вит
ва́зу
на
стол.

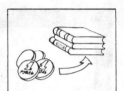

Он потра́тил
де́ньги
на
кни́ги.

Сын по-
хо́ж
на
отца́.

Магази́н
закры́т
на
ремо́нт.

в ночь
на
1-е января́

Она́ разре́-
резала
я́блоко
на
две ча́сти.

Сло́во ока́нчи-
вается
на
согла́сный.

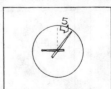

Часы́ спе-
ша́т
на
пять мину́т.

Он опозда́л
на
одну́
мину́ту.

THE PREPOSITION *НА* WITH THE PREPOSITIONAL CASE

Они́ вы́шли
из до́ма
на
рассве́те.

кни́га
на
ру́сском
языке́

На
карти́не
изображён
Кремль.

На
ней
но́вое
пла́тье.

Он
на
рабо́те.

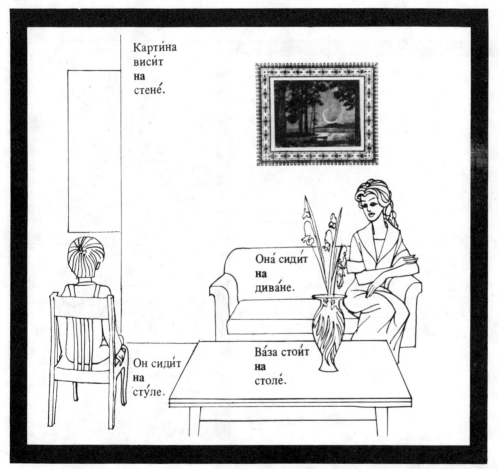

Карти́на
виси́т
на
стене́.

Она́ сиди́т
на
дива́не.

Он сиди́т
на
сту́ле.

Ва́за стои́т
на
столе́.

ту́фли
на
высо́ких
каблука́х

Он игра́ет
на скри́пке, а она́
аккомпани́рует ему́
на роя́ле.

Она́
на
конце́рте.

Ма́льчик
сиди́т
верхо́м
на
ло́шади.

Они́
е́дут
на
маши́не.

Он
е́дет
на
велоси-
пе́де.

Они́ ката́ются
на
конька́х.

Он
жена́т
на
мое́й
сестре́.

THE PREPOSITION *ZA* WITH THE ACCUSATIVE CASE

Он прочита́л
кни́гу
за
неде́лю.

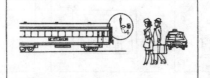

Они́ прие́хали
на вокза́л
за
час до отхо́да
по́езда.

— Сади́тесь
за
стол!

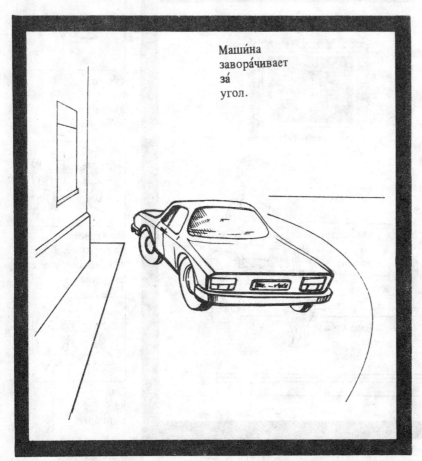

Маши́на
завора́чивает
за́
угол.

Он де́ржится
за
пери́ла.

Он пла́тит
за
поку́пку.

Она́ выхо́дит
за́муж
за
инжене́ра.

— Благодарю́
за
цветы́!

— Спаси́бо
за
по́мощь!

THE PREPOSITION *ЗА* WITH THE INSTRUMENTAL CASE

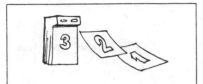

день
за
днём

Он сиди́т
за
столо́м.

Они́ разгова́ри-
вают за
обе́дом.

Маши́на
стои́т
за
угло́м.

Медици́нская
сестра́
уха́живает
за
больны́м.

Она́ идёт
за
хле́бом.

Астроно́м
наблюда́ет
за
звёздами.

Соба́ка
бежи́т
за
хозя́ином.

— За
ва́ми
ещё две
кни́ги.

THE PREPOSITION *ПОД* WITH THE ACCUSATIVE CASE

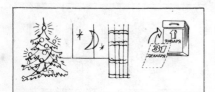

ночь
под
Но́вый год

Ему́
под
пятьдеся́т.

Он
пое́хал
отдыха́ть
под Москву́.

— Поста́вь
чемода́н
под
стол.

Каранда́ш
упа́л
под стул.

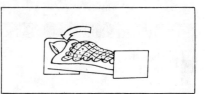

Он пря́чется
под
одея́ло.

Спусти́ться
под
во́ду.

— Иди́
под
зо́нтик!

та́нцы
под
орке́стр

— Возьми́
меня́
по́д
руку.

— Не выходи́
под
дождь!

THE PREPOSITION *ПОД* WITH THE INSTRUMENTAL CASE

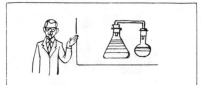

„Катализа́тор”.
— Что на́до понима́ть
под
э́тим те́рмином?

Студе́нты
де́лают о́пыты
под
наблюде́нием профе́ссора.

Они́ живу́т
под
Москво́й.

Скаме́йка
стои́т
под
де́ревом.

Он пла́вает
под
водо́й.

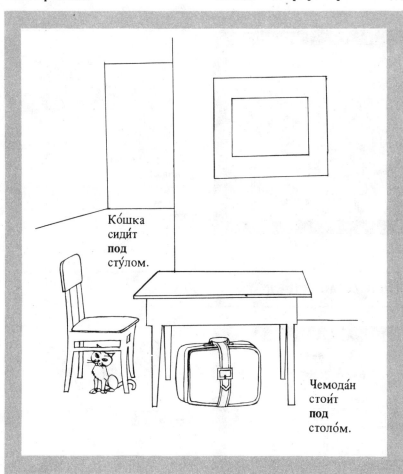

Ко́шка
сиди́т
под
сту́лом.

Чемода́н
стои́т
под
столо́м.

Она́ идёт
под
зо́нтиком.

Инструме́нт
всегда́
под
руко́й.

кора́бль
под
росси́йским
фла́гом

Он стои́т
под
дождём.

THE PREPOSITION *ПЕРЕД* WITH THE INSTRUMENTAL CASE

Де́ти мо́ют
ру́ки
пе́ред
обе́дом.

Она́ останови́лась
пе́ред
витри́ной.

— Прости́те за
опозда́ние!
Я винова́т
пе́ред
ва́ми!

Цве́ты расту́т
пе́ред
до́мом.

Он причёсы-
вается
пе́ред
зе́ркалом.

Она́ ста́вит
пе́ред
гостя́ми
ча́шечки ко́фе.

Студе́нты зашли́
в библиоте́ку
пе́ред
нача́лом
заня́тий.

THE PREPOSITION *НАД* WITH THE INSTRUMENTAL CASE

Он ве́шает
карти́ну
над
дива́ном.

Над
столо́м
виси́т ла́мпа.

Они́ смею́тся
над
ним.

наблюде́ния
над
ры́бами

Он рабо́тает
над
дре́вней
ру́кописью.

Над
мо́рем
кру́жатся
ча́йки.

THE PREPOSITION *МЕЖДУ* WITH THE INSTRUMENTAL CASE

Он бу́дет до́ма
ме́жду
ча́сом и двумя́.

Ме́жду
гора́ми
протека́ет
река́.

разгово́р
ме́жду
друзья́ми

Ме́жду
сестро́й
и бра́том боль-
ша́я ра́зница
в во́зрасте.

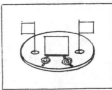

догово́р о дру́жбе
ме́жду
двумя́ стра́нами

Доро́га прохо́дит
ме́жду
ле́сом и реко́й.

Мир
ме́жду
наро́дами!

THE PREPOSITION *ПРИ* WITH THE PREPOSITIONAL CASE

де́тский сад
при
заво́де

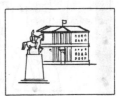

Москва́ была́
осно́вана в 1147 году́
при
Ю́рии Долгору́ком.

Ма́стер почини́л
радиоприёмник
при по́мощи
инструме́нтов.

Он занима́ется
при
электри́ческом
све́те.

Они́
гуля́ют
при
луне́.

При
вхо́де в кино-
теа́тр
стои́т билетёр.

Горнолы́жник
при
спу́ске
потеря́л па́лку.

THE PREPOSITION *C* WITH THE INSTRUMENTAL CASE

— Поздравля́ю
с
Но́вым го́дом!

Он просну́лся
с
восхо́дом
со́лнца.

Они́ игра́ют
в ша́хматы
с
чемпио́ном.

учи́тель
с
ученика́ми

$\sqrt{16} =$

— Я смотрю́
с
больши́м
интере́сом.

дом
с
коло́ннами

де́вушка
с
дли́нными воло-
са́ми

— Познако́мьтесь
с
мои́м бра́том!

чай
с
лимо́ном

THE PREPOSITION *C* WITH THE GENITIVE CASE

Тракторист
работает
с
самого утра.

С
двух до шести
он работал
в библиотеке.

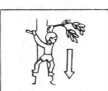

Мальчик
спускается
с
дерева.

С
улицы
несётся
шум.

катание
с
гор

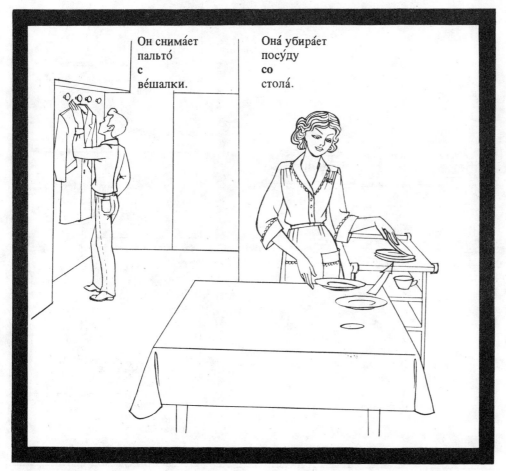

Он снимает
пальто
с
вешалки.

Она убирает
посуду
со
стола.

Он говорит
с
трибуны.

Он снял шляпу
с
головы.

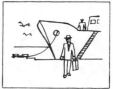

пассажир
с
корабля

В институте
занятия
с
1 сентября.

перевод
с
немецкого

Она рисует
с
натуры.

с
правой
стороны

с
левой
стороны

THE PREPOSITION *OT* WITH THE GENITIVE CASE

лека́рство
от
гри́ппа

письмо́
от
1-го ию́ня

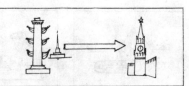

От
Санкт-Петербу́рга
до Москвы́
649 киломе́тров.

Он пря́чется
от
дождя́.

— Я выступа́ю
от
и́мени
всего́ ку́рса.

Парохо́д
отошёл
от
при́стани.

— Я получи́ла
письмо́
от
бра́та.

Щено́к
дрожи́т
от
хо́лода.

— **От**
всего́
се́рдца же-
ла́ю успе́ха!

пода́рок
от
роди́телей

THE PREPOSITION *ИЗ* WITH THE GENITIVE CASE

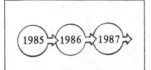

из
го́да в год

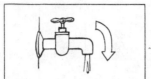

Вода́
льётся
из
кра́на.

Пти́ца
исчеза́ет
из
ви́ду.

Э́то он
узна́л
из
газе́т

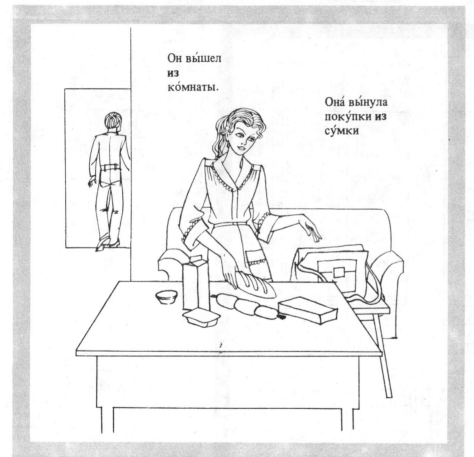

Он вы́шел
из
ко́мнаты.

Она́ вы́нула
поку́пки **из**
су́мки

Он позвони́л
из
институ́та.

кома́нда
из
трёх
челове́к

варе́нье
из
ви́шен

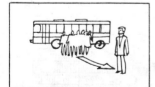

оди́н
из
гру́ппы

мла́дший
из
бра́тьев

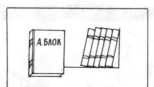

кни́га
из
се́рии
,,Библиоте́ка
поэ́та"

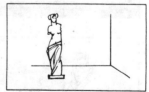

ста́туя
из
мра́мора

THE PREPOSITION У WITH THE GENITIVE CASE

Она́ у́чится
у
ма́тери
гото́вить.

Напада́ющий
о́тнял мяч
у
защи́тника.

Он узна́л
у
милиционе́ра
доро́гу.

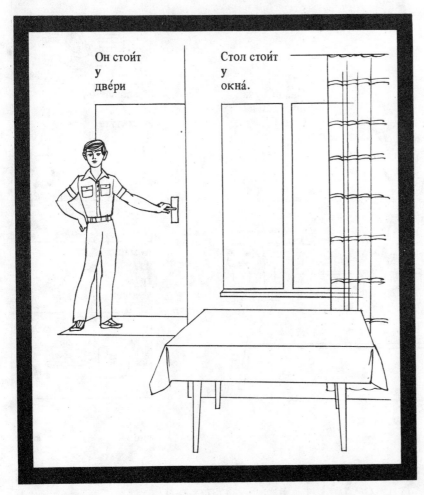

Он стои́т
у
две́ри

Стол стои́т
у
окна́.

В гостя́х
у
ба́бушки.

— у
меня́
тро́е дете́й.

— у
вас
боли́т зуб?

— у
кого́ есть
ли́шний биле́т?

— у
тебя́
мно́го книг?

THE PREPOSITION *ОКОЛО* WITH THE GENITIVE CASE

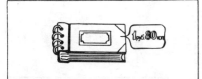

Альбо́м сто́ит
о́коло
двух рубле́й.

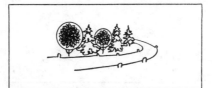

Доро́га прохо́дит
о́коло
ле́са.

Учени́к стои́т
о́коло
доски́.

О́коло
до́ма
большо́й сад.

Де́ти гуля́ют
о́коло
до́ма.

Ему́
о́коло
50 лет.

— Сядь
о́коло
меня́.

— Жду тебя́ уже́
о́коло
ча́са!

— Я жил в Москве́
о́коло
трёх лет.

THE PREPOSITION *K* WITH THE DATIVE CASE

— Приходи́те
ко
мне часа́м к семи́!

любо́вь
к
живо́тным

Больно́й пришёл
к
врачу́.

Ло́дка плывёт
к
бе́регу.

Ле́ктор обраща́ется
к
аудито́рии.

бискви́ты
к
ча́ю

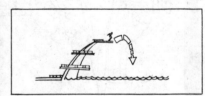

Спортсме́н
гото́вится
к
прыжку́.

— К
сожале́нию,
не могу́.

К
трём приба́вить
четы́ре …

Лету́чая мышь
отно́сится
к
млекопита́ющим.

THE PREPOSITION *ПО* WITH THE DATIVE CASE

По
воскресе́ньям
мы хо́дим на экс-
ку́рсии.

Он звони́т
по
телефо́ну.

На плоту́
вниз
по
тече́нию.

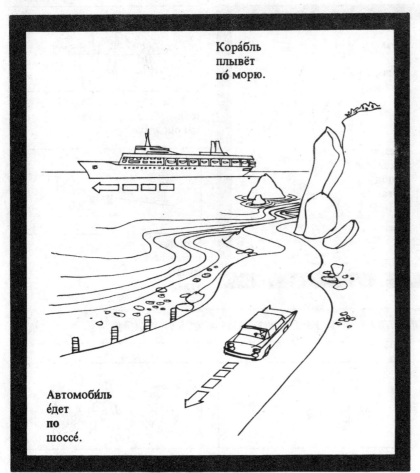

Кора́бль
плывёт
по́ морю.

Автомоби́ль
е́дет
по
шоссе́.

Поезда́
хо́дят
по
расписа́нию.

Он хо́дит
по
ко́мнате.

заня́тия
по
хи́мии

Мы купи́ли
бу́лочки
по
10 копе́ек.

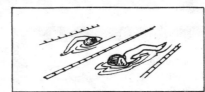

соревнова́ния
по
пла́ванию

переда́ча
по
телеви́зору

THE PREPOSITIONS *ИЗ-ЗА* AND *ИЗ-ПОД* WITH THE GENITIVE CASE

Они́ встаю́т
из-за
стола́.

Щено́к выгля́дывает
из-под
стола́.

буты́лка
из-под
молока́

Из-за
гор
показа́лось
со́лнце.

Цвето́к
показа́лся
из-под
сне́га.

— Из-за
тебя́
мы опозда́ли!

Маши́на
показа́лась
из-за
угла́.

THE PREPOSITIONS *ЧЕ́РЕЗ* AND *СКВОЗЬ* WITH THE ACCUSATIVE CASE

Он влез
че́рез
окно́.

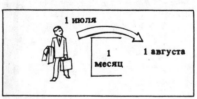

— Прие́ду
че́рез
ме́сяц!

Они́ разгова́ривают
че́рез
перево́дчика.

Он прохо́дит
че́рез
сквер.

Луч со́лнца
прони́к
сквозь
ту́чи.

мост
че́рез
Неву́

TYPICAL MISTAKES IN THE USE OF PREPOSITIONS

CORRECT!

WRONG!

Мы сиди́м
за
столо́м
и у́жинаем.

Мы сиди́м
на
столе́
и у́жинаем.

Он сиди́т
в
пе́рвом ряду́.

Он сиди́т
на
пе́рвом ряду́

Он
в
но́вом
костю́ме и
в шля́пе.

Он
с
но́вым
костю́мом и
со шля́пой.

Он е́дет
(плывёт)
на
парохо́де.

Он е́дет
(плывёт)
с
парохо́дом
(в рука́х).

Он лети́т
на
самолёте.

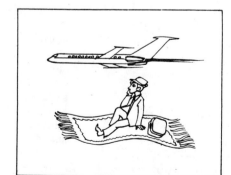

Он лети́т
с
самолётом.
(вме́сте)

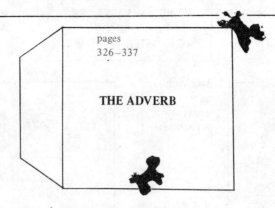

pages
326—337

THE ADVERB

Adverbs are used to characterise an action, or to indicate its attributes.

The **adverb** is an unchanging part of speech, which usually is related to the verb and answers the questions: КАК? КАКИ́М О́БРАЗОМ? ГДЕ? КОГДА́? or СКО́ЛЬКО ВРЕ́МЕНИ? does the action take place? КУДА́ or ОТКУ́ДА is the action directed? etc.

	как?	бы́стро, пешко́м.
Он идёт	*куда́?*	туда́, вниз.
	откуда?	отту́да, све́рху.
	когда́?	сейча́с.

In some cases **adverbs** can indicate an attribute of a quality or an object; they are related to an *adjective* (о́чень интере́сная кни́га, **соверше́нно** непоня́тная зада́ча), another *adverb* (**соверше́нно** я́сно, абсолю́тно поня́тно), or a *noun* (движе́ние **вперёд**, доро́га **пря́мо**).

Depending on their meaning and on the question they answer, adverbs fall into a number of groups.

ADVERBS OF PLACE

Adverbs can point to the **place of action**, to the **initial point** or **direction** of action or to the **movement** of action.
These adverbs answer the following questions:

ГДЕ?	КУДА́?	ОТКУ́ДА?
здесь, тут	сюда́	отсю́да
там	туда́	отту́да
везде́, всю́ду	–	отовсю́ду
наверху́	наве́рх, вверх	све́рху
внизу́	вниз	сни́зу
внутри́	внутрь	изнутри́
снару́жи	нару́жу	снару́жи
впереди́	вперёд	спе́реди
позади́, сза́ди	наза́д	сза́ди
сле́ва	нале́во, вле́во	сле́ва
спра́ва	напра́во, впра́во	спра́ва
до́ма	домо́й	—[1]
вдали́	вдаль	и́здали
далеко́	далеко́	издалека́
где́-то	куда́-то	отку́да-то
где́-нибудь	куда́-нибудь	отку́да-нибудь
нигде́	никуда́	ниотку́да
не́где	не́куда	не́откуда

---

[1] *Отку́да? – из до́ма (и́з дому)* is not an adverb, but a noun with the preposition ИЗ.

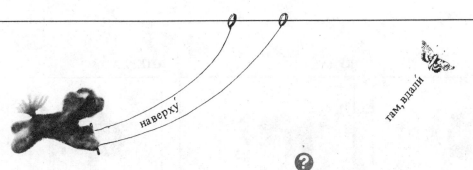

наверху́

там, вдали́

?

ГДЕ?
находи́ться (стоя́ть, лежа́ть)

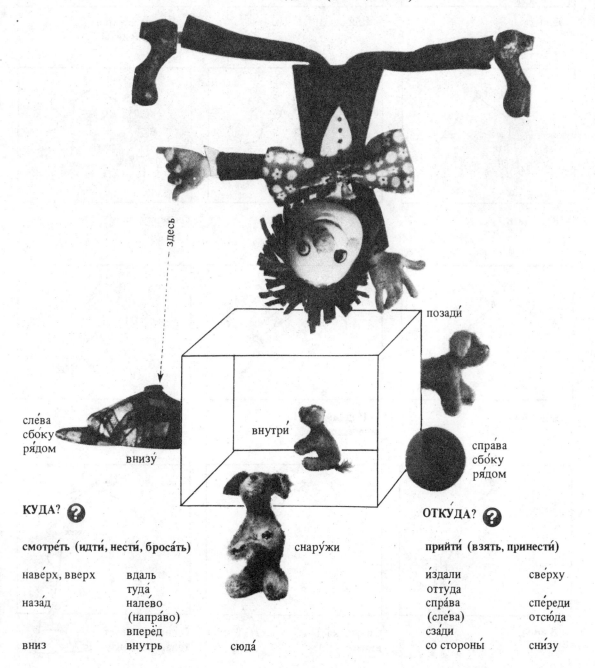

здесь

позади́

сле́ва
сбо́ку
ря́дом

внутри́

спра́ва
сбо́ку
ря́дом

внизу́

КУДА? ?

смотре́ть (идти́, нести́, броса́ть)

снару́жи

ОТКУ́ДА? ?

прийти́ (взять, принести́)

наве́рх, вверх	вдаль	и́здали	све́рху
	туда́	отту́да	
наза́д	нале́во	спра́ва	спе́реди
	(напра́во)	(сле́ва)	отсю́да
	вперёд	сза́ди	
вниз	внутрь	со стороны́	сни́зу

сюда́

COMPARE:

ГДЕ?

— Я здесь!

— Ко́ля **там**.

— Я **наверху́**.

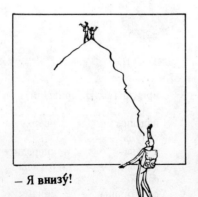

— Я **внизу́**!

КУДА́?

— Иди́ **сюда́**!

— Иди́ **туда́**, к нему́!

— Поднима́йся ко мне **наве́рх**!

Он спуска́ется **вниз**.

ОТКУ́ДА?

— Мне не хо́чется **отсю́да** уходи́ть!

Он верну́лся **отту́да**.

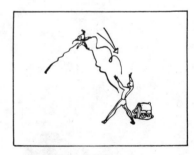

— Я броса́ю **све́рху** верёвку.

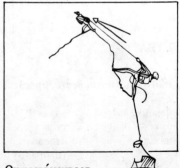

Он выта́скивает това́рища **сни́зу**.

— Интере́сно, что там **внутри́**?

— Загляну́ **внутрь**.

Изнутри́ вы́скочило что́-то стра́шное.

Что там **вдали́**?

Я смотрю́ **вдаль**.

И́здали доно́сится гудо́к.

По́сле рабо́ты я иду́ **домо́й**.

В воскресе́нье я сижу́ (быва́ю) **до́ма**.

Ка́ждое у́тро в 8 часо́в я выхожу́ **и́з дому**.

FORMATION OF THE ADVERBS OF PLACE

Most **adverbs of place** originate from **prepositions** merging with **nouns** in a *certain case*. Having become adverbs, these forms **can no longer be declined or changed** in any other way.

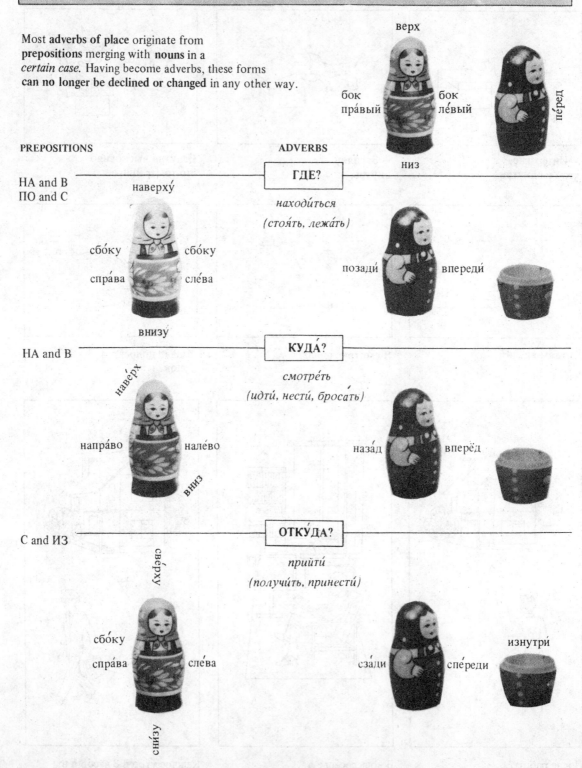

PREPOSITIONS

ADVERBS

HA and B
ПО and C

ГДЕ?

находи́ться

(стоя́ть, лежа́ть)

HA and B

КУДА́?

смотре́ть

(идти́, нести́, броса́ть)

C and ИЗ

ОТКУ́ДА?

прийти́

(получи́ть, принести́)

Adverbs of place often have genitive and prepositional case forms ending in у: *све́рху – сни́зу, наверху́ – внизу́*, etc. (see p. 45).

ADVERBS OF PLACE WITH INDEFINITE PARTICLES -ТО , -НИБУДЬ, КОЕ-

Где мы встре́тим-
ся?
— Где́-нибудь (всё
равно́ где) о́коло
теа́тра.

Куда́ вы соби-
ра́етесь пое́хать
ле́том?
— Куда́-нибудь
(всё равно куда́)
на́ море.

Вы хорошо́ зна́ете
на́шу страну́?
— Ко́е-где́ побыва́л,
ко́е-что́ повида́л, но
в о́бщем ма́ло зна́ю её.

Ты не зна́ешь, где
стои́т толко́вый
слова́рь?
— Где́-то здесь
(не зна́ю то́чно, где).

Куда́ ты положи́л
свои́ тетра́ди?
— Куда́-то сюда́
(не зна́ю то́чно
куда́).

Что за необыкнове́н-
ный цвето́к! Отку́да он?
— Его́ привёз нам наш
друг отку́да-то издале-
ка́ (не зна́ю то́чно отку́-
да).

The particles -ТО, -НИБУДЬ, КОЕ- used with adverbs (as well as with pronouns) indicate
different degrees of uncertainty:
1) uncertainty for the speaker is expressed by means of the particle -ТО: *где́-то, куда́-то, отку́да-то;*
2) uncertainty in the presence of choice is expressed by means of the particle -НИБУДЬ: *где́-нибудь,
куда́-нибудь* and is mostly used with verbs in the future tense;
3) uncertainty for the listener is expressed by means of the particle КОЕ-: *ко́е-где́, ко́е-куда́.*

ADVERBS OF PLACE WITH THE NEGATIVE PARTICLES *НЕ* AND *НИ*

Где мои́ очки́? Не могу́
нигде́ их найти́!

Идёт дождь. Ему́ не́где
спря́таться от дождя́.

— Идём гуля́ть!
— У меня́ боли́т голова́.
Никуда́ я **не** пойду́.

personal sentence

The verb is preceded by **не.**

Куда́ вы, граждани́н?
Вам **не́куда** спеши́ть. По́езд
уже́ ушёл.

impersonal sentence

The verb is in its **infinitive form.**

COMPARE:

Он Она́	**никуда́ не**	идёт, ходи́л (а). пойдёт.		Ему́ Ей	**не́куда**	— бы́ло бу́дет	пойти́.

ADVERBS OF TIME

Time adverbs define the time when action takes place, the duration of the action and how often it occurs. They answer the following questions:

КОГДА́? СКО́ЛЬКО ВРЕ́МЕНИ? НА СКО́ЛЬКО ВРЕ́МЕНИ? КАК ЧА́СТО?

Когда́ вы придёте?	сего́дня, сейча́с, за́втра, когда́-нибудь
Когда́ они́ встре́тились?	у́тром, днём, ве́чером, но́чью ле́том, зимо́й, весно́й, о́сенью вчера́, на днях, накану́не давно́, неда́вно, одна́жды, когда́-то
Ско́лько вре́мени вы там жи́ли?	до́лго, недо́лго
На ско́лько вре́мени (на како́й срок) вы прие́хали?	надо́лго, ненадо́лго, навсегда́
Как ча́сто вы там быва́ете?	ча́сто, ре́дко, ежедне́вно, ежего́дно, еженеде́льно, ежеме́сячно, ежеча́сно, иногда́, всегда́, никогда́ (не)

КОГДА́?

у́тром (с четырёх до двена́дцати)	**днём** (с двена́дцати до шести́)	**ве́чером** (с шести́ до двена́дцати)	**но́чью** (с двена́дцати до четырёх)

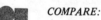

COMPARE:

у́тром днём ве́чером но́чью } adverbs	в 7 часо́в утра́ в 2 часа́ дня в 9 часо́в ве́чера в 2 часа́ но́чи }	nouns in the genitive case

In an answer to the question КОГДА́?

In order to denote **different parts of day or night**, the following adverbs are used:
у́тром, днём, ве́чером, но́чью.
These adverbs originate from nouns which denote different parts of day or night.

In order to denote a **precise hour** in Russian we use the preposition В, a numeral, the noun *час* and the noun in the genitive case denoting a part of day or night.

ATTENTION!

Giving precise time, DO NOT use the adverbs: *у́тром, днём, ве́чером, но́чью.* What we say in Russian is: *в два часа́ но́чи, в двена́дцать часо́в дня, в шесть часо́в ве́чера, в оди́ннадцать часо́в утра́.*
In order to denote regularly occuring action, adverbs with the prefix ЕЖЕ- are used: *ежемину́тно, ежеча́сно, ежедне́вно, ежеме́сячно, ежего́дно.*

Журна́л „Но́вый мир" выхо́дит **ежеме́сячно**, а газе́та „Пра́вда", **ежедне́вно**.

Когда́ вы прие́хали в Москву́?

— Я прие́хал в Москву́ **давно́** (два го́да наза́д).

— **Неда́вно** (ме́сяц наза́д).

На ско́лько вре́мени вы прие́хали в Москву́?

— Я прие́хал в Москву́ **надо́лго** (бу́ду жить 5 лет).

— **Ненадо́лго** (бу́ду жить здесь 3 дня).

Ско́лько вре́мени вы живёте в Москве́?

— Я живу́ в Москве́ **до́лго** (4 го́да).

— **Недо́лго** (две неде́ли).

COMPARE the use of the adverbs **СЕЙЧА́С** and **ТЕПЕ́РЬ**:

   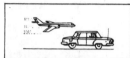

Сейча́с переры́в. Шко́льники игра́ют во дворе́.

(at this point of time)

— Ко́ля, иди́ домо́й!
— **Сейча́с** иду́, ма́ма!

(in the next few minutes)

Ра́ньше е́здили на лошадя́х.

(in the past)

Тепе́рь е́здят на маши́нах, лета́ют на самолётах.

(at present, as distinct from the past)

The particles -ТО and -НИБУДЬ are used to form the indefinite adverbs *когда́-то* and *когда́-нибудь*.

— **Когда́-то** здесь был большо́й го́род.
(a very long time ago, nobody knows exactly when)

— Счастли́вого пути́, Ни́на! Мы **когда́-нибудь** обяза́тельно встре́тимся.

The negative particles НИ- and НЕ are used to form the adverbs *никогда́* and *не́когда*.

— Пры́гай!
— Бою́сь. Я ещё **никогда́ не** пры́гал.

(in a personal sentence)

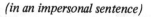

— Подожди́ немно́го.
— Извини́, мне **не́когда**. Я спешу́ на по́езд.

(in an impersonal sentence)

COMPARE:

Он Она́ } **никогда́ не**	{ спра́шивает ... ви́дел (а) ... пое́дет ...	Ему́ Ей } **не́когда**	{ ходи́ть ... бы́ло смотре́ть ... бу́дет отдыха́ть...

ADVERBS OF MANNER

Adverbs of manner answer the questions:

КАК? КАКИ́М О́БРАЗОМ?

Он идёт **пешко́м**.

Он е́дет **верхо́м**.

Они́ игра́ют **втроём**.

Adverbs of manner mostly define the action:
бежи́т *бы́стро*, пи́шет *хорошо́*, расска́зывает *интере́сно*, говори́т *пра́вильно*, объясня́ет *поня́тно*, слу́шает *внима́тельно*.

Most adverbs of manner are formed from qualitative adjectives, and they end in -О:

бы́стро — от *бы́стрый*,
хорошо́ — от *хоро́ший*.

Like adjectives, adverbs of manner have **degrees of comparison**:
бы́стро – быстре́е – быстре́е всего́ (быстре́е всех),
интере́сно – интере́снее – интере́снее всего́ (интере́снее всех),
хорошо́ – лу́чше – лу́чше всего́ (лу́чше всех),
пло́хо – ху́же – ху́же всего́ (ху́же всех).

Ко́ля **хорошо́** ката́ется на конька́х.

Пе́тя ката́ется **лу́чше** Ко́ли.

Со́ня ката́ется **лу́чше всех** – она́ фигури́стка.

Она́ пи́шет **пло́хо**.

Он пи́шет **ху́же**.

Я пишу́ **ху́же всех**.

Вертолёт лети́т **бы́стро**.

Ещё **быстре́е** лети́т самолёт.

Быстре́е всего́[1] лети́т раке́та.

  ATTENTION!

The comparative degree in adverbs coincides with that of adjectives, with the difference that whereas the *adjectival comparative degree* relates to a **noun**, the *adverbial comparative degree* relates to a **verb**:

Ты *чита́ешь* **хорошо́**, но твой друг **лу́чше**.

(adverb)

Эта *кни́га* **хоро́шая**, но та **лу́чше**.

(adjective)

---

[1] In describing actions of animals or people, the superlative degree is: *быстре́е всех, лу́чше всех* whereas if the action is attributed to things, the superlative degree is: *быстре́е всего́, лу́чше всего́*.

QUANTITATIVE ADVERBS

Quantitative adverbs, otherwise described as **adverbs of measure and degree** denote the extent of a quality and intensity of action. The questions they answer are:

СКОЛЬКО? В КАКОЙ СТЕПЕНИ?

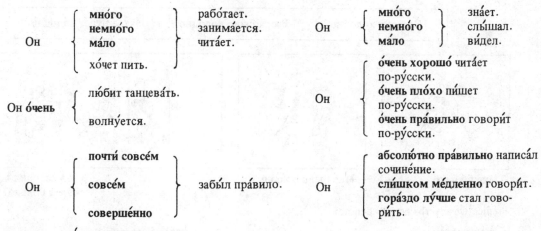

Он { мно́го / немно́го / ма́ло } рабо́тает. занима́ется. чита́ет.

хо́чет пить.

Он { мно́го / немно́го / ма́ло } зна́ет. слы́шал. ви́дел.

Он о́чень { лю́бит танцева́ть. / волну́ется. }

Он { о́чень хорошо́ чита́ет по-ру́сски. / о́чень пло́хо пи́шет по-ру́сски. / о́чень пра́вильно говори́т по-ру́сски. }

Он { почти́ совсе́м / совсе́м / соверше́нно } забы́л пра́вило.

Он { абсолю́тно пра́вильно написа́л сочине́ние. / сли́шком ме́дленно говори́т. / гора́здо лу́чше стал гово-ри́ть. }

The adverb, О́ЧЕНЬ can relate to:

(1) adverbs: *о́чень* хорошо́, *о́чень* давно́;
(2) adjectives: *о́чень* краси́вый, *о́чень* большо́й, *о́чень* дово́лен;
(3) verbs: *люби́ть, ра́доваться, волнова́ться, забо́титься* and others, indicating a high degree of sentiment or action.

The adverb, ПОЧТИ́ denotes a state of near completion and usually qualifies verbs, and, more seldom, adjectives or adverbs:

Я *почти́* око́нчил рабо́ту, оста́лось совсе́м немно́го.

(*почти́* зако́нчил ..., *почти́* гото́в ..., *почти́* совсе́м пра́вильно ...)

the adverbs МНО́ГО, О́ЧЕНЬ, ГОРА́ЗДО and the adjective МНО́ГИЕ

В саду́ **мно́го** я́блонь

То́поль — **о́чень** высо́кое де́рево.

То́поль **гора́здо** вы́ше я́блони.

У моего́ дру́га **о́чень мно́го** книг.

Он **о́чень мно́го** чита́л.

Он **о́чень** лю́бит чи-та́ть.

У него́ **гора́з-до** бо́льше книг, чем у меня́.

В аудито́рии **мно́го** мест.

Мно́гие места́ за́няты.

ATTENTION!

The adverbs МНО́ГО, МА́ЛО can relate not only to verbs, but also to nouns and can denote quantity. The noun they define is then in the genitive case, plural:

В ко́мнате бы́ло мно́го люде́й *(мно́го книг)*.

Мно́гие is an adjective which means a large number out of a definite quantity:

Мно́гие из нас чита́ли эту кни́гу. Мно́гие (не все) кни́ги э́того а́втора я прочита́л.

PREDICATIVE ADVERBS

Some adverbs are used as *predicate* in impersonal sentences they are known as *predicative adverbs.* Like any predicate, they have a *category of tense.* The verb БЫТЬ is used as the link verb (БЫЛО for the *past* and БУ́ДЕТ for the *future).* In the *present tense,* the link verb is omitted.

| Сего́дня хо́лодно. | Вчера́ бы́ло хо́лодно. | За́втра бу́дет хо́лодно. |

— Мне бо́льно!

— Мне бы́ло бо́льно.

— А сего́дня мне бу́дет бо́льно?

Predicative adverbs usually denote:

1. man's physical or mental state:

хо́лодно, тепло́, жа́рко, ду́шно, ве́село, ра́достно, гру́стно, бо́льно, прия́тно, смешно́, стра́шно, тру́дно, хорошо́, etc.

2. the state of nature or environment:

хо́лодно, тепло́, жа́рко, ду́шно, прохла́дно, моро́зно, со́лнечно, светло́, темно́, стра́шно, пу́сто, хорошо́, etc.

Ему́ (бы́ло, бу́дет) хо́лодно.

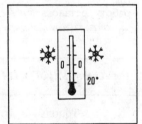

Сего́дня хо́лодно. Вчера́ бы́ло хо́лодно. За́втра бу́дет хо́лодно.

Ей (бы́ло, бу́дет) ве́село.

На ве́чере (бы́ло, бу́дет) ве́село.

Со́лнце захо́дит. Де́вочке стано́вится (ста́ло, ста́нет) стра́шно идти́ по́ лесу.

Со́лнце захо́дит. В лесу́ стано́вится (ста́ло, ста́нет) темно́ и стра́шно.

The **noun** which stands
for a person affected
is in the **dative**.

In some cases, the
verb **быть**
is replaced by verbs like:
станови́ться, стать, каза́ться, etc.

Predicative adverbs can form a **comparative degree**.

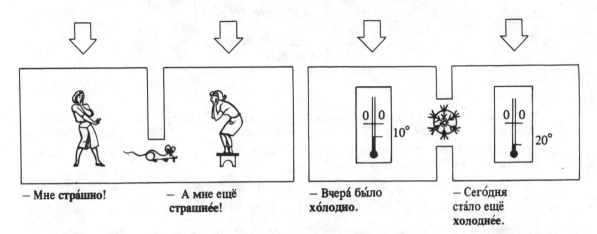

— Мне стра́шно!

— А мне ещё
стра́шне́е!

— Вчера́ бы́ло
хо́лодно.

— Сего́дня
ста́ло ещё
холодне́е.

 ATTENTION!

Some predicative adverbs ending in -O have a form resembling short neuter adjectives, singular.

adverb	short adjective
Он **интере́сно** расска́зывает. Мне **интере́сно** его́ слу́шать.	Э́тот расска́з **интере́сен.** Э́та кни́га **интере́сна.** Э́то сообще́ние **интере́сно.**
Мне **ну́жно** с ва́ми посове́то- ваться.	Мне **ну́жен** ваш сове́т. Мне **нужна́** ва́ша по́мощь. Мне **ну́жно** ва́ше соде́йствие.

The predicative adverb **пора́** usually combines with the imperfective infinitives.

— Уже́ семь часо́в!
Пора́ встава́ть.

— По́езд ухо́дит
че́рез час.
Пора́ е́хать на вок-
за́л.

The predicative adverbs **мо́жно, на́до (ну́жно), необходи́мо, нельзя́** stand for *possible, imperative,
necessary* or *forbidden* actions. They always combine with infinitives.

— **Мо́жно**
(мне)
войти́?

— Тебе́ **на́до**
вы́мыть
лицо́ и ру́ки.

— Идёт дождь.
Ну́жно взять
зо́нтик.

— Ти́хо! Ребёнок
спит.
Нельзя́ разгова́ривать.

pages
338–347

CONJUNCTIONS
AND
CONJUNCTIVE
WORDS

To link similar members in a sentence, or clauses within complex sentences, we use auxiliary words called **conjunctions**: И, А, НО, И́ЛИ, ЧТО, ЧТО́БЫ, ТА́К КАК (т. к.) Е́СЛИ, ПОТОМУ́ ЧТО, etc.

In complex sentences, to link subordinate clauses to the main ones, not only **conjunctions**, but also **conjunctive words** are used. They include:

(a) relative pronouns: КТО, ЧТО, КОТО́РЫЙ, ЧЕЙ, КАКО́Й, СКО́ЛЬКО;

(b) adverbs: ГДЕ, КУДА́, ОТКУ́ДА, КАК, КОГДА́, ЗАЧЕ́М, ОТЧЕГО́, ПОЧЕМУ́.

Conjunctive words differ from **conjunctions** in that the former are not just links between the clauses, but real members of the subordinate clause.

In a subordinate clause, relative pronouns functioning as conjunctive words may play the role of the *subject* (Я не зна́ю, *кто* приходи́л вчера́), the *object* (Расскажи́ мне, *кого́* ты там ви́дел. Скажи́, *кому́* ты переда́л письмо́.), while adverbs become *adverbial modifiers of time, place, manner, etc.* (Расскажи́, *где* ты был.).

THE CONJUCTION И

I. To link similar members denoting different persons, objects, phenomena, events, actions, means of action, properties, etc., we use the conjunction И, the most frequently used word in the Russian language.

  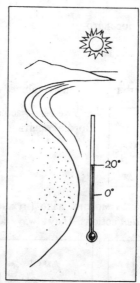 

Са́ша
и
Ма́ша
бегу́т на мо́ре
купа́ться.

Там они́
загора́ют
и
купа́ются.

Сего́дня мо́ре
тёплое
и
споко́йное.

И Са́ша,
и Ма́ша
хорошо́ и бы́стро
пла́вают.

II. To add similar members of the sentence, we also use the conjunctions: ТА́КЖЕ, ТО́ЖЕ, НЕ ТО́ЛЬКО ..., НО И.

Ма́ша и Са́ша
иду́т на пляж.
Оле́г то́же (та́кже)
спеши́т на
пляж.

Са́ша пла́вал,
а та́кже ката́л-
ся на ло́дке.
Оле́г то́же (та́кже)
лю́бит пла́вать.

Ма́ша и Са́ша
пла́вают.
Оле́г не то́лько
пла́вает,
но и ныря́ет.

 NOTE PARTICULARLY the use of **то́же** and **та́кже**!

Анто́н изуча́ет
англи́йский язы́к.

А́нна **то́же** изуча́ет
англи́йский язы́к.

Анто́н изуча́ет **та́кже**
францу́зский язы́к
(он изуча́ет англи́йский,
а **та́кже** францу́зский).

– Поздравля́ю Вас
с пра́здником!
– Спаси́бо, Вас **та́кже**!

1. 1. The conjunctions **то́же** and **та́кже** are used with the meaning of *не то́лько...,
но и.*

а) Анто́н и Пётр студе́нты. Ива́н **то́же** (**та́кже**) студе́нт
(*Не то́лько* Анто́н и Пётр студе́нты, *но и* Ива́н).

Анто́н у́чится в университе́те. Ива́н **то́же** (**та́кже**) у́чится там,
(*Не то́лько* Анто́н у́чится, *но и* Ива́н).

б) – Поздравля́ю Вас с Но́вым го́дом!
– Спаси́бо, Вас **та́кже**! (Я Вас **то́же** поздравля́ю!)

2. 2. With the meaning *кро́ме того́*, only the conjunction **та́кже** is used.

а) Анто́н изуча́ет англи́йский язы́к. Он изуча́ет **та́кже** и францу́зский
язы́к. (*Кро́ме того́*, он изуча́ет францу́зский).
б) Анто́н изуча́ет англи́йский язы́к, а **та́кже** францу́зский.

WRONG!

After И, А, НО
the conjunction **то́же**
is never used!

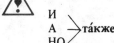 *NOTE PARTICULARLY!*

И
А ⟶ **та́кже**
НО

The conjunction **то́же** could always be
replaced by the conjunction **та́кже**. The reverse
is not always possible.

III. Adding similar members in the sentence with the view of juxtaposing or comparing them, we use the conjunction A.

| Преподава́тель чита́ет ле́кцию, | а | студе́нты запи́сывают. | Са́ша и Оле́г смо́трят телеви́зор, | а | Ка́тя рису́ет. |

IV. For negation, the conjunction НИ... НИ... is used.

| У Ка́ти есть мольбе́рт и кра́ски. | У Пе́ти нет ни мольбе́рта, ни кра́сок. | Ка́тя хорошо́ рису́ет и че́ртит. | Пе́тя не уме́ет ни рисова́ть, ни черти́ть. |

 ATTENTION!

To express negation, one should use the negative particle НЕ (нет).

V. In contrasting various events, actions, modes of action and properties, we use the conjunctions НО, ОДНА́КО, ЗАТО́, А ТО.

| Невысо́кая, но о́чень крута́я верши́на. | Они́ захоте́ли подня́ться на верши́ну, но не смогли́. | Остава́лось ещё не́сколько ме́тров, но доро́гу альпини́стам прегради́ла отве́сная скала́. | Наконе́ц они́ благополу́чно подня́лись на верши́ну, но о́чень уста́ли от подъёма. |

In place of the conjunction НО, its equivalent ОДНА́КО may be used (in written or spoken speech):
Я зна́ю, что вы о́чень за́няты. ОДНА́КО я о́чень прошу́ вас отве́тить на моё письмо́.

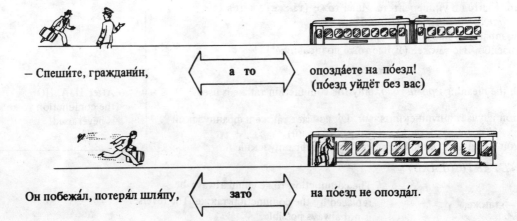

COMPARE:

the use of the conjunctions **А, И, НО**:

natural, logical   unnatural, illogical

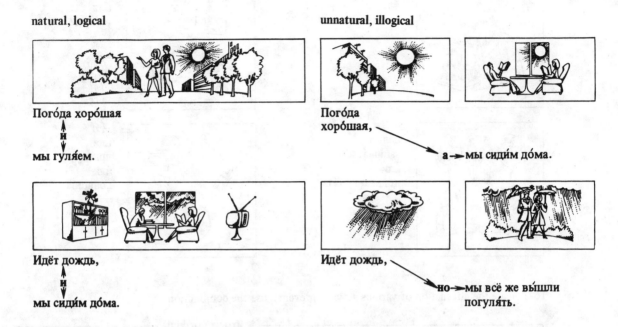

Пого́да хоро́шая   Пого́да
  ↕ **и**   хоро́шая,
мы гуля́ем.   а → мы сиди́м до́ма.

Идёт дождь,   Идёт дождь,
  ↕ **и**
мы сиди́м до́ма.   но → мы всё же вы́шли
                        погуля́ть.

The conjunction A is one of the most frequently used, it expresses a wide range of various relations: comparison, juxtaposition and conjunction, sometimes shifting in meaning towards the conjunction НО, sometimes towards the conjunction И.

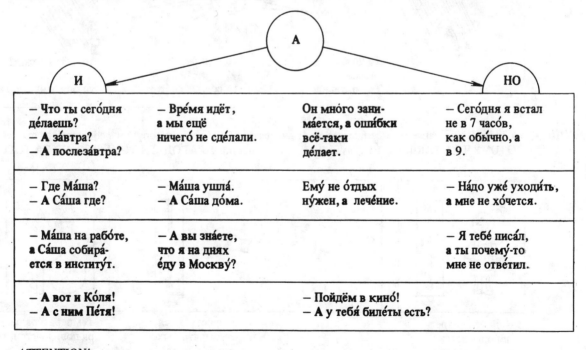

И			НО
— Что ты сего́дня де́лаешь? — А за́втра? — А послеза́втра?	— Вре́мя идёт, а мы ещё ничего́ не сде́лали.	Он мно́го зани-ма́ется, а оши́бки всё-таки де́лает.	— Сего́дня я встал не в 7 часо́в, как обы́чно, а в 9.
— Где Ма́ша? — А Са́ша где?	— Ма́ша ушла́. — А Са́ша до́ма.	Ему́ не о́тдых ну́жен, а лече́ние.	— На́до уже́ уходи́ть, а мне не хо́чется.
— Ма́ша на рабо́те, а Са́ша собира́-ется в институ́т.	— А вы зна́ете, что я на днях е́ду в Москву́?		— Я тебе́ писа́л, а ты почему́-то мне не отве́тил.
— А вот и Ко́ля! — А с ним Пе́тя!		— Пойдём в кино́! — А у тебя́ биле́ты есть?	

ATTENTION!

In conversation, the conjunction A is often used in the beginning of a sentence, particularly an interrogatory sentence.

VI.   To indicate that a certain two things or actions are mutually exclusive use the conjunctions И́ЛИ, И́ЛИ... И́ЛИ... .

— Что вы хоти́те:
чай
и́ли
ко́фе?

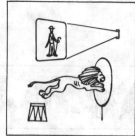
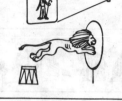

— Куда́ мне пойти́:
в кино́
и́ли
в цирк?

— Что мы бу́дем
де́лать:
занима́ться
и́ли
пойдём гуля́ть?

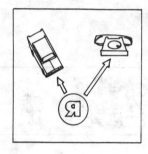

— Я
и́ли
прие́ду,
и́ли
позвоню́.

VII.   To indicate the alternation of various actions or events, use the conjunction ТО..., ТО... .

— Что за пого́да! —

То дождь,   то со́лнце,   то опя́ть дождь!
и́ли
То дождь идёт,   то со́лнце све́тит,   то опя́ть идёт дождь!

VIII.   To indicate the cause of a certain action or event any of the three synonymous conjunctions may be used: ПОТОМУ́ ЧТО, ТА́К КАК, И́БО as well as the conjunctions БЛАГОДАРЯ́ ТОМУ́ ЧТО, ИЗ-ЗА ТОГО́ ЧТО.

Зимо́й на Се́вере
лю́ди одева́ются
тепло́, **потому́ что**
там быва́ют си́ль-
ные моро́зы.

Я простуди́лся,
оттого́ что выхо-
ди́л без пальто́,
а бы́ло ещё хо́-
лодно.

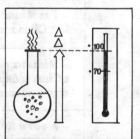

Температу́ра раство́-
ра повыша́ется, **та́к как**
реа́кция идёт
с выделе́нием тепла́.

ATTENTION!

Subordinate clauses beginning with the conjunctions **потому́ что, и́бо** always follow the main clause.

If the action or event stimulated by the cause is positive or favourable, the conjunction **благодаря́ тому́ что** is used	If the action or event stimulated by the cause is negative, the conjunction **из-за того́ что** is used

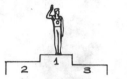

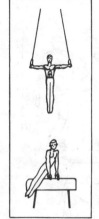

Андре́й за́нял пе́рвое ме́сто, **благодаря́ тому́, что** он упо́рно тренирова́лся.

or

Благодаря́ тому́ что Андре́й упо́рно тренирова́лся, он за́нял пе́рвое ме́сто.

Пётр попа́л в больни́цу, **из-за того́, что** он не соблюда́л пра́вил у́личного движе́ния.

or

Из-за того́ что Пётр не соблюда́л пра́вил у́личного движе́ния, он попа́л в больни́цу.

IX.   If the purpose of action is indicated, the conjunctions ЧТО́БЫ, ДЛЯ ТОГО́ ЧТО́БЫ are used.

Оте́ц купи́л

скри́пку, **что́бы** сын игра́л на ней.

(Father bought it, but *others* will play it or listen to it.)

магнитофо́н, **что́бы** все слу́шали му́зыку.

past tense

электробри́тву, **что́бы** бри́ться.

(Father bought it and will use it *himself.*) *the infinitive*

ATTENTION!

After **что́бы** ⟨
the verb is in the *past tense*, if the agents are different in the main and subordinate clauses

the verb is in the *infinitive*, if the agent in the main and subordinate clauses is the same

In the presence of verbs denoting movement towards a certain aim, the conjunction **что́бы** may be omitted.

Он прие́хал в Москву́

(..., **для того́, что́бы**) осмотре́ть столи́цу.

(..., **что́бы**) учи́ться в МГУ.

X. To express desire, request, necessity, demand, the conjunction ЧТО́БЫ is used in compound sentences.

ATTENTION!

In such cases the verb following the conjunction **что́бы** is always in the past tense (the agents in the main and subordinate clauses are different).

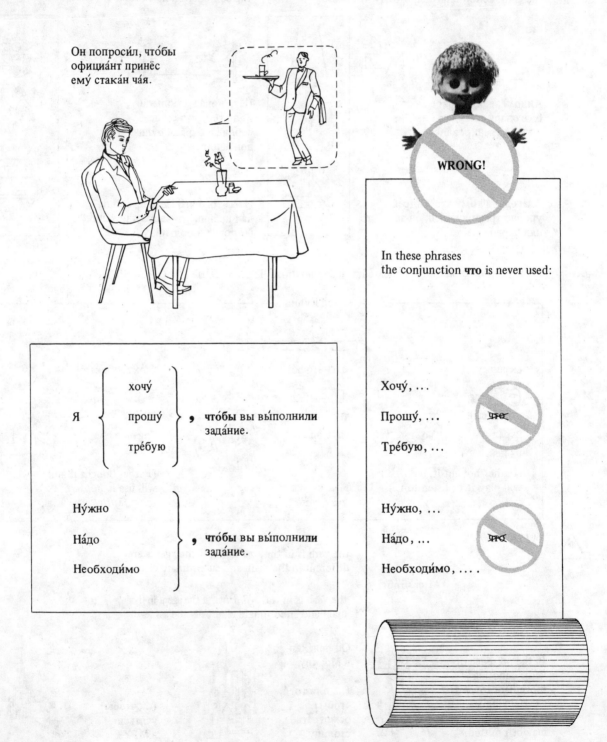

Он попроси́л, что́бы официа́нт принёс ему́ стака́н ча́я.

Я { хочу́ / прошу́ / тре́бую } **, что́бы вы вы́полнили зада́ние.**

Ну́жно / На́до / Необходи́мо **, что́бы вы вы́полнили зада́ние.**

WRONG!

In these phrases the conjunction **что** is never used:

Хочу́, …

Прошу́, …   ~~что~~

Тре́бую, …

Ну́жно, …

На́до, …   ~~что~~

Необходи́мо, … .

XI. In cases when one's thoughts, convictions, emotions or speech are conveyed in subordinate clause, the latter begins with the conjunction ЧТО.

— Я знал,
что
в Санкт-Петербу́рге
есть
Ру́сский музе́й.

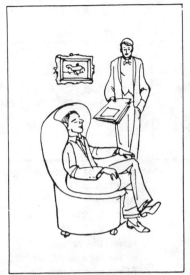

— Я сказа́л дру́гу,
что
хочу́ уви́деть
карти́ны вели́ких
ру́сских
худо́жников в э́том
музе́е.

— Я был уве́рен,
что
найду́ доро́гу
сам.

— Я ду́мал,
что
э́тот музе́й нахо́дит-
ся далеко́ от гос-.
ти́ницы.

— Оказа́лось,
что
Ру́сский музе́й
совсе́м недалеко́.

Когда́ я верну́л-
ся домо́й, я рас-
сказа́л о том,
что
ви́дел в Санкт-
Петербу́рге[1].

---

[1] Here **ЧТО** is a conjunctive word.

XII. When the subordinate clause expresses the time of action, it may begin with the following conjunctions: КОГДА́, КАК ТО́ЛЬКО, ПРЕ́ЖДЕ ЧЕМ, С ТЕХ ПОР КАК, ПОКА́, ПОКА́ НЕ, ПО́СЛЕ ТОГО́ КАК.

(a) когда́

Когда́ **передава́ли** програ́мму „Вре́мя", все **смотре́ли** телеви́зор.

Когда́ мы **смотре́ли** телеви́зор, **пришли́** на́ши друзья́.

Когда́ (как то́лько) **зако́нчилась** переда́ча, я **вы́ключил** телеви́зор.

parallel actions

resultative action occurring against the background of another action

consecutive resultative actions

imperfective verbs

imperfective verb and perfective verb

perfective verbs

imperfective aspect	perfective aspect	perfective aspect	perfective aspect
imperfective aspect	imperfective aspect		

(b) как то́лько, пре́жде чем, с тех пор как, пока́, пока́ не, по́сле того́ как

Пре́жде чем поднима́ться на верши́ну, на́до отдохну́ть и поза́втракать.

Как то́лько они подняли́сь на верши́ну, они́ уви́дели мо́ре.

По́сле того́ как альпини́сты поза́втракали и отдохну́ли, они́ на́чали поднима́ться (подъём, восхожде́ние) на верши́ну.

С тех пор как я стал занима́ться альпини́змом, я не боле́ю.

Пока́ шёл дождь, мы сиде́ли до́ма.
(The rain continued for two hours, and we stayed home for two hours).

Пока́ шёл дождь, я реши́л все зада́чи.

Мы сиде́ли до́ма, **пока́ не** ко́нчился дождь.
(The rain was over, and we went out for a walk.)

XIII.   To indicate the **conditions of action**, use the conjunctions ÉСЛИ and ÉСЛИ БЫ.

The conjunction ÉСЛИ points to the actual conditions of some action which is taking place now (with the verb in the *present tense*), has already taken place (with the verb in the *past tense*), or may take place later (with the verb in the *future tense*). In generalisations, i. e. when the grammatical subject is absent, the verb is used in the infinitive.

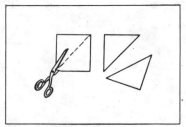

Éсли нагрева́ть
(нагре́ть) во́ду
до 100°, она́ начи-
на́ет кипе́ть.

Éсли ты уже́
реши́л все зада́чи,
мо́жешь идти́ домо́й.

Éсли я разре́жу
квадра́т по диаго-
на́ли, то полу́чится
два треуго́льника.

The conjunction ÉСЛИ БЫ points to possible, not actual conditions, in the absence of which the action did not or won't take place. The verb is in the past tense.

Éсли бы у меня́ был зонт, я *вы́шел бы* на у́лицу.

XIV.   If the subordinate clause represents an **indirect question** allowing two different answers, the conjunction ЛИ is used.

Он спроси́л, пойду́ ли я в кино́ (пойду́ и́ли не пойду́).
Я не зна́ю, пойду́ ли я в кино́ (пойду́ и́ли не пойду́).
Интере́сно, пойдёт ли он в кино́ (пойдёт и́ли не пойдёт).

   COMPARE: Он спроси́л,   Он спроси́л,
                    ско́лько мне лет.   испо́лнилось ли мне 20 лет
                                        (и́ли не испо́лнилось).

   ATTENTION!

Я не зна́ю, ~~е́сли я пойду́~~.   In such cases the conjunction **если is not used.**

| Я не зна́ю, пойду́ ли я. |

XV.   With **comparisons** in simple and compound sentences, the conjunctions КАК, КАК БУ́ДТО are used.

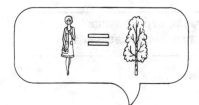

Стро́йная,
как
берёзка.

Ты рису́ешь,
как бу́дто
ты худо́жник.

Ва́ше се́рдце рабо́тает
как
часы́.

XVI.   To indicate the **nature of perceptions** or **sensations** the conjunction КАК is used.

Я не заме́тил,
как
прошло́ вре́мя.

Мы наблюда́ли,
как
встаёт со́лнце.

Я хочу́ посмотре́ть,
как
устро́ен э́тот прибо́р.

FORMATION OF NOUNS

I. With the Help of Suffixes[1]

Suffixes to form the names of men's or women's professions, trades and occupations:

suffix	masculine nouns	feminine nouns
-тель / +ниц (а)	воспитатель, зритель, любитель, писатель, слушатель, учитель, читатель,	воспитательница, зрительница, любительница, писательница, слушательница, . учительница, читательница
	водитель, испытатель, строитель	not used
-ни/к / +ц (а)	воспитанник, виновник, выпускник, защитник, изменник, колхозник, отличник, помощник, спутник, ученик, художник, школьник,	воспитанница, виновница, выпускница, защитница, изменница, колхозница, отличница, помощница, спутница, ученица, художница, школьница
	дворник, лесник.	not used
-чи/к / +ц (а)	лётчик, переводчик, подписчик, разведчик	лётчица, переводчица, подписчица, разведчица
-ик	академик, историк, физик, химик	not used

Suffixes to form nouns that describe persons as belonging to this or that social organisation, nationality, place of residence or kind of activity:

---

[1] Only the more common suffixes are listed.

-ец	-к (а)	комсомолец, ленинградец, украинец, иностранец, американец, афганец, африканец, испанец, итальянец, кубинец, португалец, японец	комсомолка, ленинградка, украинка, иностранка, американка, афганка, африканка, испанка, итальянка, кубинка, португалка, японка
-ин	-к (а)	армянин, болгарин, грузин, татарин	армянка, болгарка, грузинка, татарка
-ан -ян	-ин -ин -к (а)	гражданин, горожанин, киевлянин, минчанин, англичанин, датчанин, египтянин, северянин, южанин	гражданка, горожанка, киевлянка, минчанка, англичанка, датчанка, египтянка, северянка, южанка

Foreign suffixes:

-ист		идеалист, материалист, импрессионист, реалист, букинист, формалист	not normally used
	-к (а)	велосипедист, журналист, пианист, связист, тракторист	велосипедистка, журналистка, пианистка, связистка, трактористка
- (а) тор		автор, агитатор, директор, архитектор, кинооператор, композитор, консерватор, новатор	not used
	-к (а)		студентка, аспирантка

Noun suffixes denoting various concepts:

suffixes	masculine nouns
-изм	феодализм, социализм, классицизм, реализм, формализм

	feminine nouns
-ость	деятельность, зависимость, закономерность, мощность, национальность, специальность, промышленность
-ци (я) foreign suffix	делегация, демонстрация, лекция, квалификация, организация, провокация

	neuter nouns
-ств (о)	государство, лекарство, посольство, хозяйство, человечество
-ани (е) -ни (е) -ени (е)	задание, окончание, собрание, расписание; выражение, движение, достижение, значение, запрещение, исключение, объявление, продолжение, поражение, сочинение, упражнение

	emotive suffixes: (diminutive)
-ик -чик -ок (-ек)	домик, диванчик, ключик, костюмчик, столик, листок, ручеёк, человечек
-к (а) (-ичка)	головка, комнатка, ножка, ручка, сестричка

II. Compound nouns
are formed with the help of connecting vowels -о-, -е- or without them:

авторучка, колхоз, кинорежиссёр, кинотеатр, пароход.

III. Abbreviations

СССР (ЭС ЭС ЭС ЭР) — Союз Советских Социалистических Республик

ВЛКСМ (ВЭ ЭЛ КА ЭС ЭМ) — Всесоюзный Ленинский Коммунистический Союз Молодежи

МГУ (ЭМ ГЭ У) — Московский государственный университет имени М. В. Ломоносова

Моссовет — Московский Совет депутатов трудящихся

ООН (ООН) — Организация Объединенных Наций

FORMATION OF ADJECTIVES

I. With the help of suffixes

-ск-	волжский, вьетнамский, городской, детский, заводской, женский, китайский, корейский, московский, политический, русский, советский, январский (-ая, -ое)
-ов-	мировой, передовой
-н-	больной, вкусный, восточный, грустный, длинный, западный, иностранный, интересный, мирный, народный, свободный, северный, сильный, трудный, умный, холодный, южный
-н	весенний, вечерний, зимний, летний, осенний
-ическ-	археологический, биологический, геологический, географический, героический, демократический, исторический, математический, технический, физический
-онн-	экскурсионный
-енн-	государственный, единственный, жизненный, искусственный, производственный, общественный, художественный
-ан-	кожаный
-ян-	льняной, серебряный, шерстяной
-еньк-	маленький
-шн-	внешний, домашний, завтрашний, сегодняшний
-альн-	гениальный, документальный, национальный, центральный
-тельн-	замечательный, избирательный, отрицательный, подготовительный, употребительный
-лив-	счастливый, талантливый
-ов-	берёзовый, классовый, меховой, передовой, полевой, сосновый, шёлковый

II. With the help of prefixes

анти-	антиисторический, антинародный, антисанитарный
без-	безработный, безударный

III. With the help of suffixes and prefixes

беспринципный, международный, подмосковный

IV. Compound adjectives

англо-русский, русско-английский, общеизвестный, сельскохозяйственный

Formation of Verbs, see the section "The Verb".
Formation of Adverbs, see the section "The Adverb".

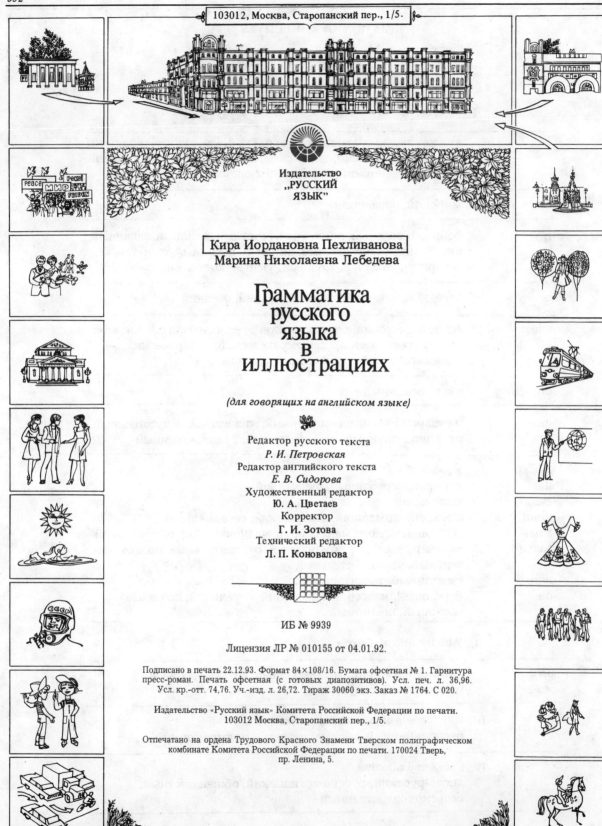

103012, Москва, Старопанский пер., 1/5.

Издательство
„РУССКИЙ
ЯЗЫК"

Кира Иордановна Пехливанова
Марина Николаевна Лебедева

Грамматика русского языка в иллюстрациях

(для говорящих на английском языке)

Редактор русского текста
Р. И. Петровская
Редактор английского текста
Е. В. Сидорова
Художественный редактор
Ю. А. Цветаев
Корректор
Г. И. Зотова
Технический редактор
Л. П. Коновалова

ИБ № 9939

Лицензия ЛР № 010155 от 04.01.92.

Подписано в печать 22.12.93. Формат 84×108/16. Бумага офсетная № 1. Гарнитура пресс-роман. Печать офсетная (с готовых диапозитивов). Усл. печ. л. 36,96. Усл. кр.-отт. 74,76. Уч.-изд. л. 26,72. Тираж 30060 экз. Заказ № 1764. С 020.

Издательство «Русский язык» Комитета Российской Федерации по печати. 103012 Москва, Старопанский пер., 1/5.

Отпечатано на ордена Трудового Красного Знамени Тверском полиграфическом комбинате Комитета Российской Федерации по печати. 170024 Тверь, пр. Ленина, 5.